O Concílio Vaticano II

Agenor Brighenti e
Francisco Merlos Arroyo
(orgs.)

O Concílio Vaticano II
Batalha perdida ou esperança renovada?

Dados Internacionais de Catalogação na Publicação (CIP)
(Câmara Brasileira do Livro, SP, Brasil)

O Concílio Vaticano II : batalha perdida ou esperança renovada? /
Agenor Brighenti e Francisco Merlos Arroyo, (orgs.). – São
Paulo : Paulinas, 2015. – (Coleção revisitar o Concílio)

Bibliografia.
ISBN 978-85-356-3844-8

1. Concílio Vaticano (2. : 1962-1965) - História 2. Documentos
oficiais 3. Ecumenismo 4. Igreja Católica - História - Século 20
I. Brighenti, Agenor. II. Arroyo, Francisco Merlos. III. Série.

14-10799   CDD-262.52

Índice para catálogo sistemático:

1. Concílio Vaticano II : Documentos   262.52
2. Concílio Vaticano II : História   262.52

1ª edição – 2015

Título original da obra: *El Concilio Vaticano II - Batalla Perdida o Esperanza Renovada?*

Direção-geral:
Bernadete Boff

Editores responsáveis:
Vera Ivanise Bombonatto
Antonio Francisco Lelo

Tradução:
José Afonso Beraldin

Copidesque:
Ana Cecilia Mari

Coordenação de revisão:
Marina Mendonça

Revisão:
Sandra Sinzato

Gerente de produção:
Felício Calegaro Neto

Capa e diagramação:
Manuel Rebelato Miramontes

*Nenhuma parte desta obra poderá ser reproduzida ou transmitida
por qualquer forma e/ou quaisquer meios (eletrônico ou mecânico,
incluindo fotocópia e gravação) ou arquivada em qualquer sistema ou
banco de dados sem permissão escrita da Editora. Direitos reservados.*

Paulinas

Rua Dona Inácia Uchoa, 62
04110-020 – São Paulo – SP (Brasil)
Tel.: (11) 2125-3500
http://www.paulinas.org.br – editora@paulinas.com.br
Telemarketing e SAC: 0800-7010081

© Pia Sociedade Filhas de São Paulo – São Paulo, 2015

Sumário

Apresentação
A recepção do Concílio Vaticano II vista por um padre
conciliar brasileiro 7
Dom José Maria Pires

Introdução
O Concílio Vaticano II: referência imprescindível
da Igreja atual 25
Francisco Merlos Arroyo

PARTE I
VATICANO II: SIGNIFICADO E HERMENÊUTICAS

1. Balanço acerca do debate em torno da
   interpretação do Concílio 49
   Massimo Faggioli

2. Continuidade ou ruptura? Duas visões sobre
   o significado histórico do Vaticano II 66
   Juan Carlos Casas

PARTE II
EIXOS FUNDAMENTAIS DA RENOVAÇÃO CONCILIAR

1. Da Igreja, luz do mundo, ao mundo, alegria e esperança
   da Igreja. A virada antropológica do Concílio Vaticano II .87
   Pedro Juan De Velasco Rivero

2. Nova configuração da Igreja 108
   Víctor Codina

3. "Espírito e vida" (Jo 6,63). Nos cinquenta anos
   da *Dei Verbum* 128
   Konrad Schaefer

4. Reforma litúrgica do Vaticano II. Para um jeito
   renovado de ser Igreja 149
   José Ariovaldo da Silva

5. "Dar frutos na caridade para a vida do mundo."
A teologia moral no Concílio Vaticano II 173
Eduardo Bonnín Barceló

PARTE III
MISSÃO EVANGELIZADORA NUM MUNDO PLURALISTA

1. Missiologia como teologia fundamental 187
Paulo Suess

2. O ensino ecumênico do Concílio Vaticano II 208
Elias Wolff

3. Caminhos do diálogo inter-religioso a partir
do Vaticano II 244
Faustino Teixeira

PARTE IV
DESAFIOS DE UMA RECEPÇÃO INACABADA

1. A recepção inacabada do Concílio Vaticano II
no mundo latino-americano e caribenho.
O caso da teologia da revelação 265
Carlos Mendoza-Álvarez

2. Um caminho de esperança. A mulher na Igreja
a partir do Concílio Vaticano II 288
María Luisa Aspe Armella

3. A irrelevância magisterial das conferências episcopais
à luz do Vaticano II 306
Agenor Brighenti

Conclusão
Questões pendentes do Concílio Vaticano II 329
J. B. Libanio

Apresentação

A recepção do Concílio Vaticano II vista por um padre conciliar brasileiro

Dom José Maria Pires[1]
Arcebispo Emérito da Paraíba

Meminisse iuvat, já nos ensinava o velho Virgílio. Recordar é bom, é agradável, ajuda. Principalmente para o episcopado brasileiro que, no Concílio Vaticano II, viveu uma experiência única de Igreja e levou uma contribuição humana ímpar, a meu ver. Em número, éramos o terceiro episcopado do mundo, ultrapassado apenas pela Itália e pelos Estados Unidos. Como grupo, éramos, certamente, o primeiro. Nenhum outro episcopado teve o privilégio de ficar reunido na mesma casa e realizar a mesma programação durante as quatro sessões do Concílio Ecumênico Vaticano II. E nenhum outro episcopado teve, como o brasileiro, tantas reuniões de

---

[1] Nascido em 1919, ordenado presbítero aos 22 anos de idade e bispo de Araçuaí, em 1957. Em 1965 foi nomeado arcebispo da Paraíba, feito emérito em 1995. Participou das quatro sessões do Concílio Vaticano II. Foi membro da Comissão Central da Conferência Nacional dos Bispos do Brasil e presidente da Comissão Episcopal Regional do Nordeste. Teve estreita relação com Dom Helder Camara.

estudo e tantos encontros fraternos de lazer. Até uma Assembleia Geral eletiva da CNBB pudemos realizar durante o Concílio, na Casa *Domus Mariae,* que se tornou ponto de referência para o Brasil em Roma.

Como vi e vivi a realização do Concílio

O Concílio foi aberto solenemente no dia 11 de outubro de 1962. Voltamos à Praça São Pedro, no final da tarde daquele mesmo dia, para ouvir o Papa, o Santo João XXIII, que, naquela noite se dirigiu aos fiéis reunidos na referida praça. Era noite de luar. O Papa falou com a leveza e o carinho de um pai. E pediu às mães que o ouviam que, ao chegare em casa, beijassem seus filhinhos e lhes dissessem que era a carícia do Papa às crianças.

Após as primeiras sessões de reconhecimento e de necessárias informações, foram iniciados os trabalhos propriamente ditos. Todos nós recebemos esquemas a serem estudados, discutidos e votados. A discordância se tornou patente desde as primeiras intervenções dos padres conciliares. Os esquemas preparados pela Cúria Romana e distribuídos aos padres conciliares foram fortemente criticados. Um bispo chegou a afirmar: *non timeo Petrum sed timeo auxiliares Petri* (não tenho medo do Papa, mas tenho medo de seus auxiliares). O desencontro começou já no dia 13 de outubro com a recusa, por parte da assembleia, de proceder à eleição dos membros das comissões conciliares, a partir da lista entregue pela secretaria do Concílio, sugerindo nomes. Diante do impasse, o Concílio foi suspenso por quatro dias para que as Conferências Episcopais pudessem fazer contatos umas com as outras e propor nomes para as diversas comissões.

Superado esse primeiro desencontro, pôde-se aprovar e divulgar uma mensagem ao mundo no dia 20 de outubro. Os trabalhos foram reiniciados. Tudo ia bem, até que se começou a discutir o tema sobre a Revelação. O esquema que nos foi passado falava de "duas fontes de revelação", a saber, a Escritura e a Tradição Apostólica. A grande maioria dos que tomaram a palavra na aula conciliar insistiam em que não havia mais que uma fonte de Revelação, a saber, Deus, que se expressa seja na Escritura seja na Tradição. O esquema era considerado deficiente também na parte referente ao ecumenismo e à pastoral. Pensou-se na possibilidade de resolver o impasse com um voto consultivo: continuamos a discutir esse esquema ou o submetemos a uma comissão que o reveja totalmente e o complete nas partes em que se mostra deficiente? Partiu-se para a votação. Mais de 1.200 padres conciliares votaram pela reelaboração do esquema; 800 votaram pela continuação da discussão do mesmo esquema. Faltaram cerca de 100 votos para se atingir a maioria de 2/3. Criou-se um impasse que foi resolvido pela sábia intervenção do Papa João XXIII. Ele disse que, em matéria de concílio, éramos todos noviços. Nenhum de nós já havia participado de um Concílio. Quando não se tem certeza, deve-se rezar para descobrir o caminho. Determinou que se tomasse o esquema da liturgia, enquanto uma nova comissão estudaria como continuar a discussão sobre a Sagrada Revelação. Para esse objetivo foi constituída uma comissão mista, formada pela Comissão Teológica, que era presidida pelo Cardeal Ottaviani e pelo Secretariado de União dos Cristãos, presidido pelo Cardeal Bea.

Superado o novo impasse e retomados os trabalhos na aula conciliar, o Papa disse que se alteraria a ordem anterior e se voltaria ao esquema sobre a liturgia. De fato, nas discussões anteriores sobre a liturgia, pôde-se perceber que, em todas as comunidades, se dá destaque às romarias, às novenas, às festas de padroeiro. Então, se o elemento comum, presente em todas as igrejas, é a oração, este deveria ser o primeiro tema a ser estudado no presente Concílio, a saber, a oração, a liturgia. Em consequência, abandonou-se, naquele momento, a discussão sobre a Revelação e passamos ao estudo da liturgia, que se tornou o primeiro documento aprovado e promulgado pelo Vaticano II – a *Sacrosanctum Concilium* –, documento trabalhado mas não concluído na primeira sessão. Somente no decorrer da segunda sessão, já sob a presidência de Paulo VI, foi promulgada a Constituição Conciliar sobre a Sagrada Liturgia, mais precisamente no dia 4 de dezembro de 1963.

A aula não era o único ambiente de encontro e de discussões conciliares. Dentro do Vaticano e anexo à aula, havia locais onde se podia tomar um chá ou um café e até trocar ideias. Estes locais foram apelidados de *Bar Jonas* e de *Bar Abbas*, de acordo com sua localização mais próxima aos assentos dos padres conciliares ou dos superiores maiores, peritos, assessores e convidados. Nesses dois bares se faziam muitos contatos com pessoas de outras nacionalidades e de outras tendências religiosas. Contatos enriquecedores.

O episcopado brasileiro procurou tirar o maior proveito desses encontros informais. Como as sessões eram pela manhã, sobrava-nos tempo para palestras e encontros na parte da tarde. Era comum encontrarmos em nosso lugar de hospedagem, no refeitório da *Domus Mariae*, um aviso nestes termos: "V. Exa. é gentilmente convidado para um encontro à tarde" com o teólogo Hans Küng ou Oscar Cullman, Pe. Congar ou Chenu, Butler ou Danielou, De Lubac, Karl Rahner, Joseph Ratzinger e tantos outros, católicos, protestantes e ortodoxos. Tivemos oportunidade de ouvir e interrogar estudiosos de todas as correntes.

A memória jocosa do Concílio ia sendo feita diariamente através do *Conciliábulo*, folha diária editada sob responsabilidade de Dom Alberto Gaudêncio Ramos, arcebispo de Belém. Em tom divertido, transmitiam-se as notícias mais interessantes do que ia acontecendo durante o Concílio. Em um de nossos encontros brasileiros, discutia-se a questão do hábito eclesiástico. Muitos bispos eram contrários à modificação do hábito tradicional. Um dos mais ferrenhos defensores da não substituição da batina pelo *clergyman* era Dom Alexandre Gonçalves do Amaral (arcebispo de Uberaba, MG), que, a certa altura do debate, declarou: "Sacerdote de qualquer diocese que for de *clergyman* à arquidiocese de Uberaba, lá não terá uso de ordens". No dia seguinte, o *Conciliábulo* estampou uma foto de Papa Paulo VI, ainda cardeal, em visita à África, trajando um elegante *clergyman branco*. Abaixo da foto vinham os dizeres: "Este não teria uso de ordens na arquidiocese de Uberaba". Foi divertido! O exemplar desapareceu e a coleção do *Conciliábulo* ficou desfalcada daquele número.

Uma das maiores profecias do Vaticano II foi a insistência em apresentar a Igreja como *povo, o Povo de Deus*, colocando-se a hierarquia na faixa de serviço ao Povo de Deus. Assim, o documento principal do Vaticano II – a *Lumen Gentium* – não começou pela hierarquia como estava no esquema preparado pela Cúria Romana, mas pelo mistério da Igreja (capítulo 1) e pelo Povo de Deus (capítulo 2), deslocando para o capítulo 3 a hierarquia, ou melhor, a constituição hierárquica da Igreja. Surpreendente é notar que, no capítulo 2, sobre o Povo de Deus, se incluem também os não católicos e até os não cristãos. Seja-me permitido aludir, nesse capítulo 2, a algumas afirmações que, a meu ver, podem levar a Igreja a uma séria revisão de atitudes para com os chamados irmãos-separados, que não são tão separados, e para com os denominados infiéis e que podem estar bem próximos de nós na fé, como "cristãos anônimos", fazendo parte daqueles que o Cristo reconhece como seus discípulos: "Tive fome e me destes de comer". "Quando Senhor?" "Quando fizestes isso a um desses pequeninos, que são meus irmãos, foi a mim que o fizestes" (Mt 25,35-40). Na *Lumen Gentium*, capítulo 2, n. 13 e seguintes, pode-se ler:

> Todos os homens são chamados a pertencer ao novo Povo de Deus. Por isso, esse povo, permanecendo uno e único, deve estender-se a todo o mundo e por todos os tempos, para que se cumpra o desígnio da vontade de Deus. [...] Foi para isso que Deus enviou seu Filho, a quem constituiu herdeiro de todas as coisas, para que ele fosse Mestre, Rei e Sacerdote de todos, Cabeça do novo e universal povo dos filhos de Deus. Para isso, Deus enviou enfim o Espírito de seu Filho, Senhor e fonte de vida. É ele que congrega toda a Igreja, cada um e todos os crentes. [...] A Igreja fomenta e assume... as capacidades, as riquezas e os costumes dos povos. Assumindo-os, purifica-os, reforça-os e eleva-os. Todos os homens, pois, são chamados a essa católica unidade do Povo de Deus, que prefigura e promove a paz universal. A ela pertencem ou são ordenados de modos diversos, quer os fiéis católicos, quer os outros crentes em Cristo, quer, enfim, todos os homens em geral, chamados à salvação pela graça de Deus.

É verdade que o pós-concílio promoveu uma série de regulamentações que, de certo modo, obnubilaram a inspiração original de muitos textos conciliares. Seria possível recuperar o espírito que animou os padres conciliares na elaboração desses documentos? É certamente um desafio, um grande desafio a ser enfrentado.

Os desafios da evangelização

O bom Papa João foi o escolhido por Deus para dar ao mundo essa nova esperança de uma Igreja que fosse testemunho vivo de unidade de todo o Povo de Deus. Isso levaria a Igreja a buscar ultrapassar o estado de cristandade, herdado da Idade Média, para retornar às fontes do Cristianismo. A concretização deste projeto já era, de per si, um grande desafio. A começar pela sua aceitação, já que as instituições são, por natureza, conservadoras. Uma proposta de mudanças soa como uma agressão ou um convite à infidelidade. A Igreja Católica não está imune a esta provação. Uma mudança de rota que levasse a sacudir a poeira das tradições humanas, acumulada através dos séculos e que agora impedia as novas gerações de enxergarem a Igreja como o farol, um sinal que fosse à frente do povo, mostrando-lhe o caminho para Deus, era inaceitável para muitos, que sempre consideraram a Igreja como "sociedade perfeita".

O problema se manifestou desde a primeira hora, nas comissões encarregadas de elaborar os esquemas de trabalho. Surgiram logo as resistências a mudanças que tivessem aparência de concessões. Como dialogar com as outras Igrejas, se a Católica é a detentora da verdade? Ecumenismo só se entende como a aceitação da verdade por aqueles que estão no erro. Todos devem buscar o único porto de salvação, que é a Igreja Católica. O axioma – "Fora da Igreja não há salvação" – valeria para todos. Como admitir a autonomia das ciências, se elas devem submeter-se aos dados da Revelação Divina? É possível admitir mudanças na Liturgia e permitir que a missa e os sacramentos sejam administrados em língua vernácula, com o risco de se perder o sentido exato dos termos? E a concelebração que, então, só era admitida no sacramento da Ordem? E a comunhão sob as duas espécies?

Questões litúrgicas e disciplinares dividiam as mentes e criavam tensões, dentro e fora da aula conciliar. Como as divisões existiam também dentro das próprias comissões preparatórias, os esquemas elaborados para serem apresentados à consideração dos padres conciliares não podiam deixar de refletir essa realidade.

João XXIII conseguiu resolver todas essas dificuldades com duas palavras: *refontização* e *aggiornamento* (voltar às fontes e atualizar). A inspiração para as decisões conciliares deveria remontar não aos séculos precedentes, mas às origens, ao Evangelho, fonte primigênia do Cristianismo: *refontização*. Mas o Evangelho deveria ser lido com os olhos iluminados pela realidade do tempo presente: *aggiornamento*. O Concílio seria para a Igreja como um novo Pentecostes. A Igreja deve ser um sinal, que aponte ao mundo o caminho de sua plena realização. Com o passar dos anos, esse sinal foi se deixando cobrir da poeira do tempo e perdeu visibilidade. Caberia ao Concílio sacudir a poeira, que ofuscava o sinal, para que ele voltasse a brilhar e a apontar caminhos seguros. Substituía-se o esquema vigente "Igreja e Mundo", como se fossem duas realidades supremas e independentes, pelo esquema

"Igreja no Mundo", onde a Igreja deve ser uma presença consorte, animadora e transformadora.

É evidente que essa mudança de perspectiva encontraria grandes dificuldades de aceitação, porque exigiria mudanças profundas de atitudes e hábitos arraigados. A começar pela própria imagem de Igreja. Teríamos que sair de uma imagem piramidal: papa, bispos, padres, religiosos e leigos, para uma imagem comunional: papa, bispos, padres e religiosos, a serviço do Povo de Deus. À frente desse povo não estaria o papa, mas Jesus Cristo, conduzindo sua Igreja ao Pai, animada pelo Espírito. Todo o povo de Deus é um povo sacerdotal, participante desde o Batismo do sacerdócio real de Cristo. Do meio desse povo, são chamados alguns para se colocarem a serviço do sacerdócio comum de todos os fiéis. Eles exercem um sacerdócio ministerial, distinto do sacerdócio comum e transmitido por um sacramento – da Ordem –, com a missão de convocar o Povo de Deus, anunciar-lhe a Palavra e ir à sua frente, mostrando-lhe o caminho que é o Senhor Jesus. Ele se faz presente na Eucaristia, que é alimento na caminhada, companheiro na estrada e certeza de bom termo na viagem. A Eucaristia não é privilégio de piedosos: é força para todos os viajantes, rumo à Casa do Pai. A comunhão eucarística é parte integrante da celebração e todos deveriam colocar-se em condições de participar dela. Até a época do Concílio, muitos se contentavam com a comunhão, que solicitavam e recebiam fora da missa.

Aqui entram outras mudanças importantes do Concílio. Por ser a Eucaristia o sinal e o instrumento da unidade (sacramento da Unidade), não tem sentido vários sacerdotes celebrarem ao mesmo tempo em altares diferentes. A concelebração, que antes só era permitida para as ordenações (os ordinandos concelebravam com o bispo ordenante), torna-se agora comum em todas as reuniões programadas ou não de sacerdotes. E, por ser o sinal da unidade do bispo com o seu presbitério, se institui a Missa da Unidade em todas as catedrais na Quinta-feira Santa, distinta da Missa da Ceia do Senhor. Nas dioceses extensas, onde não seria possível estarem presentes todos os sacerdotes – pois deveriam celebrar à tarde em suas bases a Ceia do Senhor –, antecipa-se a Missa da Unidade para uma data mais oportuna nas proximidades da Quinta-feira Santa, de modo a permitir que todo o clero possa estar unido no altar a seu bispo e renove com ele os compromissos pastorais.

Quanto ao povo, a importância de sua participação efetiva é assinalada em duas novidades pós-conciliares: a missa voltada para o povo e as celebrações em vernáculo. Quando teve início o Concílio, eu já tinha mais de vinte anos de sacerdócio. Nunca havia celebrado uma missa em português, nunca havia feito um batizado ou dado uma absolvição ou feito uma encomendação de defunto em português; era tudo em latim e, enquanto o padre celebrava, o povo cantava o ofício de Nossa Senhora ou rezava o terço. E não foi fácil conseguir a aprovação do vernáculo no Concílio. Um número elevado de padres conciliares pleiteava que se preservasse a intocabilidade do mistério na fidelidade ao latim, língua que não corria mais o risco de mudanças de sentido, como acontecia com o vernáculo.

A abertura a uma maior participação do povo não ficou limitada ao vernáculo e ao altar voltado para a assembleia. O Concílio reconheceu e proclamou a maioridade dos leigos na Igreja, mostrando-lhes como campo próprio de santificação, sua inserção nas realidades terrenas. A

Constituição Pastoral – "A Igreja no Mundo de Hoje" (*Gaudium et Spes*), bem como o decreto sobre o apostolado dos leigos ultrapassam a visão pré-conciliar do leigo como colaborador do apostolado hierárquico da Igreja. O Concílio mostra que os leigos agem não como colaboradores do clero, mas em nome próprio, membros que são de Cristo e da Igreja, responsáveis diretos pela santificação do mundo. E o Concílio não fala só dos leigos católicos. Ele lembra que desse Povo de Deus fazem parte também os não católicos e até os não cristãos. Todos estão a caminho do encontro com Cristo.

Se Igreja é todo o Povo de Deus, devem-se criar condições para que haja cada vez mais participação e comunhão. Os ministérios de leitor e acólito, bem como os ministérios extraordinários da Palavra, da Comunhão Eucarística e das Exéquias, são formas de participação desconhecidas antes do Concílio, quando só ao clero era permitido tocar as espécies consagradas (e até os vasos sagrados: cálice e patena). O Concílio restaurou o diaconato permanente, para o qual admitiu homens casados. Pena que essa ordem sagrada esteja sendo utilizada não para cobrir espaços que os sacerdotes não têm conseguido atingir, como aconteceu no início da Igreja com os diáconos Estevão, Filipe e os demais, mas para fazer o que outros leigos podem ser autorizados a fazer, como, por exemplo, pregar a Palavra, distribuir a comunhão e ministrar o Batismo. Necessitamos de diáconos para levar o Evangelho a áreas de desafio onde a Igreja não se faz presente e onde os presbíteros não teriam como chegar. É o caso dos bolsões de miséria, das favelas, do mundo das drogas, da violência, dos meninos de rua, das vítimas da prostituição... desafios que a Igreja não tem conseguido enfrentar e que, por isso, não recebem uma atenção eficaz do Bom Pastor, que deixa as noventa e nove no redil e sai à procura da centésima que se extraviou.

Haveria outros campos, além dos elencados, aonde os avanços do Vaticano II ainda não chegaram? Com certeza. E eu lembraria dois que me parecem urgentes. O primeiro é uma participação mais reconhecida da mulher. Houve um tempo em que a mulher não podia nem mesmo cuidar das alfaias sagradas. Era necessário que um presbítero purificasse primeiro os corporais e sanguinhos, antes que mãos femininas os lavassem e engomassem. Tocar na hóstia consagrada? Nem pensar. E hoje, não mudou para melhor? A mulher não pode fazer tudo isso e mais ainda? Pode, em termos. Se não houver homens para fazê-lo. Em uma de nossas visitas *ad limina*, a última de que participou Dom Helder Camara, estávamos na Congregação dos Religiosos, da qual era prefeito o argentino e nosso grande amigo Cardeal Pironio, quando Dom Helder levantou a seguinte questão: "Cardeal Pironio, Vossa Eminência sabe que na Igreja há muito mais religiosas do que religiosos. Nesta Congregação dos Religiosos, quantas religiosas estão presentes e participam das decisões?". O cardeal respondeu com clareza e simplicidade: "Dom Helder, hoje as religiosas, que atuam nessa Congregação, não estão aqui apenas para os serviços domésticos. Algumas dão assessoria em vários departamentos da Congregação. Entretanto, as decisões sobre a Vida Consagrada são tomadas em reuniões de que só participam cardeais e bispos".

Numa palavra, somente homens decidem sobre assuntos femininos.

E nem é preciso ir a Roma para perceber como o Concílio ainda não conseguiu derrubar todos os preconceitos, todos os muros de separação. Entre nós, em qualquer de nossas dioceses ou paróquias, há mais mulheres do que homens como ministros extraordinários da Comunhão Eucarística, mais mulheres do que homens como catequistas. Os homens podem ser instituídos ministros da Palavra e da Comunhão Eucarística. As mulheres, não. Recebendo os ministérios de leitor e de acólito, os homens são automaticamente constituídos como catequistas e ministros extraordinários da Comunhão Eucarística. A mulher está excluída desses ministérios. Eis o que diz o cânon 230, § 1º, do Código de Direito Canônico: "Os leigos varões (*viri*), que tiverem a idade e as qualidades estabelecidas por decreto da Conferência dos Bispos, podem ser assumidos estavelmente, mediante o rito litúrgico prescrito, para os ministérios de leitor e acólito...".

É verdade que há um prêmio de consolação para a mulher. Ela está incluída no § 3º do mesmo cânon 230:

> Onde a necessidade da Igreja o aconselhar, podem também os leigos, na falta de ministros, mesmo não sendo leitores ou acólitos, suprir alguns de seus ofícios, a saber, exercer o ministério da Palavra, presidir as orações litúrgicas, administrar o Batismo e distribuir a Sagrada Comunhão, de acordo com as prescrições do direito.

Outro campo em que o pós-Vaticano II parou foi o do ministério ordenado. A ordenação diaconal de homens casados foi um grande passo de retorno às fontes. Era de se esperar que a refontização prosseguisse e chegasse à ordenação presbiteral de homens casados. Na Conferência de Medellín (1968), vários participantes já esperavam para breve essa decisão. A expectativa continua. O diácono pode distribuir a comunhão, mas não pode presidir a Eucaristia, cuja celebração é indispensável para a vida da comunidade eclesial, o que também é afirmação do Concílio:

> Não se edifica nenhuma comunidade cristã, se ela não tiver por raiz e centro a celebração da santíssima Eucaristia; por ela, há de iniciar-se por isso toda educação do espírito comunitário (*Presbyterorum Ordinis*, II, n. 6).

Nos primórdios da Igreja, bispos, presbíteros e diáconos eram recrutados das duas fontes: casados e celibatários, de acordo com o carisma dos convocados para o ministério. Com o passar dos anos, a vida religiosa desenvolveu-se tanto na Igreja, que o número de ministros ordenados procedentes dos institutos da vida consagrada era suficiente para atender as necessidades dos fiéis. Aí foi possível introduzir a lei do celibato. Na Igreja oriental, entretanto, continuou e continua até hoje a disciplina antiga. Somente para o episcopado se exige o celibato como pré-requisito. O Concílio reconhece que se trata de questão disciplinar, e só da Igreja latina, quando nos diz:

> Por sua natureza, a perfeita e perpétua continência não é exigida do sacerdócio, como se evidencia pela praxe da Igreja primitiva e pela tradição das Igrejas orientais, onde – além daqueles que com todos os bispos por dom da graça, escolhem observar o celibato – existem, igualmente, os presbíteros casados de altíssimo mérito. Enquanto, pois, recomenda o celibato eclesiástico, este sacrossanto sínodo, de forma alguma, intenciona mudar aquela disciplina diversa, que vigora legitimamente nas Igrejas orientais, e exorta com muito amor aqueles que receberam o presbiterado no matrimônio, a que perseverem em sua santa vocação e continuem a empenhar a vida, plena e generosamente, em favor do rebanho a eles confiado (*Presbyterorum Ordinis*, n. 1195).

Essas delongas, porém, não impedem que os resultados do Concílio Vaticano II tenham sido e estejam sendo positivos para a Igreja e para a sociedade toda.

Recordemos alguns exemplos.

Na liturgia, a introdução do uso do vernáculo na missa e na administração de todos os sacramentos; a simplificação dos ritos, em todos os sacramentos, *idem* com respeito às vestes litúrgicas. Em outros campos: a supressão da primeira tonsura, substituída pelo rito de admissão entre os candidatos às Ordens Sacras; a supressão do subdiaconato; a simplificação do Ofício Divino; o destaque dado à colegialidade, à extensão da concelebração como expressão de comunhão eclesial e hierárquica; a importância dada à relação Igreja-Mundo; a autonomia das ciências e das realidades temporais; a isenção dos religiosos e seus limites; a autonomia dos leigos; a supressão de alguns impedimentos e irregularidades; o abrandamento do jejum eucarístico; a dignidade da Igreja Particular; a visão de diocese não como território, mas como porção do Povo de Deus; Igreja-Povo de Deus; o ecumenismo; a imagem de Igreja pobre e servidora etc.

Essa nova visão de Igreja não ficou só nos documentos. Alguns gestos significativos e bem espontâneos vieram ilustrar o que os padres decidiam na aula conciliar. Paulo VI fez certamente os mais emocionantes destes gestos quando, em janeiro de 1964, em Jerusalém, após uma prece em comum com os ortodoxos, ele e o Patriarca Atenágoras de Constantinopla, selaram, com um longo abraço, a paz entre as Igrejas Católica e Ortodoxa. E no dia 7 de dezembro, véspera do encerramento do Concílio Vaticano II, Paulo VI celebrou missa na Basílica de São Pedro, em Roma, durante a qual leu um decreto tornando nula a excomunhão depositada pelo legado papal sobre o altar da igreja de Santa Sofia, de Constantinopla. Na mesma hora, em Constantinopla, o Patriarca Atenágoras celebrou missa no Fanar e voltou a incluir o nome do Patriarca do Ocidente, o Papa, nas preces da anáfora eucarística da Igreja ortodoxa, exprimindo desse modo, com uma forma litúrgica e sacramental, o retorno à comunhão, extinguindo, assim, uma separação entre as Igrejas, que ocorria desde o século XI (1054).

O mesmo Papa edificou e surpreendeu a aula conciliar quando, na abertura da quarta sessão, entrou na Basílica de São Pedro, não na sedia gestatória, mas caminhando e usando um báculo comum. E, em lugar da tiara, portava uma mitra igual à dos demais bispos. Foi também, a partir do Concílio, que inúmeros bispos deixaram as pomposas residências episcopais e foram residir em casas modestas, mais perto do povo. Os palácios episcopais foram adaptados para serviços diversos. Dom Helder deu o testemunho mais eloquente, ao deixar o Palácio dos Manguinhos e ir morar na sacristia da igreja das Fronteiras. Sua última lição, porém, foi na linha do social, quando ele levantou o grito: "ano dois mil sem miséria"!

Infelizmente a fome e a miséria continuam, mesmo após o ano 2000. Somos todos corresponsáveis pela solução deste e de outros problemas sociais como o da violência, das drogas, do sexo sem amor, pois o Evangelho adverte a todos os discípulos de Cristo: "Dai-lhes vós mesmos de comer". E somos urgidos por um apelo mais forte ainda, quando o Cristo se apresenta a nós, na pessoa do faminto, do drogado, do encarcerado, da prostituta: "Eu estava com fome, preso, nu e me destes de comer" (cf. Mt 25,35-40).

Igreja e sociedade civil devem somar esforços, para que todos esses males sejam debelados. Acredito que, no momento em que a reflexão dos teólogos, dos pastores e dos políticos caminharem na direção de recuperar as aberturas e as intuições do Vaticano II, todos cumpriremos melhor a missão registrada nessa belíssima afirmação da *Gaudium et Spes*, n. 1:

> As alegrias e as esperanças, as tristezas e as angústias dos homens de hoje, sobretudo dos pobres e de todos os que sofrem, são também as alegrias e as esperanças, as tristezas e as angústias dos discípulos de Cristo.

Introdução

O Concílio Vaticano II: referência imprescindível da Igreja atual

Francisco Merlos Arroyo[1]

1. Abordar o acontecimento conciliar depois de meio século induz-nos a procurar o seu significado histórico, teológico e pastoral. Tal significado procede de diversas[2]

---

[1] Sacerdote da Diocese de Tacambaro, México. Mestre em Teologia pela Universidade Gregoriana de Roma e em Teologia Pastoral pela Universidade Católica de Estrasburgo, na França. Especialista em Catequética pelo Instituto Latinoamericano do CELAM. Fundador e membro ativo do Instituto Pastoral Don Vasco. Foi professor de Teologia Pastoral no ITEPAL – Colômbia, na Universidade Pontifícia do México, onde foi também coordenador do departamento de Teologia Pastoral. Professor convidado nos centros europeus de formação missionária de Lovaina, Madri e Verona, assim como no Instituto Internacional *Lumen Vitae*, de Bruxelas, e no Instituto Pastoral do Sudeste, de Miami. Publicou como autor e coautor várias obras e artigos e estudos sobre diversos temas teológicos e catequéticos.

[2] Obviamente a fonte principal do Concílio Vaticano II são as atas das congregações gerais, onde se dá conta das discussões, por um lado, e, por outro, encontra-se o conjunto dos 16 documentos, produto das 4 etapas de trabalho, classificados em constituições, decretos e declarações. De resto, a literatura sobre o Concílio é abundante. Cf. ALBERIGO, G. (ed.). *Historia del Concilio Vaticano II*. Leuven-Salamanca, Ed. Peteers-Síguueme, 1999-2010. 5 v.; CAPRILE, G. (ed.). *Il Concilio Vaticano II*. Cronache del Concilio Vaticano II. Roma, La Civiltà Cattolica, 1966-1969. 6 vv.; WENGER, A. *Historia del Concilio Vaticano II*. Barcelona, Estela, 1967. 2 v.; MARCHETTO, A. *Il Concilio Ecumenico Vaticano II*. Contrapunto per la sua storia. Città del Vaticano, Editrice Vaticana, 2005; LATOURELLE, R. (ed.). *Vaticano II*. Balance

causas que lhe deram origem. Por um lado, as inércias adquiridas pela Igreja nos últimos séculos, sua desorientação diante das novas situações socioculturais e suas constantes lutas contra tudo aquilo que se poderia constituir uma ameaça à integridade de sua fé e à realização de sua missão; por outro, as expectativas e o mal-estar de muitos cristãos exigiam uma mudança qualitativa em sua Igreja, unida aos inumeráveis esforços de muitas personalidades cristãs que levavam adiante pesquisas e estudos para voltar às fontes mais puras da revelação e da fé. Da mesma forma chegava ao ápice a racionalidade moderna e a primazia das ciências humanas, a tal ponto que o espírito da época, enquanto se tornava mais crítico, tinha também a pretensão de submeter tudo ao veredicto da ciência como critério absoluto e único da verdade. Finalmente, surgiu a figura providencial e inspiradora de João XXIII, que, captando os sinais do tempo, soube lê-los à luz penetrante do Evangelho, para desentranhar neles as intenções profundas do Senhor da história.

2. O Concílio quis ser desde o início o ponto de chegada para todos aqueles que, dentro e fora da Igreja, pudessem dar alguma contribuição às intenções e aos propósitos de um acontecimento de proporções universais. Para isso *a convocação, a preparação, a celebração e a posterior*

---

y perspectivas. 25 años después. Salamanca, Sígueme, 1989; BARCELON, E. *Proyecto eclesial y dinámica evangélica del Vaticano II.* Buenos Aires, Guadalupe, 1982; *A los 25 años de Concilio Vaticano II.* Congreso nacional de teologia. México, UPM, 1991; El Concilio Vaticano II. Cuarenta años después. Evento, recepción y proyección. *EfMex* 25, 2007; MARTELET, G. *Las ideas fundamentales del Vaticano II.* Barcelona, Herder, 1968; KELLER, E. Dirceu. *A Igreja: das origens ao Vaticano II.* Petrópolis, Vozes, 2002; CASTILLO, J. M. *La Iglesia que quiso el Concilio.* Madrid, PPC, 2001; DARCI, L. M. *Vaticano II. 40 anos depois.* São Paulo, Paulus, 2005; *Estudios sobre el Concilio Vaticano II.* Bilbao, Mensajero, 1966.

projeção das determinações conciliares deveriam ser a expressão de uma Igreja que, olhando com honestidade para si mesma, pudesse ser "sinal crível erguido diante de todos os povos". Seu tom de liberdade e seu espírito esperançoso e solidário seriam as fortalezas que fizeram a Igreja passar das desqualificações ao diálogo. Era necessário contemplar o mundo não como "profetas de desventuras", mas como fiéis que nele reconhecem a condução providente do Senhor. Se o mundo se encontrava em constante ebulição, exigia-se que a Igreja, da mesma forma, estivesse à altura, numa permanente atitude de *"aggiornamento"* (atualização), assumindo a insígnia de *Ecclesia semper reformanda* (Igreja em estado de renovação contínua).

3. A assembleia conciliar tinha a convicção de que não seria possível renovar nada de significativo na Igreja e em sua ação missionária se não se atrevesse a revisar seu paradigma teológico, isto é, sua forma de pensar, entender, interpretar e falar acerca da fé, sobretudo em questões vitais como a Palavra de Deus, a pessoa de Jesus, a Igreja, os ministérios, a história na qual Deus se revela, o mundo onde se vive o seguimento de Cristo, a salvação, a Revelação e muitas outras realidades teológicas. O Concílio estabeleceu com toda clareza esse critério ao revisar primeiro a maneira como a Igreja entendia sua fé mediante a teologia, antes de querer renovar sua vida e sua ação pastoral, litúrgica, moral e missionária. Tal critério nem sempre foi assimilado com todas as suas consequências por parte dos fiéis, dos pastores e dos agentes da pastoral. Muitos viveram um verdadeiro conflito. Por um lado, queriam que a missão da Igreja respondesse adequadamente aos novos cenários e desafios que se apresentavam, mas por outro não estavam dispostos a mudar nada ou muito

pouco de suas antigas maneiras de interpretar a fé cristã. Alguns inicialmente pensaram que, por ser um concílio de caráter pastoral, tratava-se unicamente de mudança nas formas de trabalho, nos métodos e na organização, esquecendo que por trás disso tudo estavam primeiramente as mentalidades teológicas, as atitudes e o estudo sério das novas situações dos homens e mulheres contemporâneos.

4. O objetivo primordial foi esplendidamente traçado pelo Papa João XXIII em seu memorável discurso de abertura, no qual ele assinalou ao mesmo tempo sua ótica fundamental, o espírito que deveria animá-lo e a atitude evangélica que a Igreja adotaria em relação à sua missão. Deveria voltar-se para três direções: a fidelidade à riqueza perene da revelação obtida na Tradição viva, a atenção cuidadosa aos novos cenários do mundo contemporâneo, e o anúncio do Evangelho numa linguagem que pudesse ser entendida pela sua geração. As palavras do Papa João ainda ressoam no coração da Igreja, a serem conservadas na memória cristã ainda por muito tempo:

> A finalidade principal deste Concílio não é, portanto, a discussão de um ou outro tema da doutrina fundamental da Igreja, repetindo e proclamando o ensino dos padres e dos teólogos antigos e modernos, o qual se supõe sempre bem presente e familiar ao nosso espírito. Para isso, não havia necessidade de um Concílio... É nosso dever não só conservar este tesouro precioso, como se nos preocupássemos unicamente com a antiguidade, mas também dedicar-nos com vontade pronta e sem temor àquele trabalho hoje exigido, prosseguindo assim no caminho que a Igreja percorre há vinte séculos... O espírito cristão, católico e apostólico, está esperando no mundo inteiro um salto para a frente na penetração doutrinal e na formação das consciências que corresponda mais perfeitamente e

com maior fidelidade à doutrina autêntica, que certamente deve ser exposta segundo os métodos de pesquisa e de apresentação usados pelo pensamento moderno. Uma coisa é a substância da doutrina antiga contida no "Depósito da Fé", e outra é a formulação com que são revistas, guiando-se, em suas formas e em sua proposição, pelas necessidades de um magistério de caráter preponderantemente pastoral... Hoje a Igreja prefere usar mais o remédio da misericórdia que o da severidade. Julga satisfazer melhor às necessidades do momento presente mostrando o valor do seu ensinamento do que renovando condenações (Discurso pronunciado por João XXIII no dia 11 de outubro, na Basílica de São Pedro, no ato de inauguração solene do Concílio Ecumênico Vaticano II).

1. O Concílio Vaticano II como acontecimento, documento escrito e projeto de Igreja

Tais perspectivas podem ser adotadas como chaves de interpretação, que nos dão uma visão global sobre a assembleia conciliar.

1.1 O acontecimento

Situa-se no momento histórico da segunda metade do século XX. No acontecimento enraíza-se a experiência, cuja memória permanece como sustento inesgotável desta passagem do Espírito pela vida da Igreja. Enquanto tal, percebe-se como uma convocação à comunidade fiel, a fim de que se confronte com as novas realidades do tempo e se verifique até que ponto continua sendo significativa e confiável. Se assim não for, que reconheça com lealdade evangélica as carências que a impedem de ser "sacramento do Reino no mundo". O acontecimento conciliar desenvolve-se em quatro fases: antepreparatória, preparatória, celebrativa (4 etapas) e prospectiva. Cada uma dessas fases teve o seu peculiar significado no processo global do Concílio. Constituíram-se em eixos que garantiram a dinâmica interna do evento conciliar, devido ao esforço sustentado, à pluralidade de posturas, ao amor e à perícia de todos os atores, bem como à entrega incondicional dos homens e mulheres, que tornaram possível a assembleia conciliar com sua sabedoria.

1.2 O documento escrito

Na realidade o acontecimento reflete-se nos vários textos escritos, elaborados durante as quatro fases antes mencionadas; esses textos desempenham o papel de testemunhas daquele fato histórico. Em primeiro lugar, devem-se destacar os dezesseis documentos finais (constituições, decretos, declarações), os quais refletem o árduo caminho que o Concílio precisou percorrer para chegar à sua aprovação e promulgação final. Para interpretar e entender os dezesseis textos finais é preciso lê-los à luz do acontecimento vivido. Assim, poderão ser descobertas as intenções autênticas, os conflitos, as carências e inclusive os interesses de grupos diversos, com suas tendências, opiniões e opções. Nos textos podemos visualizar as expectativas de uma comunidade católica que, através da voz do Concílio, pretendia ser fiel ao Evangelho, com este confrontando a sua vida, expressando-a nos novos cenários históricos e traçando estratégias para que o mundo inteiro pudesse encontrar na Igreja o espaço no qual resplandecesse com clareza a mais pura essência da mensagem de Jesus.

1.3 O projeto

O acontecimento e o documento escrito só fariam história no momento em que se manifestassem em opções operativas, em compromissos transformadores, em ministérios pastorais que acabassem fomentando as mudanças requeridas, de acordo com o desígnio de Deus e com as aspirações dos homens e mulheres da época. Esse passo talvez seja o mais desafiador e delicado, porque, em todos os setores da Igreja, hierárquicos e laicais, existem atitudes e posturas que com frequência traem a missão e a Boa-Nova do Reino de Deus, confundindo-a com os mesquinhos interesses pessoais ou de grupo. Celebrar eventos de Igreja e escrever documentos pode ser saudável e até meritório, mas também pode ser uma armadilha para distrair a atenção, para tranquilizar a consciência ou para não permitir que o Espírito transforme as mentalidades, os critérios, as condutas pastorais e as falsas hierarquias de valores.

2. Os tempos do Concílio Vaticano II: antes, durante e depois

Muito se escreveu sobre a transcendência e os impactos daquele acontecimento singular, celebrado nos anos 60 do século passado. Hoje ninguém põe em dúvida que foi o evento mais relevante na Igreja e além de suas fronteiras. Ajuda muito a compreender o significado profundo do concílio, se o situarmos em três momentos privilegiados de seu devir histórico: *o antes, o durante e o depois.*

2.1 Antes

2.1.1 Fora da Igreja

Na segunda metade do século XX ainda se viviam as sequelas da barbárie da Segunda Guerra Mundial, que gerou a corrida armamentista e a chamada guerra fria, sustentada pelos dois grandes blocos ideológicos: capitalista e socialista. Surgia a emancipação de numerosas colônias na África e na Ásia. Ocorriam os protestos estudantis em massa nas principais capitais europeias e latino-americanas; aparecia o movimento *hippie*, a liberação sexual e a cultura das drogas, a enorme influência dos Beatles no campo musical, a minissaia e os jeans no campo da moda e as correntes feministas e de gênero no âmbito social. Começavam as viagens espaciais, iniciavam-se as pesquisas no campo da bioética, da biotecnologia e da engenharia genética, da informática, da cibernética e da comunicação digital. Vivia-se a explosão da novela latino-americana e a tensão entre ditaduras, revolução e democracia. Na América Latina falava-se de guerrilhas como via privilegiada para a conquista do poder e para a mudança social (Cuba era o protótipo).

Vivia-se a impopular guerra do Vietnã. Criava-se o Mercado Comum Europeu (depois Comunidade Europeia). Iniciava-se o protagonismo da chamada Bacia do Pacífico Asiático (China, Japão, Taiwan, Coreia...). Agravava-se o conflito árabe-israelense, como lugar de enfrentamento das duas ideologias predominantes. As sociedades do mundo se emancipavam irreversivelmente da tutela das Igrejas tradicionais, tendo como resultado o avanço incontrolável do secularismo e da racionalidade moderna e pós-moderna.

Ainda, a industrialização, o urbanismo, as migrações, o incremento da população operária e a consolidação dos estados modernos, que enfrentavam estes novos fenômenos sociais com seus próprios recursos. Falava-se de problemas concretos que requeriam soluções prontas e solidárias: a fome, a paz, os direitos humanos e culturais dos povos e a defesa do meio ambiente. Tudo isso como prelúdio da mudança de época, da globalização e da chamada ética universal que já se preanunciava e que hoje envolve a todos na mesma medida.

Existia a crise e decadência de muitas utopias. Como também a aparição de regimes totalitários (marxismo--leninismo), ditaduras militares em numerosos países e o enfrentamento entre países subdesenvolvidos e os que se diziam desenvolvidos. A ONU era o espaço privilegiado de entendimento entre os povos. Fizeram-se presentes correntes culturais que punham em discussão os velhos fundamentos sobre os quais se alicerçavam os princípios éticos das sociedades anteriores: aborto, eutanásia, pena de morte, bioética, psicanálise.

Enfim, surgia um mundo em processo irrefreável de descristianização, que começava a questionar tudo, descobrindo nas ciências do conhecimento e na tecnologia um fenômeno determinante de sua emancipação. Um mundo que, graças às correntes modernistas, esvaziava a revelação e a fé de seu caráter sobrenatural, sustentando que a razão humana é capaz de ter acesso por si só à transcendência. Esse mundo não era exatamente o da "fé espontânea" da cristandade sociológica. Falava outra linguagem, a de uma secularidade que frequentemente resvalava para um secularismo no qual Deus e o ser humano eram rivais, e era preciso optar por um dos dois. É por isso que alguns afirmaram que os anos 60 foram praticamente o final do século XX e o começo do XXI, pois muitas das conquistas daquele período se converteram posteriormente em paradigmas de conduta, adotados em todos os âmbitos da vida atual.[3]

2.1.2 Dentro da Igreja

A solução da questão romana, entre o Papa e Mussolini, havia concluído a controvérsia em torno dos estados pontifícios. Mas a Igreja, desde então, ainda levava a carga dos três séculos anteriores: o temor das novas condições culturais e a rejeição aos movimentos filosófico-sociais, a polêmica contra os supostos ou reais inimigos da fé, a incapacidade para compreender os sinais do tempo e a dificuldade para dialogar com os grupos sociais que não tinham na Igreja Católica o referencial principal de sua militância.

Essa Igreja havia chegado a uma fixação de fórmulas sem qualquer avanço no campo teológico, moral, litúrgico e pastoral. Daí que um mal-estar crescente em muitos cristãos a levaria a desencadear caladamente uma série de intuições e convicções, que evoluíam lentamente, a fim de recuperar os grandes valores evangélicos que por séculos restaram ofuscados. Esse mal-estar era produto de insatisfações que se manifestaram em questionamentos internos à própria instituição eclesial, por causa do distanciamento entre teologia e espiritualidade, entre teologia e pregação, entre teologia, liturgia e pastoral, entre teologia e mundo moderno.

---

[3] Cf. KÜNG, H. *La Iglesia católica*. México, Debate, 2007. pp. 185-259.

A Igreja enquanto instituição via-se marcadamente distanciada das grandes correntes de pensamento do mundo contemporâneo. A formação teológica dos pastores era especulativa e escolástica, sem apego às fontes da revelação, desencarnada e sem clara projeção pastoral. A piedade popular continuava sendo a alternativa das massas cristãs, que nutriam sua fé com devoções por não terem acesso a um Cristianismo evangelizado e adulto. Enquanto isso crescia o interesse em desracionalizar o Cristianismo, favorecendo a unidade entre a fé e a vida. Desde o início do século XX aumentava a preocupação com aquilo que se denominou "retorno às fontes", que consistia em retomar a vertente bíblica, litúrgica e patrística, movimentos que propiciariam uma real renovação da vida interna da Igreja. A teologia, por sua vez, separando-se pouco a pouco do predomínio da escolástica, iniciava seu diálogo não só com as fontes às quais a Igreja retornava, mas também com as ciências humanas e outras correntes de pensamento da época. Em todo caso pretendia estar mais atenta à problemática do mundo moderno.[4]

Observava-se um retrocesso e um imobilismo preocupante da Igreja institucional, que vinha desde os conflitos com o Iluminismo, com o século das luzes e com a Revolução Industrial, os quais produziram uma confrontação com a Modernidade e a Pós-Modernidade. As novas correntes de pensamento eram vistas como agressões à integridade da fé, colocando-a em crise nos países da velha cristandade.

---

[4]   Cf. WINLING, R. *La teologia del siglo XX*. Salamanca, Sígueme, 1987. pp. 59-76.

O centralismo romano, a ausência de diálogo ecumênico com as outras confissões religiosas, a homogeneidade católica, que se identificava com a unidade da Fé; a irrelevância e deliberada exclusão das Igrejas particulares da periferia; o envelhecimento de muitas instituições e estruturas eclesiásticas; e a primazia do canônico sobre o bíblico, o teológico e o pastoral, eram fruto de certa herança vinda do Concílio de Trento e do Vaticano I.

Desde o começo do século XX, sabia-se também dos avanços silenciosos dos estudos bíblicos, patrísticos e litúrgicos que anunciavam a volta às fontes primeiras do Cristianismo. Várias tentativas eclesiais de índole diversa surgiram para inserir a Igreja na corrente da história contemporânea, dentre as quais poderia mencionar-se a *nouvelle théologie* (a nova teologia) e o diálogo inicial da Igreja com as ciências modernas e a mentalidade científica, sobretudo nos âmbitos acadêmicos e universitários.[5] Vivia-se uma experiência difícil para enfrentar os desafios históricos com recursos em grande parte atrofiados. Muitos percebiam que era necessária uma ruptura de proporções imprevisíveis como condição da almejada renovação latente em muitos espíritos.

---

[5] A chamada *nouvelle théologie* aglutinava várias correntes de pensamento, sobretudo a partir da Segunda Guerra Mundial. Pretendia reexpressar a teologia tradicional retornando às fontes bíblicas, patrísticas e litúrgicas da melhor tradição da Igreja, procurando dialogar com a mentalidade científica contemporânea. Foi principalmente na França que se fixou essa iniciativa. Dentre as figuras mais importantes, destacam-se: De Lubac, Chenu, Danielou, Congar, Phillips, Teilhard de Chardin. Cf. FRIES, H. *Conceptos fundamentales de la teologia*. Madrid, Cristiandad, 1979. v. II, p. 761.

2.2 Durante

Entre os pontífices que prestaram seus serviços à Igreja na segunda metade do século XX e começo do XXI, a figura de João XXIII indubitavelmente se sobressai dentre todos, não só por seu ardor profundamente evangélico, sua clarividência histórica, sua sabedoria e abertura ao mundo contemporâneo, mas sobretudo pela ousadia cristã que ele teve ao convocar o Concílio. Tudo aquilo que vinha sendo amadurecido desde o começo do século finalmente encontrou nele uma ampla acolhida e abriu caminho para que a comunidade cristã pudesse ser "a Igreja que Jesus queria e os apóstolos nos deixaram".

Ao anúncio do acontecimento, acompanhado de não pouco ceticismo, uniu-se sua complexa fase antepreparatória e preparatória. Vivia-se a experiência de não saber preparar concílios e constatava-se a atitude conservadora e imobilista da Cúria Romana, o que tornava mais penosa a celebração do Concílio. Contudo, o espírito de liberdade e de esperança, de fraternidade e de participação, alentado pela genialidade profética do Papa João, demonstrou ao mundo inteiro a qualidade humana e evangélica que ele desejava infundir em toda a Igreja.

Os 72 esquemas preparatórios, tendo por base os subsídios fornecidos pela Igreja universal e elaborados pela Cúria Romana e por seus teólogos, transformaram-se em pontos de partida para dar lugar aos debates conciliares, que se refletiriam nos dezesseis documentos finais, emanados das quatro etapas do Concílio, efetuadas entre 1962 e 1965. Dentre esses documentos cabe destacar as quatro grandes constituições, que seriam a coluna vertebral da era pós-conciliar.

Entre os grandes protagonistas, além do Papa João e depois do Paulo VI, é preciso destacar a convocação dos teólogos mais ilustres da época, inclusive alguns que haviam sido postos em discussão pela autoridade eclesiástica. Eles foram os principais artífices da teologia que nutriu o Concílio. É oportuno assinalar aqui a ausência quase total de teólogos do então chamado Terceiro Mundo. (Talvez ainda não existissem). Da mesma forma a presença de bispos latino-americanos insignes, que intuíram que o Concílio não era apenas um evento a mais (Helder Camara, Manuel Larraín, Bogarín, Silva Henriquez, Méndez Arceo, Landázuri...); o mesmo diga-se da participação dos ortodoxos, dos irmãos separados, dos leigos e de várias mulheres. A presidência do Concílio, nomeada pelo Papa na pessoa dos Cardeais Lercaro, Doefner, Agagianian e Suenens, teve um papel determinante na marcha eficaz da assembleia conciliar.

A teologia começou a fazer novos caminhos como premissa e sustentação das grandes decisões renovadoras que o Concílio pretendia realizar. Era preciso interpretar a fé de outra maneira sobre os constitutivos essenciais do Cristianismo, se realmente pretendia-se entrar na corrente da história, dialogando com todos os seus interlocutores. Era clara a convicção: a Igreja, em estado permanente de renovação, estava abrindo todas as suas janelas para que entrasse ar fresco, segundo a célebre frase de João XXIII.

Assim, estava-se gestando o equilíbrio entre a memória da sã Tradição cristã e a atualidade desafiadora, carregada de sinais dos tempos. Os dezesseis documentos do Concílio, cujo olhar voltava-se para dentro e para fora da

Igreja, davam conta da consciência eclesial em vista da ação missionária e pastoral.[6]

2.3 Depois

O depois do Concílio estava marcado por um novo cenário eclesial: a ausência de João XXIII, que falecera após a primeira etapa, e a presença de Paulo VI, que foi personalidade-chave nas três últimas etapas, e sobretudo no período do pós-Concílio, pois a ele cabia conduzir a bom termo as decisões conciliares.

A era pós-conciliar foi acompanhada por uma recepção desigual, por entusiasmos transbordantes e às vezes ingênuos, por impactos imprevisíveis, por desejos profundos a serem plasmados e pela aplicação das orientações conciliares a curto, médio e longo prazo. Outro espírito e outro estilo estavam surgindo na Igreja, até então um tanto adormecida.

A América Latina não duvidou nem por um instante em tornar o Concílio seu referencial obrigatório, sua inspiração fundamental e sua autoridade indiscutível nas décadas seguintes. Houve uma ilustre geração de bispos-profetas que o levaram muito a sério. Começou um processo de conhecimento, de assimilação e de estudo, de aprofundamento e de aplicação quase imediata (exemplos: a UMAE no México e Medellín na AL). Surgiram iniciativas numerosas e inéditas no campo da Bíblia, da teologia, da espiritualidade, da moral, da pastoral, do compromisso social, da liturgia, da catequese, da organização e da criação de conselhos.

---

[6]   Cf. CASTILLO, J. M. La genialidad profética de Juan XXIII. In: CASTILLO, J. M. *La Iglesia que quiso El Concilio*. Madrid, PPC, 2001, pp. 22-25.

Falava-se, da mesma forma, de uma iminente reforma da Cúria Romana, menos jurídica e mais a serviço das Igrejas particulares, em que se destacaria o princípio da colegialidade episcopal, do protagonismo e da relevância teológica das conferências dos bispos, que antes se comportavam como simples executoras das ordens vindas da Cúria Romana.

Os dezesseis documentos conciliares abordaram questões nevrálgicas do mistério cristão, que marcariam definitivamente os anos seguintes. Surgiram novas linguagens, relações e atitudes dentro da Igreja e com as instâncias seculares. O diálogo da Igreja com a cultura moderna e pós-moderna estava caminhando. África, Ásia e América Latina apareceram no cenário da Igreja universal.

O Concílio considerou que as estruturas jurídicas, administrativas, formativas e pastorais estavam precisando de profunda renovação. O surgimento de grupos críticos e proféticos não se fez esperar, e a produção teológica se desencadeou como nunca antes, dando como fruto um rico pluralismo teológico de dimensões planetárias.

Certamente também foram vividos excessos, enfrentamentos, tensões e ataques ao Concílio, interpretações distorcidas, apego a uma tradição que se considerava traída, deserções e muitas resistências à mudança de quem menos se poderia esperar. Houve pessoas, comunidades e instituições demasiadamente conservadoras, que acreditavam que lhes havia sido mudada a substância da fé; a Cúria Romana e numerosos bispos, que ainda se apegavam obstinadamente às tradições, mantiveram-se num estranho ceticismo.

Em síntese, uma inovadora esperança criativa surgia através de um lento processo assimilador das grandes propostas conciliares. A Igreja universal, apesar dos riscos corridos antes, durante e depois do Concílio, estava vivendo uma autêntica primavera de liberdade, de renovação profunda, de resgate e de proclamação profética dos valores essenciais do Evangelho que quiçá estivessem por muito tempo silenciados.

3. Algumas questões pendentes

Cabe destacar algumas *questões pendentes* que de fato não deixaram que o Concílio chegasse aonde deveria ter chegado. Isso nos faz entender que o Espírito que quer fazer as coisas novas pode ser asfixiado quando a liberdade humana se esforça por fechar-lhe os caminhos.[7]

• *Percebe-se, em muitos cristãos, certo cansaço e ceticismo, pois eles pensavam que o Concílio mudaria repentinamente muitas coisas que estavam em aberta contradição com o Evangelho.* A realidade, todavia, nos diz que não foi assim, provocando em muitos espíritos uma profunda frustração. As diferentes interpretações que do Evangelho são feitas levam a descobrir posturas que apostam na fidelidade a seus grandes imperativos teológicos, espirituais e pastorais; mas também existem interpretações que esqueceram que o Concílio esperava congruência entre a teologia que sustentamos e as transformações que o momento histórico que vivemos nos pede.

---

[7] Cf. Traición al Concilio? In: KÜNG, op. cit., pp. 244-252.

• *Frequentemente o exercício da autoridade na Igreja do pós-Concílio tem se parecido mais com um poder que pretende o controle das consciências e das liberdades, negando com isso a soberania do Espírito que sopra onde quer.* Diante desse tipo de autoridade existe uma forma de obediência que se assemelha mais ao servilismo do que a uma atitude dialogante, madura, crítica e responsável. A desmesura no exercício da autoridade, que por vezes foi exercida como poder absoluto, teve graves consequências em todas as ordens da vida eclesial e se refletiu em deserções que feriram o tecido mais sensível da Igreja.

• *Teve-se a impressão de que, no pós-Concílio, muitas vezes a lei foi aplicada de forma inapelável, inclusive acima da primazia exercida pelo Evangelho.* Prevaleceu a organização centralista sobre a corresponsabilidade e a criatividade daqueles que viviam situações marcadas pela pluralidade. A homogeneidade foi identificada com a unidade, esquecendo que na teologia paulina tanto a unidade quanto a diversidade são graças outorgadas pelo mesmo Espírito.

• *No pós-Concílio notou-se certo empobrecimento na produção teológica, talvez devido aos conflitos e mal-entendidos que em determinados momentos ocorreram entre o Magistério da Igreja e o Magistério dos teólogos.* Possivelmente, esqueceu-se de que ambos são carismas do Espírito destinados à edificação da comunidade fiel. O Magistério da Igreja oferece certezas, enquanto o teólogo, além de certezas, oferece também novas hipóteses de pesquisa. Magistério da

Igreja e atividade teológica não são espaços para medir forças, mas diaconias suscitadas pelo Espírito. É preciso reconhecer que o Magistério da Igreja sem o teólogo se empobrece, mas o teólogo sem o Magistério pode esterilizar-se.

• *Da mesma forma, os direitos humanos e eclesiais, tão fortemente proclamados pelo Concílio, em não poucas ocasiões viram-se feridos dentro da Igreja por causa do medo da divergência, da sã atitude profética e da audácia cristã para proclamar o Evangelho com sinais e linguagens mais conformes à cultura contemporânea.* Cristãos lúcidos e clarividentes, que amam profundamente sua Igreja, tiveram que sofrer a suspeição, o desprestígio e até a perseguição por parte da própria instituição.[8]

• *Finalmente não deixa de surpreender que na Igreja do pós-Concílio não se trate de forma igual os que têm atitudes e iniciativas conservadoras e retrógradas em relação aos que buscam outras alternativas mais coerentes com a atualidade.* Enquanto os primeiros são vistos com muita consideração e benevolência, os segundos são seguidos com atenta desconfiança. Quer parecer que a fidelidade à tradição é um valor quase único, esquecendo que a fidelidade à atualidade é um sagrado dever, tão necessário quanto aquele. Fidelidade à tradição e

---

[8] São estranhos e em alguns casos até dramáticos os testemunhos de teólogos tão eminentes (Congar, Häring, Schillebeeckx, Küng, Castillo, Boff, Sobrino...), que foram fustigados e perseguidos pela sua própria Igreja por tentarem pesquisar o mistério cristão para serem fiéis à sua autenticidade e expressá-lo em categorias compreensíveis à sua geração.

fidelidade à atualidade são dons do Espírito, que pede forjar com ambas a harmonia.[9]

Conclusão

Apesar das oposições constatadas antes, durante e depois do Concílio, por parte de espíritos que se apegavam ao velho paradigma de uma Igreja voltada sobre si mesma e preocupada apenas em condenar erros, houve uma atitude de acolhida que produziu mudanças significativas não só no interior da Igreja, mas sobretudo nas relações com a cultura emergente. O Concílio entrou num processo em que era necessária a incorporação e a identificação com as suas determinações, as quais dariam um rosto diferente à Igreja diante do mundo. Tratava-se de acolher o Concílio não com uma obediência passiva ou acatando-o como conjunto de novas normas inapeláveis. Era, muito mais, a convocação a uma aceitação livre, a uma assimilação profunda de suas contribuições essenciais e a uma clara opção para projetá-lo criativamente em todas as instâncias humanas. É verdade que a projeção dos concílios nem sempre tem sido imediata nem fácil na história da Igreja; pelo contrário, normalmente é lenta e complexa, pois se trata de abandonar velhas posturas que implicam dolorosas rupturas.

O Concílio, contudo, foi penetrando progressivamente na vida da Igreja. Adquiriu uma consistência que apontava para uma nova era e para modalidades inéditas de presença

---

[9] O caso do Bispo Lefebvre e sua comunidade dissidente, ou o outro, do Bispo Milingo, diante de casos como o dos bispos mexicanos Samuel Ruiz ou Bartolomé Carrasco, cujo ministério episcopal foi posto sob suspeição pela Cúria Romana apenas pelo pecado de querer aplicar o Concílio.

e de serviço, a fim de realizar o projeto de Deus nos recentes cenários da sociedade moderna e pós-moderna.

Ao longo de várias décadas o Vaticano II foi abrindo caminho, transformando de maneira significativa numerosas expressões do tecido eclesial. Uma seiva de esperança percorria todos os setores do Povo de Deus, a tal ponto que muitos fiéis pensaram que enfim havia chegado a hora de uma profunda renovação. Em vários âmbitos da Igreja começaram a mover-se muitas coisas, não só pelo entusiasmo provocado pelo próprio acontecimento conciliar, mas principalmente pelos novos ares de liberdade, de participação e de criatividade para os quais convocava em sua intenção mais profunda. Os indivíduos e as comunidades acreditavam ter redescoberto novas razões para continuar nutrindo sua fé e "dar razão de sua esperança". E, 50 anos depois do início do Concílio Vaticano II, ainda estamos nos nutrindo dessa utopia.

Parte I

Vaticano II: significado e hermenêuticas

1

Balanço acerca do debate em torno da interpretação do Concílio

Massimo Faggioli[1]

1. Vaticano II: reconhecido, recebido, recusado (1965-1970s)

No dia 8 de dezembro de 1965, o encerramento do Vaticano II significou o retorno dos bispos e teólogos de Roma para as suas Igrejas locais, mas isso não significou a conclusão dos debates ou o fim da tentativa da Cúria Romana de controlar o resultado final do Concílio. Os textos finais do Concílio, é claro, haviam sido votados, definitivamente aprovados e solenemente promulgados pelo Papa Paulo VI, prontos para serem traduzidos e difundidos em toda a Igreja Católica. Em 1564, logo depois do final do Concílio de Trento, o Papa Pio IV estabeleceu

---

[1] Ph. D. pela Universidade de Turim (Itália), professor assistente na Universidade St. Thomas (St. Paul, Minnesota, EUA). Além de vários livros e artigos, recentemente publicou: *Vaticano II. A luta pelo sentido* (São Paulo, Paulinas, 2013) e *True Reform: Liturgy and Ecclesiology in Sacrosanctum concilium* (Collegeville, Liturgical, 2012).

a Congregação do Concílio com o encargo de interpretar seus decretos, proibindo a publicação de qualquer tipo de interpretação ou comentário a respeito. A decisão final do Vaticano II não implicou a proibição de ponderações sobre os textos finais, razão pela qual o final do Vaticano II não significou que a Santa Sé e a Cúria Romana se reservassem o estrito monopólio sobre a interpretação dos textos conciliares.[2] Assim, não causou surpresa o fato de que a primeira oportunidade que os teólogos tiveram para debater os documentos finais do Concílio tenha sido uma série de comentários sobre os textos, publicados por teólogos, sacerdotes, seminaristas e religiosos homens e mulheres, e também por uma gama de leitores ávidos por obter maior familiaridade com os textos do Vaticano II.[3]

Particularmente interessante é que o mais importante desses comentários veio não de bispos que acompanharam o processo preparatório, mas de teólogos que atuaram durante o Vaticano II como consultores ("periti") nas comissões oficiais, ou como teólogos privados assessorando seus bispos durante a preparação de suas intervenções em aula e nas comissões.

Alguns dos autores desses comentários tornaram-se os personagens principais do debate sobre o Vaticano II dos anos 70 do século passado em diante (Yves Congar, Henri de Lubac, Joseph Ratzinger, Edwaard Schillebeeckx). O que é importante notar agora é a eminente bagagem

---

[2] Para uma história mais completa do debate sobre o Vaticano II, cf. FAGGIOLI, M. *Vatican II: The Battle for Meaning*. New York, 2012.

[3] Sobre os primeiros estudos a respeito da linguagem dos documentos finais do Vaticano II, ver *Indices verborum et locutionum Decretorum Concilii Vaticani II*. Bologna, 1968-1986. 11 vv.; DELHAYE, Philippe; GUERET, Michel; TOMBEUR, Paul (ed.). *Concilium Vaticanum II. Concordance, Index, Listes de fréquence, Tables comparatives*. Louvain, 1974.

acadêmica de tais comentadores – teólogos por profissão e não apenas dirigentes eclesiásticos encarregados da pastoral. Enquanto isso, os bispos se ocupavam de outro nível do debate sobre o Vaticano II, comprometidos em iniciativas a favor da recepção eclesial do Vaticano II através de uma significativa onda de sínodos diocesanos e nacionais (Áustria, 1978-1971, Holanda, 1970, e Alemanha, 1972-1975), e assembleias continentais de bispos (para a América Latina o CELAM, reunido em Medellín em 1968). Além disso, a paisagem teológica do primeiro ano do período pós-Vaticano II começou com uma frutífera estação de diálogos ecumênicos.

Uma espécie de "separação de tarefas" entre teólogos e bispos foi o que caracterizou o debate sobre o Vaticano II e o que marcou o Catolicismo pós-Vaticano II, pelo menos até o final do pontificado de João Paulo II. Ele agiu como última e única garantia do Vaticano II, por vezes numa "nominalística", embora inequívoca, intenção de receber o legado do Concílio. João Paulo II revisitou criativamente alguns ensinamentos cruciais do Vaticano II, tais como, por exemplo, o ecumenismo, em sua encíclica *Ut unun sint* (1995), e nos diálogos inter-religiosos iniciados no Dia Mundial de Oração em Assis (1986), bem como em suas viagens, especialmente para o Oriente Médio. Por outro lado, o papel dos bispos e das conferências nacionais de bispos na interpretação do Vaticano II na vida da Igreja foi reduzido durante o pontificado de Paulo VI e mais ainda no de João Paulo II. Mas uma mais significante e clara mudança ocorreu em abril de 2005, com a escolha de Bento XVI, o qual, na função de Cardeal Prefeito da Congregação para a Doutrina da Fé (1981-2005), havia sido um poderoso intérprete do Vaticano II e não um mero executor da política doutrinal de João Paulo II (por exemplo, contra a Teologia da Libertação na América Latina).

Os principais comentários sobre os documentos finais do Concílio representaram uma tentativa de lançar luz sobre o significado profundo dos textos em contraste com o pano de fundo da história do debate, bem como de elaborar hipóteses sobre o caminho a ser trilhado pela Igreja Católica depois do Vaticano II. Nos primeiros anos após o Concílio, o espectro "ideológico" dos teólogos católicos sobre o Vaticano II pareceu ser unânime em sua entusiástica aceitação dos documentos finais e em sua visão da novidade do Vaticano II, por exemplo, no campo da eclesiologia, da liturgia, do renascimento bíblico, do ecumenismo, da liberdade religiosa e das relações inter-religiosas. As tensões entre a "letra" e o "espírito" do Vaticano II não desempenharam um papel determinante na época, nem as supostas tensões entre os hermenêuticos da "continuidade" com a inteira tradição católica e a consciência da "descontinuidade" do Catolicismo do passado, especialmente do "longo século dezenove" de Pio IX a Pio XII.

Apesar disso, por detrás da aceitação do Vaticano II como um momento decisivo, inclusive na classificação de teólogos da assim chamada "maioria", as nuances do "como ler" o Vaticano II – "aplicação", "recepção", "interpretação" – não conseguiriam esconder importantes diferenças. Aquela espécie de unanimidade teológica sobre o Vaticano II – surgida a partir da "unanimidade moral" buscada por Paulo VI para a aprovação dos documentos finais – acabaria não se mantendo. Lá pelo final do Concílio o debate a propósito do conteúdo e do papel da constituição pastoral *Gaudium et spes* revelou a divisão dos teólogos no séc. XX entre os neoagostinianos (Daniélou, de Lubac,

Ratzinger, von Balthasar) e os neotomistas (Chenu, Congar, Rahner, Lonergan, Schillebeeckx).[4]

A fundação da revista *Concilium* em1964 representou a mais notável tentativa de espalhar a mensagem do Vaticano II feita por um grupo de estudiosos representando a vasta maioria no Vaticano II (Hans Küng, Yes Congar, Karl Rahner, Edward Schillebeeckx). No ano de 1970 o grupo já havia sofrido importantes defecções (Henri de Lubac, Hans Urs von Balthasar, Joseph Ratzinger) sinalizando uma ruptura na atitude dos teólogos em relação ao Vaticano II. Uma nova revista internacional, *Communio*, foi fundada em 1972 por Joseph Ratzinger (eleito Papa Bento XVI em 2005), Hans Urs von Balthasar e Henri de Lubac, como uma tentativa de contrabalançar a progressiva base-alemã da revista *Concilium* e de "rastrear o tumulto e a confusão das disputas ideológicas e o choque de filosofias de vida dos dias presentes".[5]

O impacto de 1968 – um ano politicamente intenso no mundo todo – sobre a Igreja Católica e a encíclica de Paulo VI *Humanae Vitae* (1968) causaram estragos na recepção do Vaticano II e produziram a primeira "revisão" na interpretação do Concílio, inaugurando uma etapa de menor entusiasmo e maior cautela em relação ao Concílio, e também uma linha de leitura do Concílio que tinha mais a ver com a posição ideológica que com a história da teologia e com a história da Igreja. Por um lado, as controvérsias do início dos anos 70 do século passado para a Igreja Católica

---

[4] Cf. KOMONCHAK, Joseph. *Augustine, Aquinas, or the Gospel sine glossa? Divisions over Gaudium et spes.* In: WILKINS, John (ed.). *Unfinished Journey: The Church 40 Years after Vatican II.* London, 2004. pp. 102-118.

[5] BALTHASAR, Hans Urs von. Communio – A Program. *Communio*, 1, pp. 3-12, 1972.

não foram suficientes para reunir novamente os teólogos do Vaticano II; pelo contrário, contribuíram para abrir uma brecha entre a interpretação do Vaticano II. Em particular, a derrota final sofrida por Paulo VI no esboço da *Lex Ecclesiae Fundamentalis* (Lei Fundamental da Igreja), em que tentou-se canonizar a apertada interpretação eclesiológica do Vaticano II, tornou a Santa Sé mais e mais cautelosa quanto a algumas implementações do Vaticano II. Os debates sobre a necessidade dessa "Lei Fundamental da Igreja" entre 1965 e a metade dos anos 1970 (uma lei que jamais foi promulgada mas foi "reciclada" em várias partes no Código de Direito Canônico de 1983) mostrou a variedade de interpretações do Vaticano II presentes no interior da Cúria Romana e dentro da antiga maioria "progressista" do Concílio.

Por outro lado, a inicialmente minoria "conservadora" no Concílio revelou-se mais coerente em sua luta contra o Vaticano II. A pequena "seita" criada por Monsenhor Marcel Lefebvre em 1970 – a Sociedade de São Pio X – era efetivamente mais representativa das complicadas (para dizer o mínimo) feições do Catolicismo contemporâneo, rejeitando deliberadamente o Vaticano II, e apegada a uma cultura teológica pré-moderna e a uma visão política antidemocrática do mundo.[6] A excomunhão de Monsenhor Lefebvre em 1976 não teve significativos efeitos sobre o debate em relação ao Vaticano II; todavia, a liberação da excomunhão de quatro bispos ordenados por Lefebvre em 1988 no começo de 2009, operada por Bento XVI, lançou uma significativa luz sobre a velada mas ainda ativa brecha entre o Catolicismo europeu e o norte-americano referente ao papel do Vaticano II. A eleição de João Paulo

---

[6]   Ver LEFEBVRE, Marcel. *J'accuse le Concile!* Paris, 1976.

II em 1978 significou um novo impulso para a recepção do Vaticano II pelo bispo de Roma, o qual, como bispo de Cracóvia, havia sido muito ativo no Vaticano II trabalhando na comissão que preparou a constituição pastoral *Gaudium et spes*, e posteriormente sendo autor de um volumoso comentário sobre o Vaticano II.[7]

2. Vaticano II: celebrado e aplicado (1980s-1990s)

Nos anos 80 e 90 do século passado o debate sobre o Vaticano II centrou-se menos sobre as contribuições acadêmicas e começou a se tornar mais influenciado pela "política doutrinal" da Santa Sé, especialmente pelo Papa João Paulo II e pelo Cardeal Joseph Ratzinger, prefeito da Congregação para a Doutrina da Fé (nomeado em 1981). Sendo ambos participantes de primeira linha do Vaticano II – o primeiro um eminente bispo da Polônia (a nação mais católica do bloco do leste europeu controlado pelos soviéticos) e o segundo um assessor teológico do Cardeal Frings de Colônia (um dos mais importantes bispos alemães e corajoso crítico da Cúria Romana durante os debates realizados na base de São Pedro) –, eles formataram uma complexa e por vezes contraditória política Vaticana em relação à herança do Concílio e seu papel no Catolicismo contemporâneo.

Depois da interpretação teológica do Vaticano II que teve lugar na "recodificação" do Direito Canônico, que levou ao Código de 1983,[8] João Paulo II reuniu uma

---

[7] Cf. WOJTYLA, Karol (Papa João Paulo II). *U podstaw odnowy. Studium o realizacji Vaticanum II.* Krakow, 1972.

[8] Cf. CORECCO, Eugenio. *Aspects of the Reception of Vatican II in the Code of Canon Law.* In: ALBERIGO, Giuseppe; JOSSUA, Jean-Pierre; KOMONCHAK, Joseph (ed.). *The Reception of Vatican II.* Washington, 1985. pp. 249-296.

extraordinária assembleia do Sínodo de Bispos em 1985 para celebrar o 20º aniversário da conclusão do Concílio com o objetivo de superar polarizações e obter como resultado o maior consenso possível.

O Sínodo e o seu *Relatório Final* alimentaram o debate com algumas linhas de interpretação do Concílio, sem questionar as riquezas do Vaticano II nem seu papel decisivo para o futuro da Igreja Católica. O *Relatório Final* do Sínodo de 1985 afirmou que

> o Concílio é a legitimada e válida expressão e interpretação do depósito da fé tal como este se encontra na Sagrada Escritura e na tradição viva da Igreja. Por conseguinte, nós estamos determinados a continuar progredindo no caminho que nos foi indicado pelo Concílio.

O Sínodo foi claro em reconhecer as

> deficiências e dificuldades na aceitação do Concílio. Na verdade, certamente tem havido sombras no período pós-conciliar, em parte devidas ao incompleto entendimento e aplicação do Concílio, em parte devido a outras causas. Entretanto, de forma alguma pode ser afirmado que tudo o que aconteceu depois do Concílio foi causado pelo Concílio.

A propósito da questão de como interpretar o Vaticano II, o Sínodo de 1985 foi claro em afirmar que "não é lícito separar o caráter pastoral do vigor doutrinal dos documentos. Da mesma forma, não é legítimo separar o espírito e a letra do Concílio". Quanto à relação entre os documentos do Vaticano II, o Sínodo não estabeleceu uma hierarquização clara, embora afirme que "uma especial atenção se deva dar às quatro maiores constituições do

Concílio, as quais contêm as chaves interpretativas para os demais decretos e declarações".

O Sínodo apontou o fato de que "as interpretações teológicas da doutrina conciliar devem dar atenção a todos os documentos, em si mesmos e em suas estreitas inter--relações, de modo que o significado integral das afirmações do Concílio – às vezes realmente complexas – possa ser entendido e expressado". Quanto à questão da "continuidade-descontinuidade", o *Relatório Final* não toma posição a favor ou contra "escolas" teológicas ou historiográficas, mas reafirma a complexa relação entre tradição e transição na teologia católica.[9]

A complexa e por vezes contraditória visão de João Paulo II a respeito do Vaticano II, sua decisão de convocar o Sínodo de 1985 e o resultado final do Sínodo para o estado do debate sobre o Vaticano II foram de certa forma obscurecidos pelo *Relatório Ratzinger*, programado para ser publicado na abertura do Sínodo, a fim de exercer pressão sobre os bispos e sobre a opinião pública, de modo a fazer com que se repensasse o enfoque do Vaticano II, ressaltando a responsabilidade do Vaticano II sobre a crise do Catolicismo pós-Vaticano II.[10] Por outro lado, o Sínodo de 1985 proporcionou aos teólogos e historiadores a oportunidade de refletir sobre a recepção do Vaticano II vinte anos depois de sua conclusão. A publicação de importantes coleções de estudos entre 1985 e 1987 mostrou uma óbvia pluralidade de opiniões em relação ao Vaticano II

---

[9] Cf. *The Final Report of the 1985 Extraordinary Synod*. Washington, National Conference of Catholic Bishops, 1986.

[10] RATZINGER, Joseph Cardinal (with Vittorio Messori). *The Ratzinger Report: An Exclusive Interview on the State of the Church*. San Francisco, Graham Harrison, 1985.

e algumas diferenças entre bispos e estudiosos, mas não necessariamente uma insuperável tensão e oposição entre diferentes hermenêuticas do Vaticano II.[11]

Ao mesmo tempo, a política doutrinal da Santa Sé com relação a questões-chave do Vaticano II, tais como a eclesiologia, começou a ter desdobramentos a partir da metade dos anos 80 do século passado tanto na Congregação da Doutrina da Fé quanto na Comissão Teológica Internacional da Santa Sé. A repressão da teologia da libertação na América Latina pela Congregação da Doutrina da Fé (1984 e 1986) tornou-se parte da interpretação oficial do Vaticano II, em contraposição à recepção do Concílio feita na América Latina. A Congregação para a Doutrina da Fé publicou uma nova profissão de fé (1º de março de 1989) para os que eram chamados a exercer um ofício em nome da Igreja (como os vigários-gerais, vigários episcopais, reitores de seminário, professores de teologia e filosofia nos seminários e nas universidades católicas, superiores nos institutos religiosos clericais e sociedades de vida apostólica). A carta aos bispos sobre a "eclesiologia de comunhão" (*Communionis Notio*, 28 de maio de 1992) e a Declaração sobre a Unicidade e Universalidade salvífica de Jesus Cristo e da Igreja, sobre a relação entre Cristo, a Igreja e as religiões não cristãs (*Dominus Iesus*,

---

[11] Cf. STACPOOLE, Alberic (ed.). *Vatican II Revisited:* by those who were there. Minneapolis, 1986; ALBERIGO, Giuseppe; JOSSUA, Jean-Pierre; KOMONCHAK, Joseph (ed.). *The Reception of Vatican II.* Washington, 1987; GREINACHER, Norbert; KÜNG, Hans (ed.). *Katholische Kirche, wohin?* Wider den Verrat am Konzil. München, 1986; O'CONNELL, Timothy E. (ed.). *Vatican II and Its Documents:* An American Reappraisal. Wilmington, 1986; LATOURELLE, René (ed.). *Vatican II:* Assessment and Perspectives: Twenty-five Years After (1962-1987). New York, 1988-1989. 3 v.; RICHARD, Lucien; HARRINGTON, Daniel T.; O'MALLEY, John W. (ed.). *Vatican II, The Unfinished agenda:* A Look to the Future. New York, 1987.

6 de agosto de 2000) marcaram dois outros importantes passos na recepção romana do Vaticano II. Do ponto de vista da governança da Igreja Católica pós-Vaticano II, a constituição de João Paulo II *Apostolos Suos* (21 de maio de 1998) sobre o status e a autoridade das conferências episcopais reforça uma das hipóteses básicas da Comissão Teológica Internacional presidida pelo Cardeal Ratzinger, ou seja, a necessidade de atenuar alguns aspectos da descentralização e do fortalecimento das conferências nacionais de bispos, operada após o Vaticano II. Ao que parece, aquele poder estava sendo reclamado pela direção da Igreja em Roma em detrimento do corpo da Igreja espalhado pelo mundo.[12]

3. Vaticano II: historicizado (1990s-2000s)

Não obstante a pressão da política doutrinal vaticana de João Paulo II sobre os teólogos católicos, a mais importante onda de estudos e pesquisas sobre o Vaticano II começou no final dos anos 80 e início dos anos 90 do século passado. Num congresso internacional realizado no Centro Sèvres, em Paris, em dezembro de 1988, Giuseppe Alberigo deu início a um empreendimento concluído em 2001 com os cinco volumes da *História do Vaticano II*, que depois seria publicada em sete línguas.[13] Tendo como ponto de partida as primeiras fontes editadas por Dom Vincenzo Carbone nas *Acta et Documenta* e *Acta Synodalia*,[14]

---

[12] Cf. MICCOLI, Giovanni. *In difesa della fede.* La chiesa di Giovanni Paolo II e Benedetto XVI. Milano, 2006.

[13] *History of Vatican II*, 5 vv., obra editada por Giuseppe Alberigo e publicada em italiano, inglês, francês, alemão, espanhol, português e russo (ed. bras.: *História do Concílio Vaticano II*. Rio de Janeiro, Vozes).

[14] Os documentos oficiais das instâncias administrativas do Vaticano II (comissões, plenários das assembleias) e dos participantes foram publicados

os primeiros comentários[15] e estudos histórico-críticos dos textos,[16] narrações jornalísticas, memórias pessoais e abordagens sociológicas do evento do Vaticano II,[17] uma rede internacional de estudiosos (teólogos e historiadores da Europa, América do Norte e América Latina, todos trabalhando juntos) deu os primeiros passos rumo a uma abrangente história do Vaticano II. Esta *História do Concílio Vaticano II* tinha como meta não uma nova série de comentários sobre os documentos finais, mas uma elaborada reconstrução da história do Concílio enquanto evento através de um trabalho em vários volumes, num caminho paralelo, embora independente, em relação a algumas importantes sínteses[18] e conclusões de congressos

---

em *Acta et documenta Concilio Oecumenico Vaticano II apparando*. Series I – *Antepraeparatoria*. Città del Vaticano, 1960-1961; *Series II – Praeparatoria*. Città del Vaticano, 1964-1994; *Acta Synodalia Sacrosancti Concilii Oecumenici Vaticani II*. Città del Vaticano, 1970-1999.

[15] *Das Zweite Vatikanische Konzil*. Konstitutionen, Dekrete und Erklärungen lateinisch und deutsch Kommentare (Lexikon für Theologie und Kirche). Freiburg i.B., 1966-1968. 3 v.

[16] Cf. ALBERIGO, Giuseppe; MAGISTRETTI, Franca. *Constitutionis dogmaticae Lumen Gentium Synopsis historica*. Bologna, 1975; ACERBI, Antonio. *Due ecclesiologie: ecclesiologia giuridica ed ecclesiologia di comunione nella "Lumen gentium"*. Bologna, 1975.

[17] CAPORALE, Rock. *Vatican II: Last of the Councils*. Baltimore, 1964 (prefácio de John J. Wright); CAPRILE, Giuseppe. *Il Concilio Vaticano II*. Roma, 1966-1968. 5 v.; CONGAR, Yves. *Vatican II. Le concile au jour le jour*. Paris, 1963-1966. 4 v.; FESQUET, Henri. *Le journal du Concile*. Forcalquier, 1966; LAURENTIN, Rene. *L'Enjeu du Concile*. Paris, 1962; Id. *Bilan du Concile Vatican II*. Paris, 1967; ROUQUETTE, Rene. *La fin d'une chrétienté*. Chroniques. Paris, 1968. 2 v.; RYNNE, Xavier. *Letters from Vatican City*. Vatican Council II (First Session): Background and Debates. New York, 1963; Id. *The Second Session*. New York, 1964; Id. *The Third Session*. New York, 1965; Id. *The Fourth Session*. New York, 1966; uma versão revisada dos primeiros livros do autor cobrindo as quatro sessões do Vaticano II em: RYNNE, Xavier. *Vatican Council II*. Maryknoll, 1999; WENGER, Antoine. *Vatican II*. Paris, 1963-1966. 4 v.; WILTGEN, Ralph. *The Rhine Flows into the Tiber*. New York 1967.

[18] Cf. a síntese feita por René Aubert, *TheChurch in a Secularised Society*, New York/London, 1978, e por Otto Hermann Pesch, *Das Zweite Vatikanische*

internacionais sobre o Vaticano II realizados após o Sínodo Extraordinário de 1985.[19]

A *História do Vaticano II* representou a maior exploração historiográfica e acadêmica do debate sobre o Vaticano II. De um lado, a iniciativa, coordenada por Giuseppe Alberigo e pela Fundação João XXIII de Estudos Religiosos de Bolonha, exigiu um grande esforço de pesquisa nos desconhecidos e intocados arquivos de fontes primárias ao redor do mundo e obtendo acesso às fontes oficiais (não publicadas, tais como atas da fase preparatória, atas das comissões e comitês conciliares, bem como relatórios e cartas entre os vários organismos do Concílio) que a Santa Sé guarda nos "Arquivos do Vaticano II";[20] de outro, o caráter internacional e multidisciplinar da equipe municiou o debate sobre o Vaticano II com muitas e novas questões, temas e pistas, confrontando perspectivas, resultados e linhas de pesquisa.[21] Os principais critérios hermenêuticos que guiaram Alberigo na sua empreitada foram a ideia do Concílio como um "evento", a intenção de João XXII ao anunciar o Concílio, a natureza "pastoral" do Vaticano II,

---

Konzil, 1962-1965: Vorgeschichte, Verlauf, Ergebnisse, Nachgeschichte. Würzburg, 1993.

[19] Cf. *Le Deuxième concile du Vatican (1959-1965)*. Roma, 1989; KLINGER, Elmar; WITTSTADT, Klaus (ed.). *Glaube im Prozess: Christsein nach dem II. Vatikanum: Für Karl Rahner*. Freiburg i.B., 1984; LATOURELLE, René (ed.). *Vatican II: Assessment and Perspectives*: Twenty-five Years After (1962-1987). New York, 1988-1989; WEISS, Wolfgang (ed.). *Zeugnis und Dialog: die Katholische Kirche in der neuzeitlichen Welt und das II. Vatikanische Konzil*. Würzburg, 1996.

[20] Cf. FAGGIOLI, Massimo; TURBANTI, Giovanni. *Il concilio inedito: fonti del Vaticano II*. Bologna, 2001.

[21] Cf. FAMERÉE, Joseph. Vers un histoire du Concile Vatican II. *Revue d'Histoire Ecclesiastique*, 89, pp. 638-641, 1994; GREILER, Alois. *Ein Internationales Forschungsprojekt zur Geschichte des Zweitens Vatikanums*. In: *Zeugnis und Dialog: die Katholische Kirche in der neuzeitlichen Welt und das II. Vatikanische Konzil*. Würzburg, 1996. pp. 571-578.

o *aggiornamento* como meta principal do Concílio e a importância do compromisso com o entendimento dos documentos finais do Concílio.[22]

A obra *História do Concílio Vaticano II*, em cinco volumes, suscitou e foi seguida por muitos outros textos, produzidos e publicados pela mesma equipe internacional com foco em cada um dos decretos e constituições e em temas específicos debatidos no Concílio. Mas o resultado mais importante foi a difusão do debate e o avivamento da discussão internacional sobre o Vaticano II na América Latina,[23] na Europa,[24] na América do Norte[25] e pelo mundo todo,[26] em jornais e revistas, entre teólogos e historiadores, bem como entre os leigos, homens e mulheres.

Imediatamente depois de completada a *História do Concílio Vaticano II*, o teólogo de Tübingen, Peter Hünermann, lançou outro grande projeto visando a uma nova

---

[22] Cf. ALBERIGO, Giuseppe. *Criteri ermeneutici per una storia del Vaticano II*. In: ALBERIGO, Giuseppe (ed.). *Il Vaticano II fra attese e celebrazione*. Bologna 1995. pp. 12-23 (agora em: ALBERIGO, Giuseppe. *Transizione epocale. Studi sul concilio Vaticano II*. Bologna, 2009. pp. 29-45).

[23] Cf. BEOZZO, José Oscar (ed.), *Cristianismo e iglesias de America Latina en vísperas del Vaticano II*. San José-Costa Rica, 1992; Id. *A Igreja do Brasil no Concílio Vaticano II (1959-1965)*. São Paulo, Paulinas, 2005.

[24] Cf. KAUFMANN, Franz-Xavier; ZINGERLE, Arnold (ed.). *Vatikanum II und Modernisierung. Historische, theologische und soziologische Perspektiven*. Paderborn, 1996; HÜNERMANN, Peter (ed.). *Das II. Vatikanum*. Christlicher Glaube im Horizont globaler Modernisierung: Einleitungsfragen. Paderborn, 1998; WOLF, Hubert (ed.). *Die deutschsprachigen Länder und das II. Vatikanum*. Paderborn, 2000.

[25] Ver, por exemplo, KOMONCHAK, Joseph A. Vatican II as Ecumenical Council. *Commonweal*, November 22, 2002, e o debate entre Dulles and O'Malley em: *America*, no ano de 2003. DULLES, Avery. Vatican II: The Myth and the Reality, e O'MALLEY, John W. The Style of Vatican II. *America*, February 24, 2003; DULLES, Avery. Vatican II: Substantive Teaching, e O'MALLEY, John W. Vatican II: Official Norms. *America*, March 31, 2003.

[26] Ver, por exemplo, RUSH, Ormond. *Still interpreting Vatican II*: Some Hermeneutical Principles. New York, 2004; e a série de artigos publicados entre 2001 e 2005 por MURPHY, Jeffrey J.*The Australasian Catholic Record*.

série de comentários sobre os documentos finais do Vaticano II com o objetivo de substituir a obra em três volumes *Zweite Vatikanische Konzil, Dokumente und Kommentare*, publicada na coleção *Lexicon für Theologie und Kirche* entre 1966 e 1968.[27] Em contraste com a *História do Concílio Vaticano II*, a nova obra em cinco volumes *Kommentar zum Zweiten Vatikanischen Konzil* foi um projeto inteiramente financiado e produzido no mundo alemão,[28] mas no intuito de prover a comunidade teológica internacional de algumas contribuições sobre o Concílio quarenta anos depois de seu encerramento.

4. A caminho de uma nova batalha sobre o Vaticano II?

O quadragésimo aniversário da conclusão do Vaticano II, em 2005, não teve um impacto significativo sobre o debate teológico em torno do Concílio. Aquele ano, de fato, foi marcado mais pela morte de João Paulo II, pelo conclave e pela eleição de Bento XVI. Mas a morte de João Paulo II – o último bispo participante do Concílio Vaticano II a ser eleito bispo de Roma – e a eleição de Bento XVI representaram indubitavelmente dois importantes elementos da ampla paisagem teológica e eclesiológica do debate sobre o Vaticano II nestes últimos anos.

A mudança do pontificado também nutriu a disputa jornalística e política sobre o Vaticano II, sua história e seu legado, e não apenas o debate historiográfico e teológico.

---

27 Tradução inglesa: VORGRIMLER, Herbert (ed.). *Commentary on the Documents of Vatican II*. London-New York, 1967-1969 (traduzido por Lalit Adolphus, Kevin Smyth e Richard Strachan). 5 v.

28 HÜNERMANN, Peter; HILBERATH, Bernd Jochen (ed.). *Herders theologischer Kommentar zum Zweiten Vatikanischen Konzil*. Freiburg i.B., 2004-2006. 5 v.; HÜNERMANN, Peter (ed.). *Das Zweite Vatikanische Konzil und die Zeichen der Zeit heute*. Freiburg i.B., 2006.

Desde que foi eleito em abril de 2005, durante o 40º aniversário do final do Vaticano II, os ensinamentos de Bento XVI foram crescentemente reiterados tanto na análise eclesiástica quanto pública do Concílio, ligados à questão da herança da "era Vaticano II" na vitalidade da Igreja Católica contemporânea e seu impacto no mundo ocidental.

Depois de falar à Cúria Romana em dezembro de 2005, o documento do Vaticano (publicado em 29 de junho de 2007) sobre a eclesiologia e interpretação do "subsistit in" (constituição dogmática sobre a Igreja Lumen Gentium, n. 8) contribuiu para o sentimento de uma nova era. Os ensinamentos de Bento XVI reacenderam o debate sobre o longamente dado como certo papel do Concílio na Igreja Católica, deixando a impressão de uma "atitude revista" por parte de Roma (ou mesmo de uma "política revista") em relação ao Concílio.

Esse sentimento foi reforçado entre 2005 e 2007, quando algumas discussões em Roma trouxeram à luz uma longa disputa travada com a História do Concílio Vaticano II, ou seja, com a denominada "Escola de Bolonha", bem como com seu diretor, Giuseppe Alberigo, acusado de escrever a história do Concílio não a partir dos documentos finais votados pelos padres conciliares e aprovados pelo Papa, mas apoiando-se numa ideologia preconceituosa e numa interpretação "modernista" do "espírito do Vaticano II".

Após a morte de João Paulo II, a postura conservadora da "Escola de Bolonha" tornou-se cada vez mais popular em algumas usinas de ideias e em ambientes jornalísticos – embora sua habilidade para prover uma contribuição construtiva para a historiografia do Vaticano II não tenha ido além de rudes e preconceituosas resenhas.[29] A polêmica se revelou de certa forma útil, pois despertou um novo interesse na hermenêutica do Vaticano II, fazendo ecoar uma arraigada discussão entre a hermenêutica do Concílio nos seus "documentos" finais e a do seu "espírito", abrindo espaço para uma nova série de estudos focando "o que aconteceu no Vaticano II".[30]

A escolha do Papa Francisco em 13 de março de 2013 indubitavelmente mudou a paisagem da Igreja e especialmente do debate sobre o Vaticano II. Nos primeiros meses de seu pontificado, o Papa Francisco demonstrou uma plena e inequívoca recepção do Vaticano II. Isso também graças ao debate teológico e eclesiológico sobre o Vaticano II, que nestes últimos cinquenta anos nunca deixou de fazer parte da vida real da Igreja universal.

---

[29] Cf. MARCHETTO, Agostino. *Il Concilio ecumenico Vaticano II.* Contrappunto per la sua storia. Città del Vaticano, 2005.

[30] Cf. THÉOBALD, Christoph (ed.), *Vatican II sous le regard des historiens.* Paris, 2006; BULMAN, Raymond F.; PARRELLA, Frederick J. (ed.). *From Trent to Vatican II:* Historical and Theological Investigations. Oxford-New York, 2006; SCHULTENOVER, David G. (ed.). *Vatican II: Did* Anything Happen? New York-London, 2007; O'MALLEY, John W. *What Happened at Vatican II.* Cambridge, 2008. Para uma interpretação reducionista do Concílio, cf. Matthew L. Lamb e Matthew Levering (ed.), *Vatican II:* Renewal within Tradition,.Oxford-New York, 2008.

2

Continuidade ou ruptura?
Duas visões sobre o significado histórico do Vaticano II

Juan Carlos Casas[1]

À distância de cinquenta anos daquele 11 de outubro de 1962, quando o "Papa Bom" abriu o Concílio Vaticano II, definido por seus sucessores, Paulo VI e João Paulo II, como "o acontecimento eclesial mais importante do século XX",[2] por Bento XVI como "a grande

---

[1] Sacerdote da Arquidiocese de Xalapa, doutor em História da Igreja pela Universidade Gregoriana de Roma. Professor, diretor do Departamento de História Eclesiástica e diretor-geral da Biblioteca da Universidade Pontifícia do México. Membro numerário e secretário-geral da Sociedade Mexicana de História Eclesiástica. Membro fundador e coordenador-geral do Seminário Permanente Interinstitucional sobre o diálogo ciência e fé. Publicou algumas obras como autor, coautor e editor, assim como vários artigos na revista *Efemérides Mexicana* da Universidade Pontifícia do México.

[2] Cf. ALBERIGO, G. *La transición hacia una nueva era*. In: ALBERIGO, G. (ed.). *Historia del Concilio Vaticano II*. V: Un concilio de transición. El cuarto periodo y la conclusión del Concilio. Salamanca, Sígueme, 2008. p. 510; MAESTRO, J. P. García. El diálogo religioso: balance y perspectivas. Con motivo de los 50 años de la apertura del Concilio Vaticano II. *Lumen*, Vitoria-Gasteiz, LXI/2, p. 215, 2012.

graça da qual a Igreja se beneficiou no século XX"[3] e pelo atual Papa Francisco como "uma releitura do Evangelho à luz da cultura contemporânea",[4] uma pergunta continua sendo controvertida e dividindo opiniões: Qual foi o seu significado histórico? A importância desse questionamento está no fato de que, por detrás da compreensão da própria identidade da Igreja e de sua relação com o mundo, encontra-se, embora às vezes inconsciente e indiretamente, uma interpretação do Vaticano II.[5]

É inegável que, graças ao Concílio, os processos da história da Igreja e de toda a humanidade se aproximaram e se entrecruzaram como talvez jamais tenha ocorrido antes.[6] Isso é testemunhado não apenas pela autocompreensão da Igreja que dos textos conciliares emergiu e pela nova imagem que a Igreja projetou de si mesma para o mundo, mas pela história e pelo desenvolvimento do evento conciliar, que João XXIII destacou como "um novo Pentecostes"[7] e cuja obrigação era reconduzir a Igreja de Jesus às linhas mais puras do seu nascimento.

Para realizar "uma correta hermenêutica do significado do Concílio", expressão recorrente não só em nossos dias

---

[3] BENTO XVI, Carta apostólica em forma de *motu proprio Porta Fidei* com a qual se convoca o Ano da Fé, 11 de outubro de 2011. Disponível em: < http://www.vatican.va/holy_father/benedict_xvi/motu_proprio/documents/hf_ben-xvi_motu-proprio_20111011_porta-fidei_po.html > . Acesso em: 22 set. 2012.

[4] SPADARO, Antonio. Intervista a Papa Francesco. *Civiltà Cattolica*, 3918, p. 467, 2013.

[5] Cf. FAGGIOLI, Massimo. Council Vatican II: Bibliographical overview 2007-2010. *Storia e cristianesimo*, 32/2, p. 761, 2011.

[6] Cf. FORTE, B. Introducción. In: GUERRIERO, Elio (ed.). *Il Concilio Vaticano II*. Milano, Edizioni San Paolo, 2005. v. V.

[7] Cf. *Discorsi, Messaggi e Coloqui del Santo Padre Giovanni XXIII*. Roma, Libreria Editrice Vaticana, 1960-1963. v. IV, p. 875.

mas também desde os primeiros anos do pós-Concílio, é importante considerar, em primeiro lugar, o que é que o próprio Papa João XXIII tinha em mente quando, naquele 29 de janeiro de 1959, Festa da Conversão de São Paulo, na Basílica de São Paulo Fora de Muros, no final da missa de encerramento da Semana de Oração pela Unidade dos Cristãos, diante de dezesseis cardeais, anunciou seu desejo de convocar um Concílio, constatando a difícil situação de Roma e do mundo, que despertava:

> Uma firme resolução de voltar a algumas formas antigas de afirmação doutrinal e de sábios ordenamentos de disciplina eclesiástica, que na história da Igreja, em épocas de renovação, deram frutos de extraordinária eficácia para a clareza de pensamento, para a solidez da unidade religiosa e para uma chama mais viva de fervor cristão.[8]

Os dois objetivos do Concílio, segundo o expressou naquele momento o Papa Roncalli, seriam: 1) "a iluminação, edificação e alegria de todo o povo cristão"; 2) estender "um renovado e cordial convite aos fiéis das comunidades separadas para nos seguirem amavelmente nesta busca de unidade e de graça que tantas almas anseiam de todos os cantos da terra".[9]

É certo, por outro lado, que o Papa Bom não concebeu o Concílio de maneira definitiva desde o começo; seus fins e sua natureza, de fato, foram sendo delineados progressivamente em sua reflexão pessoal e no contato com

---

[8] JOÃO XXIII. Solemnis allocutio ad emos patres cardinales in urbe praesentes habita, die XXV ianuarii anno MCMLIX in coenobio monachorum benedictinorum ad S. Pauli extra moenia, post missarum solemnia, quibus beatissimus pater in patriarchali basilica ostiensi interfuerat. *AAS* 51, p. 68, 1959.

[9] Id., p. 69.

os ecos e as críticas suscitados na Igreja e entre os cristãos a partir do seu anúncio.

E mais, João XXIII nunca considerou o Concílio uma invenção sua:[10] tratava-se do instrumento valioso convalidado pela história da Igreja que ele conhecia bem. Era o meio que lhe permitiria interpretar no sulco da tradição, mas aberto à atualização, o papel ao qual ele havia sido chamado; um instrumento para fazer a Igreja avançar em seu caminho passo a passo com o mundo, interrogando todo o episcopado envolvido no exercício da colegialidade, numa dilatada reflexão "universal". A ideia do Concílio, declararia, não tinha amadurecido dentro dele "como o fruto de uma prolongada meditação, mas como a flor espontânea de uma primavera inesperada".[11] Ele havia aplicado a si mesmo, portanto, aquela regra espiritual bastante familiar "da absoluta simplicidade em acolher as inspirações divinas e de uma pronta submissão às exigências apostólicas do momento presente".[12]

Em que tipo de Concílio pensou, então, João XXIII? Durante os dois meses que se seguiram ao anúncio, o debate sobre o futuro Concílio simplesmente não deslanchava. Só no final de abril daquele mesmo ano de 1959, o Papa João formulou com mais nitidez sua finalidade principal:

---

[10] Muito embora tenha sido essa a percepção geral, a ponto de se chamar o Concílio Vaticano II de "o Concílio do Papa João". Cf. MELLONI, A. Roncalli y "su" concilio. *Concilium*, 3/31, p. 335-346, 2012.

[11] Cf. JOÃO XXIII. Discurso de 9 de agosto de 1959. *L'Osservatore romano*, 10-11 de agosto de 1959; Id. *Adhortatio ad clerum qui et tota venetorum regione venetias venerat, in basilica S. Marci sacras exuvias sancti Pii papae X veneratus*, 21 de abril 1959. *AAS* 51, p. 379, 1959.

[12] Cf. *La nueva biografía de Juan XXIII desmiente numerosos lugares comunes (II)*. Entrevista al sobrino nieto del pontífice, el periodista y ensayista Marco Roncalli, 22 de noviembre 2006. Disponível em: < http://www.zenit.org/article-21829?l = spanish >. Acesso em: 22 set. 2012.

fortalecer o compromisso dos cristãos, "dilatar os espaços da caridade [...] com clareza de pensamento e com grandeza de coração".[13] Com tal premissa ele não titubeou em caracterizar o Concílio de uma forma absolutamente tradicional: seria uma assembleia de bispos, mas com a participação *sui generis* de representantes das Igrejas cristãs não católicas, livre e responsável e, portanto, deliberante.

O Papa quis, por outro lado, um Concílio de transição epocal, que fizesse a Igreja passar da época tridentina e, de certa forma, da plurissecular estação constantiniana, para uma fase nova de testemunho e anúncio, com a recuperação dos elementos fortes e permanentes da tradição, considerados idôneos para alimentar e garantir a fidelidade evangélica de uma transição bastante árdua.[14]

Dois anos depois do anúncio, em 1961, João XXIII afirmou que o Concílio pretendia "construir um edifício novo sobre os fundamentos que foram estabelecidos ao longo da história [...] dilatará a caridade às variadas necessidades dos povos e lhes proporá a mensagem de Cristo de maneira clara".[15]

Enfim, o que fez amadurecer em João XXIII a ideia de celebrar um Concílio, tal como o expressou seu hoje mais do que nonagenário secretário ainda em vida, o Arcebispo Capovilla, foi: o profundo conhecimento dos acontecimentos eclesiais, especialmente em períodos cruciais de

---

[13] JOÃO XXIII. *Adhortatio ad clerum qui et tota venetorum regione venetias convenerat*, cit.; Id. *Discorsi, Messaggi e Coloqui del Santo Padre Giovanni XXIII*, cit., v. I, p. 903.

[14] Cf. ALBERIGO, G. *Breve storia del Concilio Vaticano II (1959-1965)*. Bologna, Il Mulino, 2005. pp. 25-26.

[15] *Discorsi, Messaggi e Coloqui del Santo Padre Giovanni XXIII*, cit., v. IV, pp. 503-505.

transformação e evoluções no interior da Igreja; a consciência, teologicamente embasada, de modo especial na leitura dos Padres da Igreja, da corresponsabilidade colegial no governo da Igreja por parte de todo o episcopado e, de alguma forma, de todo o Povo de Deus; a fé certíssima e radical da assistência do Espírito Santo à sua Igreja, particularmente nos momentos de crises pastorais graves.[16]

É sabido que, uma vez superada a surpresa e até mesmo a resistência provocada pela iniciativa papal, alguns, sobretudo membros da Cúria, pensaram num Concílio muito diferente do concebido pelo "Papa Bom", um Concílio que continuasse e concluísse o Vaticano I, de caráter apologético diante do perigo comunista e que condenasse solenemente os principais erros contemporâneos.[17]

Contudo, com o amadurecer da ideia, no período preparatório várias questões foram esclarecidas: 1) não se tratava de um concílio de união, embora se devesse abrir a Igreja ao ecumenismo através de um *aggiornamento* eclesial; 2) o Concílio devia levar a marca da pastoralidade,[18] para além da díade doutrina-disciplina; e 3) os padres conciliares deveriam ser os protagonistas do Concílio, atuando com plena liberdade e abandonando a passividade.[19]

---

[16] CAPOVILLA, L. F. *Ricordi del Concilio*. Siamo appena all'aurora. Brescia, La Scuola, 2011. p. 54.

[17] Já Pio XII pensava num Concílio para reprimir com maior eficácia o renascimento do modernismo, e durante o conclave que escolheu João XXIII, o Cardeal Ottaviani, com a aprovação do principal impulsionador do projeto, o Cardeal Ruffini, lhe disse: "Precisamos pensar num Concílio". Cf. AUBERT, R. *Il Concilio Vaticano II*, p. 106, c. (IV: Il concilio: la preparazione.)

[18] Sobre o tema da pastoralidade do Concílio pode-se ver: ROUTHIER, Guilles. À l´origine de la pastoralité à Vatican II. *Laval théologique et philosophique*, 67/3, pp. 443-459, 2011.

[19] Cf. ALMEIDA, J. A. Juan XXIII, el papa del Concilio. "Vino un hombre enviado por Dios cuyo nombre era Juan". *Revista latinoamericana de Teología*, 85, pp. 19-20, 2012.

No discurso inaugural, *Gaudet Mater Ecclesia*,[20] esperado com grande expectativa, escrito e revisado várias vezes pelo próprio João XXIII, o Papa expôs a natureza do Concílio, que se situava diante dos "desvios, exigências e oportunidades da Idade Moderna", e que era chamado a ser "celebração solene de Cristo e da sua Igreja", ocasião para "um conhecimento mais amplo e objetivo" das possibilidades da Igreja a serviço da sociedade e de seu futuro. Tinha, portanto, uma atitude de acolhida e simpatia, não de condenação. O pontífice esperava que, graças ao Concílio, a Igreja se enriquecesse espiritualmente e olhasse para o futuro com valentia. Para isso era necessário discernir "os sinais dos tempos", superando as insinuações daqueles que só viam nos tempos modernos "prevaricação e ruína, afirmando que a nossa época, comparada com as que passaram, foi piorando".

Na segunda parte de sua alocução, o pontífice abordou alguns pontos essenciais: a relação dinâmica entre Reino de Deus e sociedade, a oportunidade de uma reformulação dos dados essenciais da fé, a opção por um estilo de misericórdia e não de severidade e o compromisso na busca da unidade entre os cristãos. O Papa não tinha a pretensão de estabelecer uma agenda conciliar, mas de sublinhar o espírito do concílio e seu contributo para uma transição da Igreja a uma época histórica nova.[21]

Por outro lado, já no desenrolar-se do próprio Concílio, como se sabe, tanto no primeiro período sob João XXIII quanto nos três seguintes, sob Paulo VI, a assembleia

---

[20] JOÃO XXIII. Allocutio *Gaudet Mater Ecclesia*, 11 de outubro de 1962. *AAS* 54, pp. 786-795, 1962.

[21] Cf. ALMEIDA, op. cit., p. 26.

dividiu-se entre uma maioria partidária do *aggiornamento* da pastoral e da teologia e uma minoria, preocupada em conservar a integridade da fé e alarmada com os perigos representados pelos erros modernos, em particular o marxismo, o evolucionismo e o laicismo, considerando o ecumenismo e o pluralismo como uma tendência ao relativismo e ao sincretismo, e sustentando que era preciso fazer com que a Igreja avançasse, mas "com o freio de mão puxado".[22]

Este facciosismo original, de forma alguma "quimicamente puro",[23] estará na base das duas interpretações do Concílio, denominadas uma de continuidade e, a outra, de ruptura ou descontinuidade.[24] Não é só uma questão de matizes ou termos, porque, por detrás dos acentos, encontram-se formas distintas de entender e de interpretar o que foi o Vaticano II. Atualmente, por ocasião dos cinquenta anos da abertura do Concílio, está sendo travado um intenso debate em congressos, colóquios, artigos, livros e

---

[22] Cf. AUBERT, op. cit., pp. 153-154, c. (V: Organizzazione e funzionamento dell'assemblea.)

[23] Quanto às facções conciliares, convém não menosprezar a coesão da maioria, pois, dependendo dos temas discutidos, foram verificadas aproximações ao grupo conservador; e até mesmo dentro deste grupo os limites eram muito indefinidos. Seria um equívoco também considerar em bloco a Cúria Romana como a facção conservadora, já que a atitude de alguns de seus membros foi conservadora ou mais aberta, dependendo dos temas em discussão. Cf. Ibid., pp. 155-156.

[24] Cf. MELLONI, Alberto; TEÉOBALD, Christoph. El Vaticano II ¿un futuro olvidado? *Concilium*, 312, pp. 447-449, 2005, editorial; HÜENERMANN, P. Perplejidad del lenguaje ante el Concilio Vaticano II. *Concilium*, 346/3, pp. 319-333, 2012; GORDO, Jesús Martínez. *Los contextos del Vaticano II a nuestros dias*. In: Id. *Recibir el Concilio 50 años después*. Instituto Superior de Pastoral-Universidad Pontificia de Salamanca. Estella, Verbo Divino, 2012. p. 13; CRUZ, Manuel González. El Concilio Vaticano II. Memoria. Hermenéutica (s). Recepción. *Efemérides Mexicana*, 91, pp. 9-11, 2013; BRIGHENTI, Agenor. Nueva y antigua evangelización. *Efemérides Mexicana*, XXXI/91, pp. 83-84, 2013.

discursos, no qual certamente está prevalecendo, pelo menos em nível oficial, a primeira hermenêutica, buscando desacreditar a segunda.

Já na mensagem natalina de 22 de dezembro de 2005 à Cúria Romana, lembrando os quarenta anos do encerramento do Concílio, Bento XVI afirmou que existe uma inaceitável hermenêutica da descontinuidade, feita nos meios de comunicação de massa e própria de uma parte da teologia moderna, que corre o risco de acabar numa ruptura entre Igreja pré-conciliar e pós-conciliar, contrapondo-se ao que o mesmo pontífice chama de "hermenêutica da reforma ou continuidade", presente tanto em João XXIIII quanto em Paulo VI.[25]

Pois bem, quem são os que fomentam esta tão criticada interpretação? O Papa certamente não cita nomes, mas alguns outros, sim; e fizeram isso em várias ocasiões, apontando o dedo principalmente sobre a chamada Escola de Bolonha, encabeçada pelo historiador Giuseppe Alberigo,[26] acusada de promover uma leitura tergiversada,

---

[25] Cf. Discurso do Papa Bento XVI aos cardeais, arcebispos e prelados da Cúria Romana na apresentação dos votos de Natal, quinta-feira, 22 de dezembro de 2005. Disponível em: < http://www.vatican.va/holy_father/benedict_xvi/speeches/2005/december/documents/hf_ben_xvi_spe_20051222_roman-curia_po.html >. Acesso em: 22 set. 2012. Essa ideia foi repetida recentemente no Discurso de Bento XVI à Assembleia Geral da Conferência Episcopal Italiana, em 24 de maio de 2012. Disponível em: < http://www.vatican.va/holy_father/benedict_xvi/speeches/2012/may/documents/hf_ben-xvi_spe_20120524_cei_po.html >. Acesso em: 22 set. 2012. O Papa Francisco, por sua vez, afirmou recentemente que existem, certamente, linhas de uma hermenêutica de continuidade e de descontinuidade; contudo, uma coisa está clara: a dinâmica de leitura do Evangelho atualizada no hoje, própria do Concílio, é absolutamente irreversível. Cf. SPADARO, Antonio. Intervista a Papa Francesco. *Civiltà Cattolica*, 3918, p. 467, 2013.

[26] Foi um dos fundadores da Faculdade de Ciências Políticas da Universidade de Bolonha. Doutor *honoris causa* pelas universidades de Munique e Estrasburgo. Fundador e secretário do Instituto para as Ciências Religiosas de Bolonha. Fundador e diretor da revista *Cristianesimo nella storia*. Em sua

unilateral e parcial, desequilibrada e ideológica do acontecimento conciliar e dos documentos por este emanados. Uma hermenêutica, afirmam, da qual surge uma dicotomia entre *pré* e *pós*-Concílio, concebido como um "novo início" da Igreja. Por outro lado, alude-se também, embora menos incisivamente, à postura daqueles que reconhecem "verdadeira Igreja" só a anterior ao Vaticano II,[27]

---

formação acadêmica foi influenciado por três figuras: Giuseppe Dossetti, jurista e político italiano, fundador do Centro de Documentação de Bolonha, que se tornou monge e sacerdote e foi um estreito colaborador do Cardeal Lercaro, um dos quatro moderadores do Concílio; H. Jedin, do qual foi grande amigo e quem o ajudou a enfocar sua pesquisa em torno de temáticas conciliares; e Delio Cantimori, político crítico e erudito, que privilegiou a história positiva.

O Concílio Vaticano II foi uma experiência que marcou Alberigo como leigo católico e como pesquisador. Foi um dos iniciadores da revista *Concilium*, fruto do ambiente conciliar e através da qual travou uma estreita amizade com Chenu, Congar, Ratzinger, Aubert, H. Küng e Schillebeeckx, dentre outros. Depois do Concílio viveu anos de grande produtividade intelectual e de crescente envolvimento na vida cultural, social e eclesiástica da Itália. Sua trajetória e pesquisas não deixaram ninguém indiferente e suscitaram polêmicas. Cf. CASAS, Santiago. *Crónicas*. Giuseppe Alberigo (1926-2007), *in memoriam*. Anuario de Historia de la Iglesia, 17, pp. 431-435, 2008.

[27] Essa posição, como se sabe, deu origem a um cisma, cujo protagonista foi o Arcebispo Marcel Lefebvre, que no Concílio criticou o tema da colegialidade, a abertura ao ecumenismo e o direito à liberdade religiosa, embora em 1963 não tenha feito crítica alguma à reforma litúrgica. Em 1964, foi um dos animadores do *Coetus internationalis Patrum*, que congregou aproximadamente 250 bispos, a maioria latino-americanos e espanhóis. No final do Concílio, Lefebvre acentuou suas críticas. Em 1969, fundou o Colégio Internacional São Pio X, em Friburgo; no ano seguinte, fundou um seminário em Écone, onde se formaram aqueles que posteriormente integrariam a Fraternidade Sacerdotal Internacional São Pio X. Durante esse período a situação de Lefebvre e de seus amigos se manteve ambígua, embora logo se tenha agravado com a rejeição, em 1971, do *Novus ordo missae* de Paulo VI. Além da reforma litúrgica, que, segundo Lefebvre, introduzia a missa de Lutero, foram rejeitadas as transformações devidas ao Concílio. Para o bispo francês, a Igreja foi vítima de um complô liberal e satânico, pois a aceitação da liberdade religiosa conduzia à apostasia legal da sociedade; ele denunciou também o abandono da doutrina da Igreja resumida pela encíclica *Quanta Cura* e pelo *Syllabus*. Cf. MAYEUR, J.-M. Il papato dopo il concilio. In: Id. *Storia del cristianesimo*. Religione-Politica-Cultura. XIII: Crisi e rinovamento dal 1958 ai giorni nostri (orig.: *Histoire du Christianisme des origines à nos*

muito embora estes últimos certamente não tenham sido tão estigmatizados, tendo sido tratados com especial benevolência e buscando-se, de várias maneiras, seu retorno à comunhão com a Igreja.[28]

Contudo, cabe perguntar-se: É verdade que a hermenêutica da Escola de Bolonha, que publicou em italiano uma das mais citadas histórias do Concílio, em cinco amplos volumes de aproximadamente trinta mil páginas, elaborada durante mais de dez anos e traduzida em seis línguas (inglês, português, alemão, francês, espanhol e russo),[29] propicie, na expressão de alguns, "o germe da

---

jours. Tome XIII: Crise et Renouveau de 1958 à nos jours). Roma, Borla/Cittá Nuova, 2002. pp. 130-132.

[28] Dentre outras iniciativas pode ser citado o *motu proprio Summorum Pontificum*, de 7 de julho de 2007, com o qual o Papa Bento XVI retirou as restrições impostas pela reforma litúrgica de Paulo VI, em 1970, com relação ao uso do rito da missa de São Pio V, com o objetivo de reaproximar os lefebvrianos, que nunca deixaram de usá-lo. Cf. < http://www.vatican.va/holy_father/benedict_xvi/motu_proprio/documents/hf_ben-xvi_motu-proprio_20070707_summorum-pontificum_lt.html >. Acesso em: 22 set. 2012.

Por outro lado, pode mencionar-se também o decreto emitido pela Congregação dos Bispos, de 21 de janeiro de 2009, com o qual foi retirada a excomunhão aos quatro bispos ordenados sem mandato apostólico por M. Lefebvre em 1988, membros da Fraternidade Sacerdotal São Pio X; isso tudo apesar da polêmica suscitada pelo bispo Richard Williamson, que dias antes do decreto negou o holocausto judeu, provocando uma grande polêmica na opinião pública internacional. Cf. relato disponível em: < http://www.aciprensa.com/noticias/el-papa-benedicto-xvi-levanta-la-excomunion-a-obispos-ordenados-por-lefebvre/#.UI95uWe8GSq >. Acesso em: 22 set. 2012.

[29] Cf. *Storia del Concilio Vaticano II*, dirigida por Giuseppe Alberigo, 5 v. (Bologna, Peeters/Il Mulino, 1995-2001). A finalidade desta obra, nas palavras do próprio Alberigo, é "estabelecer como se desenvolveu efetivamente o Concílio e alimentar seu conhecimento, para além da consciência dos participantes e da vida da geração que o viveu e em que pese os 'zelos hermenêuticos' dos protagonistas, que foram levados a condicionar sua interpretação das atas conciliares. Nessa *História*, procurou-se obter um conhecimento da grande assembleia analítico e global ao mesmo tempo, e não setorial nem fragmentário. Igualmente importante tem sido a função dessa *História* para estimular a recuperação e a conservação da grande quantidade e variedade de fontes relacionadas com o Vaticano II": ALBERIGO, G. El Vaticano II y su historia. *Concilium*, 4/19, pp. 458-459, 2005. No ano de 2005, Alberigo, aos

infecção e da progressiva dissolução", "um grave dano ao ecumenismo",[30] e esteja na base da "crise de fé atual"?[31]

As principais objeções postas a essa monumental obra são as seguintes:

a) Sua tese de fundo é que o elemento principal não são os textos que o Concílio produziu e promulgou, mas o acontecimento em si. O verdadeiro Concílio é o seu "espírito", não redutível mas incomensuravelmente superior à "letra" dos textos.[32] Neste sentido são contrapostas as figuras de João XXIII e de Paulo VI. O "espírito" do Concílio identifica-se com o sonho do primeiro, de um novo "Pentecostes" para a Igreja e para o mundo, enquanto que a "letra" seria o freio colocado pelo segundo.

b) Na elaboração e aprovação dos documentos conciliares, a tendência a considerar como "novos" esquemas que na realidade não eram novos.

---

80 anos de idade, quase no ocaso de sua vida, com a ajuda de sua esposa Angelina, publicou uma história sintética e acessível mesmo para os não estudiosos do assunto: *Breve storia del concilio Vaticano II*. Bologna, Il Mulino, 2005.

[30] El Concilio Vaticano II fue verdaderamente profético: entrevista do Cardeal Mauro Piacenza, prefeito da Congregação para o Clero, em 10 de setembro de 2012. Disponível em: < http://www.zenit.org/rssspanish-43065 >. Acesso em: 22 set. 2012.

[31] Cf. DE MATTEI, Roberto. Interrogativi sul Concilio Ecumenico Vaticano II. Roma, 17 de março de 2012. Disponível em: < http://www.corrispondenzaromana.it/interrogativi-sul-concilio-ecumenico-vaticano-ii/ >. Acesso em: 22 set. 2012.

[32] Cf. ALBERIGO, G. El Vaticano II y su historia. *Concilium*, 4/19, p. 453, 2005; FAGGIOLI, M. Vatican II: the history and the narratives. *Theological Studies*, 2012. Disponível em: < http://www.thefreelibrary.com/Vatican + II % 3a + the + history + and + the + narratives.-a0310517139 > ; HÜNERMANN, P. El "texto" pasado por alto. Sobre la hermenéutica del Concilio Vaticano II. *Concilium*, 312, pp. 579-599, 2005.

c) Defender uma ruptura radical entre o período pré--conciliar e o pós-conciliar.

d) Ter utilizado fontes não oficiais, dentre outras, diários e testemunhos daqueles que participaram do Concílio.

São procedentes e válidas todas essas observações e objeções? Ainda em vida, no ano de 2005, Alberigo concedeu uma entrevista ao famoso jornal italiano, *La Reppublica*,[33] na qual afirmou que aqueles que criticavam severamente a obra por ele dirigida estavam muito mais formulando uma "visão própria" do Concílio, "com olhos de antes", tentando anular a virada conciliar, e deixando de lado alguns de seus ensinamentos, como é o caso da sacramentalidade do episcopado e da colegialidade episcopal. Promovia-se, assim, um retorno à tradição concebida como algo fechado e imodificável.

Nessa entrevista Alberigo ressaltou também o caráter apriorístico, visceral e pouco científico de algumas críticas como as do Arcebispo Agostinho Marchetto, secretário do Pontifício Conselho para a Pastoral dos Imigrantes, que havia recém-publicado uma obra intitulada *O Concílio Vaticano II. Contraponto para a sua história.*[34]

Sem querer defender Alberigo, sua escola e sua obra referencial, mas fazendo uma leitura crítica e objetiva,

---

[33] Cf. FIORI, Simonetta. Polémica sobre el concilio. Coloquio con el historiador Giuseppe Alberigo. *La Reppublica*, 02/07/2005; tradução espanhola de A. Moreno de la Fuente. Disponível em: < http://www.iglesiaviva.org/223/223-41-SIGNOS.pdf > . Acesso em: 22 set. 2012.

[34] MARCHETTO, A. *Il Concilio Ecumenico Vaticano II*. Contrappunto per la sua storia. Città del Vaticano, Libreria Editrice Vaticana, 2005. Na apresentação desta obra o Cardeal Camillo Ruini, então vigário de Roma, afirmou: "Quarenta anos depois de seu encerramento, o Concílio Vaticano II ainda espera por uma história que não seja partidarista, mas de verdade".

salta à vista, em primeiro lugar, seu indubitável rigor histórico, não só porque por si só o numeroso grupo de ilustres historiadores que dela participam o garante, mas pelo fato de ele ter construído uma história em base a uma quantidade imponente de fontes, que listadas compõem um conjunto de 164 páginas, como o evidenciou o vaticanista Sandro Magister.[35]

Por outro lado, sobre os principais defeitos atribuídos a esta obra, é preciso dizer que a ênfase dada à importância do Vaticano II como um acontecimento total,[36] e não apenas pelas decisões contidas em seus textos, não tem a intenção de rebaixar, como o próprio Alberigo o afirmou, o valor dos documentos aprovados pelo Concílio,[37] mas de evidenciar a importância de contextualizá-los, a fim de poder compreendê-los e interpretá-los adequadamente, seguindo as normas mais elementares da moderna hermenêutica.[38]

Quanto à suposta contraposição entre os papas do Concílio, na *História* dirigida por Alberigo reafirma-se, isso sim, que ambos os pontífices, muito diferentes em termos de personalidade e caráter, desempenharam papéis

---

[35] Cf. MAGISTER, Sandro. Concilio Vaticano II. Una storia non neutrale. Disponível em: < http://chiesa.espresso.repubblica.it/articolo/6880 >. Acesso em: 22 set. 2012. Magister cita a obra: FAGGIOLI, Massimo; TURBANTI, Giovanni (ed.). *Il Concilio inedito. Fonti del Vaticano II.* Bologna, Il Mulino, Istituto per le scienze religiose, 2001.

[36] Cf. ALBERIGO, G. *Criteri emeneneutici per una storia del Concilio Vaticano II.* In: Id. *Il Vaticano II tra attese e celebrazione.* Bologna, 1995. pp. 9-26.

[37] Id. *La transición hacia una nueva era.* In: ALBERIGO, G. (ed.). *Historia del Concilio Vaticano II.* Salamanca, Peteers Leuven-Sígueme, 2008. v. V, p. 569.

[38] Cf. O'MALLEY, J.W. *What Happened at Vatican II?* MA Cambridge, 2008. p. 311 (ed. italiana: *Cosa è successo al Vaticano II?* Milan, 2010); Id. Vatican II: Did Anything Happen? *Theological Studies*, 67, pp. 3-33, 2006.

e contribuições muito distintas, mas não precisamente contrapostas.[39]

Com respeito às peripécias que marcaram a elaboração e aprovação dos documentos conciliares, isso é algo que nenhum historiador sério pode negar hoje, não só se consultarmos o arquivo do Concílio, em grande parte à disposição dos estudiosos,[40] nos quais encontra-se o testemunho das várias reelaborações e debates dos esquemas dos documentos conciliares, mas valendo-se também do testemunho dos participantes, alguns ainda vivos – cada vez menos –, e de diversas fontes, tais como diários e crônicas pessoais, de valor não menor do que as oficiais, contanto que sejam analisadas criticamente.[41]

Sobre se é justo defender uma censura sistêmica entre o período pré e pós-conciliar basta, como já foi dito, considerar a própria intenção expressa por quem o concebeu e o convocou: "Um Concílio de transição epocal".[42]

Nesta controvérsia sobre a reta hermenêutica do Concílio, que deverá durar muito, já que não se vislumbra sua conclusão num curto lapso de tempo, chama a atenção a

---

[39] Cf. ALBERIGO, G. *La transición hacia una nueva era*, cit., p. 530.

[40] Sobre o arquivo do Concílio, hoje integrado ao Arquivo Secreto Vaticano (2000), pode-se ver: DORIA, P. L'Archivio del Concilio Vaticano II: storia e sviluppo. *Anuario de historia de la Iglesia*, 21, pp. 135-165, 2012.

[41] No v. IV da *Historia*, dirigida por Alberigo, o recentemente nomeado Cardeal de Manila, Luis A. G. Tagle, descreve minuciosamente a assim chamada "semana negra" do Concílio (14-21 de novembro de 1964), considerada por ele um "acontecimento dentro do acontecimento", pois evidenciava como a ala mais intransigente da minoria tentou frear, sem consegui-lo, a renovação que o Concílio estava tentando esboçar em temas como liberdade religiosa, colegialidade episcopal e ecumenismo. Cf. TAGLE, Luis Antonio G. *La "semana negra" del concilio Vaticano II (14-21 de noviembre de 1964)*. In: Id. *Historia del concilio Vaticano II*, cit., v. IV, pp. 357- 415.

[42] Cf. ALBERIGO, G. *Breve storia del Concilio Vaticano II (1959-1965)*. Bologna, Il Mulino, 2005. p. 26.

insistência naquilo que se denomina "uma hermenêutica à luz da Tradição da Igreja".

Enfatiza-se dicotomicamente, por outro lado, o caráter "pastoral" do Concílio, "seu acidental e secundário respeito ao doutrinal" e por isso mesmo não vinculante, e os abusos que foram cometidos em seu nome. A respeito deste último aspecto, num congresso celebrado em dezembro de 2011, em Roma, a poucos passos de São Pedro, o bispo auxiliar do Cazaquistão, Athanasius Schneider,[43] chegou a solicitar ao Papa uma espécie de *Syllabus* que condenasse os erros doutrinais de interpretação do Concílio.[44] Mais recentemente, em março de 2012, num seminário realizado em Roma, o professor Roberto de Mattei,[45] docente

---

[43] Em 1973 imigrou para a Alemanha e logo passou para a Áustria para entrar no mosteiro dos canônicos regulares de Santa Cruz. Ensinou teologia no Seminário Maria Mãe da Igreja, de Karaganda, desde 1999. É secretário-geral da Conferência Episcopal do Cazaquistão e autor do livro *Dominus Est – Es el Señor: Reflexiones de un obispo de Asia Central sobre la Sagrada Comunión* (*Dominus Est – It is the Lord: Reflections from a Bishop in Central Asia on Holy Communion*. Newman House Press, 2009), no qual fica evidenciada sua postura abertamente tradicionalista, no caso concreto do modo de receber a comunhão.

[44] Cf. SCHNEIDER, Athanasius. Proposte per una corretta lettura del Concilio Vaticano II. Il primato del culto di Dio come fondamento di ogni vera teologia pastorale. Conferenza tenuta a Roma il 17 dicembre 2010. Disponível em: < http://chiesa.espresso.repubblica.it/articolo/1346289 >. Acesso em: 23 set. 2012.

[45] Professor de História da Igreja e do Cristianismo na Universidade Europeia, onde é coordenador da faculdade de Ciências Históricas. É vice-presidente do Conselho Nacional de Pesquisas e membro dos conselhos diretivos do Instituto Histórico para a Idade Moderna e Contemporânea e da Sociedade Geográfica Italiana. Preside a Fundação Lepanto e dirige as revistas *Radici Cristiane* e *Nova Historica*. Colabora também com o Pontifício Conselho de Ciências Históricas e recebeu a insígnia da Ordem de São Gregório Magno por parte da Santa Sé, em reconhecimento pelo seu serviço à Igreja. Em 2010 publicou *Il Concilio Vaticano II. Una storia mai scritta*, que, embora seja apresentada como uma obra eminentemente histórica, é bastante ideológica, na qual se vê no Vaticano II o triunfo do modernismo e a infiltração do comunismo e da maçonaria na teologia católica. Cf. ficha catalográfica disponível em: < http://www.lindau.it/schedaLibro.asp?idLibro = 1248 >.

da Universidade Europeia, falou da existência de textos ambíguos e equívocos nos documentos conciliares, que deram margem precisamente a uma falsa hermenêutica, bem como da culpa por omissão das autoridades que não souberam condená-la com suficiente firmeza, impedindo que esta se difundisse cada vez mais.[46]

Enfim, podemos mencionar a publicação, em maio de 2012, da obra As *"chaves" de Bento XVI para interpretar o Vaticano II*, escrita pelo Cardeal Walter Brandmüller,[47] pelo já citado Arcebispo Agostinho Marchetto e por Dom Nicola Bux,[48] na qual afirma-se que a hermenêutica proposta pelo Cardeal Ratzinger, hoje Papa Emérito Bento XVI, tem sido a da "reforma na continuidade".

Para além dos termos, o que preocupa neste debate sobre a hermenêutica do Vaticano II é que a balança acabe se inclinando no sentido de minimizar a importância do Concílio como um verdadeiro divisor de águas na história da Igreja contemporânea,[49] negando as forças de renovação por ele desencadeadas, sem esquecer, evidentemente,

---

Acesso em: 23 set. 2012; BLANCO, Pablo. Reseña de Roberto De Mattei. *Il Concilio Vaticano II. Una storia mai scritta* (Lindau, Torino, 2010). *Scripta Theologica*, v. XLIII, p. 500, 2011; AMARAL, Miguel de Salis. Chiesa e teologia nel Concilio Vaticano II. Nota su un libro di Roberto de Mattei. *Lateranum*, 78, pp. 139-151, 2012.

[46] Cf. MONFORT, María José. *Concilio Vaticano II: 50 años del Concilio Ecuménico II. Claves para comprender el Concilio*. Disponível em: < http://www. fevivida.com/blog/2012/05/concilio-vaticano-ii-50-anos-del-concilio-ecumenico-ii-claves-para-comprender-el-concilio/ >. Acesso em: 23 set. 2012.

[47] Presidente emérito do Pontifício Comitê de Ciências Históricas.

[48] Especialista em liturgia oriental e consultor do setor de celebrações litúrgicas do Sumo Pontífice.

[49] O grande historiador H. Jedin afirmou que o Vaticano II significou uma virada de página na história da Igreja. Cf. JEDIN, H. *Storia della mia vita*. Brescia, Morcelliana, 1970. p. 271.

seus elementos de continuidade com a grande tradição conciliar da Igreja, como o próprio Alberigo defendeu.[50]

Como interpretar, portanto, o Vaticano II? Não se trata de uma "destruição", mas de uma desconstrução; nem de uma rejeição da herança, tampouco de uma ruptura da continuidade, mas de um momento de reflexão, de crise, um momento estruturante, um passo necessário, um evento verdadeiramente profético,[51] um *kairós*, um momento de graça no qual o Espírito falou à Igreja, e cuja mensagem talvez ainda não tenhamos conseguido assumir e pôr em prática, da qual, por conseguinte, ainda somos devedores, mas sem que se possa negar que tenha representado uma verdadeira fonte de graça para a Igreja e para o mundo.

---

[50] Cf. ALBERIGO, G. *La transición hacia una nueva era*. In: ALBERIGO, G. (ed.). *Historia del Concilio Vaticano II*. V: Un concilio de transición. El cuarto periodo y la conclusión del Concilio. Salamanca, Sígueme, 2008. p. 569.

[51] Cf. NAULT, François. Un concile prophétique au temps des sorciers. *Laval théologique et philosophique*, 67/3, p. 461, 2011.

Parte II

Eixos fundamentais da renovação conciliar

1

Da Igreja, luz do mundo, ao mundo, alegria e esperança da Igreja

A virada antropológica do Concílio Vaticano II

Pedro Juan De Velasco Rivero[1]

Desde que o Verbo se fez carne,
a teologia se tornou antropologia.

Karl Rahner

---

[1] Sacerdote jesuíta; mestre em filosofia pelo Instituto Livre de Filosofia e Ciências Sociais (ILFC), de Guadalajara, mestre em Teologia pelo Colégio Máximo de Cristo Rey, doutor em Teologia pelo Instituto Católico de Paris, e doutor em Ciências da Religião, especialidade em Antropologia, pela Universidade de Paris-Sorbone. Foi designado em várias ocasiões para Serra Tarahumara. Foi professor de Antropologia e Ética durante 20 anos no Instituto Livre de Filosofia e Ciências. Cofundador e primeiro coordenador do Programa de Doutorado em Filosofia da Educação e chefe do Departamento de Filosofia e Humanidades de 2003 a 2005. Entre suas publicações, pode-se citar: *Danzar o Morir: Religión y resistencia a la dominación en la cultura Tarahumar.* CRT, México 1983 (2. ed., 1987).

1. Três esclarecimentos e um contexto

1.1 Primeiro esclarecimento a respeito do Concílio

O Concílio Vaticano II foi e é muito mais do que um texto doutrinal escrito e sancionado pela autoridade eclesiástica, mais inclusive do que a própria assembleia dos bispos, dos peritos e dos seus trabalhos. Foi e continua sendo um processo de encontro e diálogo, elaboração, propostas, recepção, interpretação e implementação, que trata da vida, da realidade e das realizações de toda a Igreja Católica, a partir da segunda metade do século XX; um processo histórico que não se encerra em 1966, mas que continua e segue sendo vivido na Igreja até a presente data. E, além de tudo isso, é um processo que transcende a Igreja em dois sentidos: um, porque flui da comunidade humana para a comunidade cristã e reflui desta sobre aquela; dois, porque brota do Espírito de Jesus.

1.2 Segundo esclarecimento a respeito da antropologia

Nos documentos do Concílio aparecem não uma, mas – pelo menos – duas antropologias. Uma que poderíamos dizer explícita, doutrinal e esquemática, sem grande novidade, sem impacto, mas a partir da qual se compreendem a Igreja, o Mundo e também a Cristologia. Outra, implícita, que subjaz aos vários documentos, os inspira e aparece em suas formulações das mais diversas maneiras.

Na linha desta outra antropologia há algo muito mais fundamental do que as meras posições teóricas; poderíamos chamar de virada, de uma *orientação antropológica vital*, radical, da Igreja, dos participantes nos trabalhos do Concílio, embora não de todos. Uma virada que inverte o fluxo evidenciado, pois vai da cristologia para a antropologia, embora depois reflua desta para aquela ao longo destes 50 anos.

Convém dar-se conta também de alguns pressupostos de intelecção:

a) Os textos foram elaborados por bispos, teólogos ou peritos, provenientes das mais diversas – e até contrárias – experiências, situações, necessidades ou problemáticas e dinamismos culturais, e isso em todos os campos: econômico, político religioso e – inclusive – católico (pastoral e doutrinal). E, ao longo destes cinquenta anos, foram lidos e assumidos por pessoas ou grupos sociais e eclesiais igualmente distintos; com o agravante de uma diversidade quase *epocal* entre momento e experiência históricos da humanidade em 1962 e os atuais.

Por isso, as leituras e implementações que a Igreja – não só a autoridade ou as comissões teológicas ou pastorais, mas as distintas comunidades e grupos eclesiais – fez desses textos, aparentemente uniformes e unívocos, tem sido muito diferente dependendo das situações e dos pressupostos culturais, pastorais e teológicos de cada um;[2] muito embora isso tenha acontecido já na própria assembleia.

1.3 Terceiro esclarecimento: o contexto histórico

Pela influência determinante que teve no Concílio, é importante em primeiro lugar considerar – muito sinteticamente – o contexto em que este se desenvolveu.

---

[2] É muito significativo que já numa notificação referente à Constituição LG de 16 de novembro de 1964 o secretário-geral do Concílio reconhece e estabelece que *"o texto do Concílio deve ser interpretado sempre segundo as regras gerais por todos conhecidas [...]"* (grifo meu).

1.3.1 Situação do mundo nos anos 60 do século passado

• Um mundo recentemente saído da Segunda Guerra Mundial, com grandes anseios de paz, mas dividido e ameaçado pela chamada "guerra fria" entre capitalismo e comunismo, bem como pela situação de pobreza, submissão e violência vivida pelos países dos chamados Terceiro e Quarto mundos (América Latina, África e Ásia).

• Uma época de grande dinamismo e esperança social, de enorme criatividade, de grandes anseios, de projetos e esperanças de uma mudança iminente por maior liberdade, justiça e realizações humanas em todos os sentidos:

a) Artístico: época de ouro do cinema europeu e da literatura francesa, o grande auge da música *rock*, o surgimento da literatura e da música latino-americana...

b) Político: dos *hippies* aos movimentos estudantis americanos e europeus até as revoltas sociais nos países do bloco comunista, os movimentos independentistas na África ou as guerrilhas socialistas na América Latina.

c) Tecnocientífico: desencadeia-se a época de grandes progressos e descobertas na biologia e medicina, na energia, nas comunicações, nos transportes, na informática, na astronáutica etc.

d) Econômico: o pós-guerra traz uma bonança econômica tanto na produção quanto no comércio de bens cada vez mais numerosos e diversificados. Todavia, da mesma forma coloca-se em destaque a miséria e a injustiça no acesso aos bens, embora fundamentais para a grande maioria da humanidade.

e) Do ponto de vista do pensamento:

- Desenvolvimento e crescente priorização do pensamento científico como forma de compreender e transformar o mundo, com seus benefícios e seus danos. Auge daquilo que a *Escola de Frankfurt* irá chamar de razão instrumental.

- Desenvolvimento das ciências sociais, políticas e históricas que se constituem na ferramenta fundamental para a interpretação da realidade social.

- Uma enorme influência de correntes de pensamento como a fenomenologia, o existencialismo e o socialismo.

- Todas essas realizações e a nova realidade da humanidade que daí surge geram e tornam necessários – como o assevera o próprio Concílio (cf. GS 5) – novos métodos de análise, compreensão e ação diante da realidade, do mundo, do homem e inclusive da religião. Impõem-se e consolidam-se métodos indutivos, evolutivos, técnicos e históricos. Isso exercerá uma grande influência numa das correntes fundamentais da teologia e da antropologia conciliar.

1.4 Situação da Igreja e do Concílio

Embora durante a primeira metade do século passado tenha ocorrido uma importante participação dos leigos em grupos eclesiais como os da Ação Católica, a partir do fim da guerra se torna evidente uma crise de fé na Europa e, em geral, nos países industrializados; nessa crise é fundamental para a Igreja a perda do mundo operário.

Os países do Terceiro Mundo adquirem crescente importância e peso na Igreja: assistimos ao surgimento das Igrejas latino-americanas e africanas, cuja problemática social – econômica e política – propõe gravíssimos questionamentos à pastoral e à teologia.

Paralelamente e em consequência de tudo o que dissemos anteriormente, começa a inovação dos métodos e introdução de novas ciências para o estudo e a compreensão da Sagrada Escritura e, reflexivamente, da cristologia; de modo particular adquirem carteira de identidade os métodos de análise histórico-cultural.

Apesar das condenações iniciais, há o reconhecimento e a aceitação da chamada *Nouvelle Théologie*, dos seus pensamentos, dos seus métodos científicos e propostas. Digna de nota é a reivindicação de seus principais expoentes mediante sua inclusão como peritos e conselheiros no Concílio.

Tudo o que foi dito nos ajuda a compreender o porquê dessa dupla corrente fundamental que iremos detectando nos pressupostos, nas posições, nas elaborações e nas interpretações – e, inclusive, nas alegrias e nas esperanças, nas tristezas e nas angústias – dos padres conciliares e de diversos grupos, de teólogos, de pastores etc. – tanto durante a assembleia conciliar quanto depois –, bem como na Igreja e nas Igrejas locais pós-conciliares.

2. Dois esboços de antropologia

O Concílio, evidentemente, não se propõe estabelecer uma visão filosófica do ser humano; contudo, como em qualquer pensamento e proposição humana, pressupõe e utiliza uma dessas visões. Neste caso específico, podemos detectar duas visões fundamentais que, paradigmaticamente, aparecem uma na Constituição *Lumen Gentium* e a outra na *Gaudium et Spes*.

2.1 Tem-se em primeiro lugar uma antropologia sucinta, doutrinal – teológico-filosófica –, que poderíamos considerar *tradicional* e que evidencia três momentos ou pontos-chave para compreender a humanidade: um, o da criação do homem por Deus, à sua imagem; outro, do pecado por culpa do homem (de sua liberdade); e o terceiro, de redenção por Cristo, Deus e Homem verdadeiro. Teologicamente sublinha que o homem é imagem de Deus, sua natureza e vocação social, originada e simbolizada no casal (cf. GS 12), e sua referência a Cristo como modelo. Filosoficamente o define como alma e corpo, como interioridade onde se encontra com Deus, e como liberdade, a qual constitui a expressão privilegiada de seu ser imagem de Deus. Tudo isso sustenta a superioridade do homem sobre a criação e a ordenação desta àquele (cf. GS 14-17). Destaca-se a dignidade e grandeza de sua inteligência, sabedoria, capacidade de amar e de decidir seu destino graças à voz da consciência. Dá-se importância fundamental e indiscutível à liberdade, pela qual é imagem de Deus (cf. GS 17). Poderíamos dizer que de alguma forma a visão conciliar conecta-se com o espírito da modernidade ao assinalar como elementos de humanidade a liberdade, a igualdade e a fraternidade (cf. GS 17, 29, 32).

Embora tradicionais, tais definições voltam a dar relevância a três pontos que haviam sido obscurecidos na teologia por outras doutrinas, preocupações e práticas:

- A centralidade da liberdade pessoal, na qual, inclusive, é colocada a semelhança com Deus; o respeito que lhe é devido, mesmo nos casos em que se trata de uma consciência errônea ou deficiente. Aqui há uma clara distância em relação a doutrinas anteriores que consideravam que "o erro não tem direitos" e, com isso, negavam o direito a sustentar qualquer crença ou posição que se diferenciasse dos ensinamentos da Igreja, condenando os que a defendessem.

Esta nova atitude tem sua origem, por um lado, na necessidade da Igreja de ser aceita e poder conviver num mundo cada vez mais plural e autônomo, em culturas e sociedades para as quais a liberdade de pensamento é um princípio fundamental de participação. Por outro lado, no âmbito religioso, tem sua origem na busca e nas experiências práticas do diálogo com outras confissões cristãs ou religiosas, o que, por sua vez, permitirá ao Concílio sustentar teologicamente tal diálogo.

• A afirmação da unidade intrínseca e indissolúvel do ser humano, da bondade e valor da corporeidade como componente essencial desse ser imagem de Deus. Com isso pretende-se, explicitamente, tomar distância das tendências dualistas ou espiritualistas que depreciam a matéria ou as tarefas e realidades intramundanas.

• A insistência na sociabilidade humana como único lugar de salvação. Em contraposição a uma concepção anterior preponderantemente individualista da relação com Deus e da salvação.

Em sua primeira frase – título pelo qual são conhecidos e caracterizados todos esses documentos – ambas as constituições coincidem em assumir a mesma posição e compreensão fundamental: a Igreja do Vaticano II se compreende e se define na relação com o mundo. Na *Lumen Gentium* (LG) a Igreja concebe sua missão e a si própria como a portadora da *Luz* – Cristo – *das nações*. Na *Gaudium et Spes* (GS) a Igreja é concebida como quem partilha e assume a *alegria e a esperança*, as angústias e a dor do mundo como próprios dos discípulos de Cristo. Contudo, no momento seguinte descobrimos que essa compreensão da relação e, de reflexo, de cada um dos termos dessa relação (Igreja e mundo), surge e depende de duas diferentes compreensões e localizações da Igreja, como também de duas metodologias.

2.2 A *Lumen Gentium* começa definindo o levar a Luz – Cristo – ao mundo como missão – e de algum modo a essência – da Igreja. Afirma, a seguir, sua constituição como povo e, nessa constituição, estabelece-se primeiro a organização hierárquica – particularmente o episcopado, os sacerdotes e diáconos –, e por fim os leigos.

Ao longo da *Lumen Gentium* a Igreja se concebe e define a si mesma como portadora única da Luz e da Salvação (de Cristo) para uma humanidade, obviamente nas sombras e no pecado [...]. Ela é a (única) fonte de inspiração e salvação para o mundo, para uma humanidade fundamentalmente sumida na obscuridade, na divisão, na desesperança. Em última instância, concebe-se a si mesma como única depositária da verdade completa, única capaz de orientar a humanidade e vigiá-la para que não caia no pecado ou de tirá-la dele e perdoá-la; ou seja, de reconciliar a humanidade consigo mesma e resolver suas angústias. A missão da Igreja concentra-se em resgatar a humanidade de suas trevas, protegendo-a de sua própria debilidade, que se deve à liberdade; uma debilidade "humana" da qual a Igreja como tal – ao menos enquanto instituição e por sua origem divina – parece excetuar-se, pois a Igreja "é indefectivelmente santa" (LG 39); por mais que se diga que ela também precisa de conversão.

Essa luz/verdade – como a salvação – é concebida como algo extramundano, revelação de verdades e formas de viver vindas diretamente de Deus através de Cristo para a Igreja; embora não se diga expressamente, o caráter preponderantemente doutrinal/magisterial dessa luz alude a um uso/compreensão do termo *Igreja* prioritariamente como autoridade doutrinal, como hierarquia. A LG afirma que "os bispos recebem a missão de ensinar e pregar" (LG 25), e que "são os administradores da graça" (LG 26).

Em vários documentos, a começar pela *Lumen Gentium*, subjaz uma visão muito mais pessimista a respeito da situação da humanidade, de sua constituição real e, por conseguinte, das pessoas concretas, especialmente dos não cristãos. É verdade que se afirma expressamente a bondade original do ser humano, seu destino celestial e o fato de que Deus não nega sua ajuda salvífica a quem sem culpa ignora a Igreja; contudo, o conjunto desse pensamento insiste muito nas limitações, erros, tentações e quedas da humanidade, das quais ela não pode sair por si mesma; de alguma forma, acena-se aqui à concepção luterana de uma humanidade corrompida pelo pecado e no fundo incapaz de liberdade; se não intrinsecamente, pelo menos de fato, sim.

Devido a essa compreensão de si mesma e, por isso mesmo, da humanidade – incluídos também os cristãos submetidos às tentações do mundo atual –, a Igreja hierárquica interpreta sua missão fundamentalmente como cuidado e vigilância, esclarecimento (ensinamento) e resgate. Isso faz com que a Igreja, embora em diversos textos se afirme o contrário, acabe se colocando acima da humanidade, das culturas e das diversas práxis das demais religiões.

Essa visão é a consequência de se colocar como ponto de partida e eixo teológico a doutrina e as interpretações teológicas tradicionais que a Igreja foi forjando de si própria, de sua origem divina e de sua missão salvífica religiosa; e de respaldar-se nessa doutrina. Significativamente a Constituição *Lumen Gentium*, com a qual se abre o Concílio, é elaborada e considerada como uma constituição dogmática. Entretanto, os desafios concretos das situações e dinamismos do mundo do século XX, o ateísmo em particular, junto com as crises internas da Igreja tanto em nível teológico quanto pastoral, questionam essa autocompreensão e segurança institucional.

2.3 Inversamente, a Constituição *Gaudium et Spes* (GS) é concebida e aceita como uma Constituição Pastoral. Sua análise tem como ponto de partida a humanidade concreta, tal como aparece no mundo atual. Convida a discernir em seus acontecimentos, exigências e desejos – dos quais participa juntamente com seus contemporâneos – os sinais verdadeiros da presença e/ou do projeto salvífico de Deus (cf. GS 11).

Parte-se da experiência-contemplação da humanidade, suas conquistas e alegrias, seus sofrimentos, erros e inclusive sua maldade, das necessidades e problemáticas dos diversos seres humanos, de sua riqueza humana e sua bondade experimentada. Paulo VI a descreve sinteticamente sublinhando que "uma corrente de afeição e admiração transbordou do Concílio sobre o mundo humano moderno".[3] Experiência que induz uma compreensão do mundo e da humanidade marcadamente otimista e inspiradora de diálogo, embora não deixe de apontar a tentação da sedução do mundo e inclusive de assinalar claramente os graves males e injustiças que dividem e destroem a humanidade. Experiência que leva a Igreja a encontrar-se e a identificar-se com essa humanidade, a reconhecer-se nela como num espelho que lhe revela seu verdadeiro rosto, que lhe permite ouvir o clamor, o chamado dessa humanidade e, por isso mesmo, compreender suas próprias possibilidades de resposta-serviço.

Há uma série de elementos que poderíamos chamar fáticos ou práxicos que, por um lado, surgem dessa nova atitude da Igreja de reconhecimento da bondade e autonomia da humanidade e dos seres humanos e que, por outro, a configuram e a manifestam, renovando seu pensamento; são, dentre outros, o reconhecimento da bondade intrínseca e da importância das novas construções e conquistas humanas, o reconhecimento do significado e da bondade intrínseca das diversas culturas e da própria diversidade, a aproximação e aceitação das outras confissões cristãs, bem como – embora incipiente e inconsistentemente – o reconhecimento da importância, dos benefícios e dos direitos da diversidade dentro da própria Igreja e a acolhida a múltiplas manifestações dessa diversidade, como, por exemplo, a incorporação de outras linguagens, instrumentos e formas musicais na liturgia, os convites ao diálogo, o chamado – pelo menos teoricamente – a respeitar a consciência e liberdade da pessoa para que possa expressar e

---

[3] Apud ESTRADA, A. *El cristianismo em una sociedad laica*. Bilbao, Desclée de Brower, 2006. p. 100.

defender suas convicções, inclusive acima das exigências da ortodoxia ou da verdade, isto é, mesmo quando esteja no erro. E isso apesar dos problemas que lhe causa para sua própria interpretação do sentido da verdade e da bondade, da salvação e de sua missão diante de tudo isso.

Esta virada antropológica – o situar-se a si própria em, com e a partir da humanidade – modifica o ponto de partida da compreensão de sua missão e, portanto, de si mesma; abre-nos a porta para uma nova teologia da própria Igreja, do mundo e do homem, de Cristo. Surge uma antropologia teológica, não explícita mas atuante, na qual o ser humano e suas obras, sua história e seu mundo são compreendidos, acima de tudo, como manifestação de Deus no marco de um dinamismo que vai crescendo, no qual mesmo as crises e os erros são de "crescimento".

Há muitos outros fatores que contribuem para a geração de uma nova compreensão e atitude em confronto com o mundo e com a Igreja, como também na relação entre ambos. Como exemplo temos a influência das novas metodologias, já não dedutivas mas indutivas, historicistas e fenomenológicas, de análise e compreensão da realidade. A aceitação das contribuições científicas sobre a evolução permitirá pôr em discussão, por um lado, certas leituras fundamentalistas da Bíblia e, por outro, as próprias noções de natureza humana, criação, relação homem-mundo e homem-Deus; para isso, contribuirá a influência da fenomenologia e do existencialismo. Os contributos da psicanálise permitirão questionar certas compreensões ritualistas ou moralistas do mal e do pecado, da liberdade concreta e das funções e problemas da autoridade... A importância assumida pelas análises sociológicas e econômicas e as análises em si – por exemplo, o que fazem os marxistas – irão obrigar a repensar o papel da religião e de certas concepções teológicas nos processos de injustiça e exploração e, também, a missão da Igreja diante dessas realidades.

Um fator teológico muito importante foi a renovação exegética que permitiu ler-compreender a Sagrada Escritura não como um tratado dogmático-moral do qual pode-se deduzir literalisticamente certas verdades de fé e certas normas morais perenes da Igreja, mas como a história de um povo em cuja vivência e sua posterior releitura e interpretação – contextualizadas cultural e religiosamente – pode-se ir descobrindo a forma pela qual Deus manifesta seu amor e cuidado pela humanidade, antes de mais nada como Salvador Misericordioso; sua forma de intervir, como irmão, em Cristo, assumindo totalmente nossa humanidade e idêntico a nós em tudo, menos na injustiça. Essa mesma renovação permite situar cultural e historicamente e compreender de uma forma diferente a vida de Jesus, sua entrega salvífica, o contexto, o alcance e o significado de sua mensagem. Tudo isso permitirá recuperar *a experiência e a realidade humana* de Jesus como fonte de revelação/salvação. Permitirá, consequentemente, reformular a imagem, a compreensão e a valoração teológica dos seres humanos que somos, de nossa realidade e realizações. E, por último, permitirá reformular a compreensão que a Igreja tem de si mesma e de sua missão.

3. Algumas complexidades e consequências dessas duas posições

Essas duas antropologias, subjacentes a todo o Concílio, poderíamos atribuí-las, simbolicamente, a primeira – de corte dedutivo doutrinal-autoritativo – à Constituição dogmática *Lumen Gentium*, elaborada e aprovada no início da assembleia; a segunda – de corte indutivo histórico-interpretativo – à Constituição pastoral *Gaudium et Spes*, elaborada no final e aprovada no último dia do Concílio.[4]

Como efetivamente aconteceu durante a assembleia – e continua acontecendo agora –, nenhuma das duas posturas é pura ou absoluta, nem está livre da influência da outra, nem pode prescindir dela. Não podemos falar de dualismo excludente, excetuando-se alguns casos de radicalismos que poderíamos chamar fundamentalistas. Alguns autores afirmam que no Concílio prevaleceu a posição que privilegia a *Lumen Gentium* e que no pós-Concílio se privilegiou a perspectiva da *Gaudium et Spes*. Eu diria que, no próprio desenvolvimento temporal do Concílio e na dinâmica – e nos conflitos – que se seguiu, se manifesta uma evolução que vai desde uma Igreja voltada em primeiro lugar para a sua identidade e problemática interna, que se autoestabelece de antemão como Luz das Nações, até uma Igreja aberta a uma mútua interpelação em e com o mundo; um diálogo não só respeitoso, mas atento, afetuoso, admirado diante da realidade e das realizações do mundo humano atual e iluminado por estas; embora não deixe de ver suas debilidades, dores ou maldades e de angustiar-se por isso; uma Igreja que se concebe como companheira nas tarefas humanas (de artistas, cientistas, homens comprometidos com a justiça etc.). Tampouco resta evidente que o pós-Concílio seja tão uniforme, porque, diante de toda a corrente teológica voltada para o mundo atual ou suas diversas situações (teologias da libertação, política,

---

[4] Significativamente a mesma constituição reconhece como necessária para a situação atual essa mudança de metodologia (cf. GS 5).

das culturas etc.), há uma tendência atual – sobretudo entre a hierarquia eclesiástica, mas também entre os fiéis – a ressaltar a prioridade da doutrina e das práticas tradicionais e da autoridade da Igreja e seu magistério oficial sobre o diálogo e a escuta acolhedora de perguntas, questionamentos, posições e propostas diferentes.

Como consequência de uma perspectiva mais eclesiocêntrica, hierárquica e doutrinal, observamos que durante o papado de João Paulo II a preocupação da autoridade se concentra muito mais no controle de possíveis ou reais "danos colaterais" internos à Igreja, por causa de possíveis divergências ou desvios doutrinais, do que na situação, nas necessidades e nos dinamismos do mundo atual. Significativamente, essa tensão foi transbordando do campo doutrinal para o campo moral. A autoridade hierárquica vai pretendendo uma intervenção maior e mais definidora no campo da moral, de modo que esta – pelo menos em certos pontos ou atitudes – seja considerada como assunto de fé, algo que jamais havia ocorrido na história da Igreja.

Tem-se a impressão de que as autoridades eclesiásticas estejam interessadas sobretudo na disciplina moral individual: insiste-se, quase absolutamente, em que se obedeçam algumas leis ou ensinamentos morais discutíveis ou discutidos e inaceitáveis não só para os não católicos, mas inclusive para muitos fiéis que, não raramente, são os mais ansiosos por realmente viver sua fé pessoal e comprometidamente. É muito significativo também que os problemas que obcecam muitos bispos e moralistas – problemas que sequer devem ser discutidos – tenham a ver, quase todos, de uma maneira ou outra, com a sexualidade ou com a vida e consciência individuais: problemas de matrimônio e divórcio, de fecundação artificial, contraceptivos, homossexualidade, ou problemas médicos individuais como aborto, prolongamento da vida, pseudoeutanásia ou eutanásia real etc. É mínimo e, em geral, totalmente abstrato o interesse institucional pelos problemas econômico-políticos fundamentais: a crise atual nesses campos, a injustiça social, a miséria, a exploração, a violência, o racismo, a migração... Problemas como o significado e a importância da tecnociência na configuração do ser humano e do mundo de hoje, aparentemente, nem conflito produzem; pelo menos na reflexão e no ensinamento teológico ou moral.

Tudo o que dissemos nos faz pensar numa distância ou desconexão entre Igreja – entendida sobretudo como hierarquia – e mundo, ou Igreja e época atual, que não se pode validamente atribuir em princípio nem à "maldade, ateísmo ou materialismo do mundo atual", nem à "rebeldia ou infidelidade de alguns cristãos". Há realmente uma defasagem entre uma Igreja que pretende ser e comunicar uma Boa-Nova e uma autoridade que pretende impor e fazer cumprir (ainda que por meio dos Estados) uma doutrina e/ou uma moral; doutrina e moral que – ao menos em alguns casos – podem até ser verdadeiras e justas, mas que não consegue transformar em Boa-Nova, seja pela forma de apresentá-las, seja pelos pressupostos que implicam, pelos conteúdos que sublinham e pelos argumentos que apresentam.

Por outro lado, como consequência da perspectiva mais antropocêntrica, temos dinamismos e problemáticas diferentes:

- Antes de mais nada, uma unidade eclesial certamente complexa e, por isso mesmo, mais problemática tanto na doutrina quanto na liturgia, e particularmente na moral.

- Um diálogo com o mundo, entabulado menos mediante discussões religiosas doutrinais e muito mais pela colaboração nas tarefas mundanas partilhadas, tais como a luta pela justiça e a resolução das necessidades mais urgentes dos povos e grupos despossuídos, o compromisso com os direitos humanos... Um exemplo disso tem sido as Igrejas locais (latino-americana, africana, centro-europeia), interessadas em e comprometidas com a situação dos seus povos. Entre nós, isso pode ser visto em Medellín, Puebla, na teologia latino-americana, no compromisso pela fé e pela justiça...

- A nova relação com o mundo nos obriga a repropor e modificar a autocompreensão e a atitude da Igreja *mestra* e situá-la como *companheira* dos povos, das mulheres e homens concretos e suas tarefas.

Haveria muitos mais elementos positivos e negativos; ressalto apenas um, que marca uma mudança fundamental – que eu creio ser irreversível – para a fé e para a compreensão que a comunidade cristã vai tendo de si mesma e de sua missão, do homem e do próprio Deus: o fator fundamental é o resgate da centralidade da humanidade histórico-comunitária de Jesus como encarnação e revelação de Deus e de seu amor salvífico.

4. Algumas conclusões

A primeira é dar-se conta de que ambas as perspectivas antropológicas e as consequências delas derivadas situam-se nesse todo complexo que é a vida e o caminhar da Igreja e que nele encontram seu fundamento comum e um lugar de diálogo.

Dito mais concretamente, nem tudo é branco ou preto nas diversas perspectivas e posições que delas derivam. É claro que temos aqueles que afirmam a prioridade – às vezes quase que a exclusividade – do ponto de partida doutrinal autoritativo, da metodologia dedutiva, da autocompreensão tradicional que a Igreja tem de si mesma como única, verdadeira e definitiva luz para a humanidade, bem como de uma relação concebida como de professor e aluno. Entretanto, feita exceção para certos grupos fechados em sua torre de marfim, esses mesmos que defendem essa posição tiveram e continuam tendo que dar resposta – a fim de compreender essa missão e, com esta, sua própria realidade como parte da Igreja – aos questionamentos que o mundo não cristão, os próprios cristãos, as diversas situações dos povos e sua própria experiência pastoral colocam a essa sua compreensão e posição em confronto com a mensagem evangélica – diante dessa Luz –, seja em sua vertente doutrinal, seja em sua ação pastoral.

Por outro lado, embora se parta da atenção aos sinais dos tempos – à realidade, situações e processos do mundo – ou se utilizem metodologias fenomenológicas, histórico--evolutivas ou científicas para sua análise e compreensão, tanto o posicionamento comunitário ou pessoal prévio como a própria compreensão do chamado do mundo e de nossas possíveis respostas são condicionados e possibilitados pela experiência cristã daqueles que a realizam; por uma fé e uma misericórdia entregues e recebidas e pela vida da comunidade eclesial; ou seja, pela tradição.

Contudo, tanto a experiência da assembleia conciliar quanto estes 50 anos de pós-Concílio nos ensinam que o ponto de partida, a metodologia e os pressupostos teológicos, filosóficos e culturais, bem como a autocompreensão eclesial da missão e da própria realidade não são nem indiferentes, nem inócuos; têm como consequência inevitável não só compreensões, mas experiências, atitudes e formas de comportamento muito distintas em relação ao ser humano, à Igreja mesma e ao mundo, bem como de sua relação mútua e de nossa participação/ação pessoal--comunitária neles; como as têm, inclusive, para nossa experiência, compreensão e posição diante de Deus.

Por isso, e apesar de que ambas as correntes usem os mesmos termos ou recorram aos mesmos textos e tenham um fundamento comum, continuam as divergências e tensões entre essas duas compreensões vigentes da Igreja; divergências na metodologia e na própria compreensão dos termos, das formulações e das próprias realidades às quais apontam. É claro que há divergências também nos vários aspectos e dimensões da prática pastoral.

É conveniente perceber que, ainda que se usem os mesmos enunciados de fé como confessar que *Jesus Cristo é Deus e Homem verdadeiro*, estes significam algo muito diferente e sua relevância para a vida e a comunidade cristã é radicalmente distinta se *definimos* Jesus – e, nele, o "homem" – como *animal racional* ou *alma e corpo* e *definimos* Deus como *Espírito puro, absoluto, infinito em toda perfeição, criador e remunerador...* ou se *compreendemos* o homem Jesus como um judeu do século I, galileu, filho de José, o carpinteiro, e de Maria, tido por profeta, amigo de prostitutas e pecadores, radicalmente misericordioso com os enfermos, com os marginalizados..., mas conflitivo, crítico de sua própria religião, do poder econômico e político, assassinado na cruz acusado de rebelde e blasfemo... e se a partir da vida e da prática desse homem compreendemos em que consiste realmente ser humano *(Ecce Homo)*. Da mesma forma, teremos uma imagem muito diferente de Deus se o *vislumbrarmos* como o Papai revelado em e por esse Jesus e por sua ação histórica: esse Papai-Deus que sofre com a dor de sua gente, que se enoja pela injustiça, que faz aliança com um povo "de cabeça e coração duros", com os pequenos e marginalizados, que descreve a si mesmo como marido zeloso, como pastor de seu povo ou como Pai pródigo, perdoador dos filhos perdidos.

O Vaticano II abriu a porta para uma cristologia – e com ela para uma antropologia – não deduzidas a partir de conceitos abstratos de divindade e humanidade – supostos e utilizados inclusive como chave de interpretação da própria Sagrada Escritura; mas a uma cristologia e a uma antropologia teológicas descobertas na vida, no processo humano – origem étnica, comunidade, trabalho, amigos, posições e relações políticas, econômicas e religiosas, Espírito –, na história desse homem concreto chamado Jesus de Nazaré.

Em síntese: os documentos do Vaticano II, estritamente, não nos oferecem uma nova formulação teórica da antropologia teológica e, menos ainda, de seus pressupostos filosóficos, mas a virada antropocêntrica do Concílio – a compreensão de que o mundo, os seres humanos e sua história são o lugar teológico por excelência – inaugura uma recompreensão radicalmente antropológica de toda a teologia e vida da Igreja.

2

Nova configuração da Igreja

Víctor Codina[1]

1. Uma mudança de modelo eclesial

O Vaticano II foi um Concílio fortemente eclesiológico, um Concílio da Igreja sobre a Igreja, que pretendia responder à pergunta: "Igreja, que dizes de ti mesma?". A resposta foi dupla: a *Constituição dogmática sobre a Igreja* ou a Igreja para dentro (LG), e a *Constituição pastoral sobre a Igreja no mundo atual* ou a Igreja para fora (GS), de acordo com a sugestão de Suenens. Também tratam da Igreja o *Decreto sobre a dimensão missionária da Igreja* (AG) e o *Decreto sobre o ecumenismo* (UR), e em geral os demais documentos sobre leigos, bispos, presbíteros, vida

---

[1] Mestre em Filosofia e Letras pela Universidade de Barcelona e em Teologia, pela Universidade de Innsbruck, e doutor em Teologia pela Universidade Gregoriana de Roma. Desde 1982 reside na Bolívia, onde alternou a tarefa de professor de Teologia na Universidade Católica Boliviana de Cochabamba com o trabalho de formação de leigos e na pastoral popular. Entre suas últimas publicações, destacam-se: *Para comprender la eclesiología desde América Latina* (Estella: Navarra, 2008); *Não extingais o Espírito* (1Ts 5,19) (São Paulo: Paulinas, 2009); *Una iglesia nazarena* (Santander: Sal Terrae, 2010) e *Diario de un teólogo de postconcilio* (Bogotá: Paulinas, 2014).

religiosa, diálogo com não cristãos, liberdade religiosa etc. desenvolvem temáticas eclesiais.

A novidade dessa eclesiologia manifesta-se em contraste com a eclesiologia anterior ao Concílio. Podemos ver esse contraste simbolizado naquilo que aconteceu na aula conciliar no dia 1º de dezembro de 1963, na segunda sessão do Vaticano II. Uma comissão da Cúria Romana, presidida por Ottaviani e conformada por teólogos romanos (Tromp etc.), havia preparado um esquema prévio sobre a Igreja. Tal esquema foi rejeitado pelos bispos vindos de fora, da chamada "periferia", concretamente pelo bispo belga De Smedt, o qual, tornando-se porta-voz de muitos outros, criticou o esquema prévio, acusando-o de clerical, legalista e triunfalista.

Com essas três caracterizações – clerical, legalista e triunfalista – no fundo estava sendo rejeitado o esquema romano por manter a eclesiologia típica da Igreja da Cristandade que havia vigorado durante todo o segundo milênio.

Quais eram as características dessa Igreja da Cristandade? Uma Igreja que separava o sagrado do profano, uma Igreja separada do mundo, que dividia o corpo eclesial em dois setores desiguais, a hierarquia e os leigos; uma Igreja que era definida como uma sociedade de desiguais na qual, enquanto uns ensinam, santificam e mandam, outros aprendem, recebem e obedecem. Na eclesiologia da Cristandade existia uma estreita união entre a Igreja e o Império (ou o Estado), o que fazia com que se identificasse o ser cristão com o ser cidadão do Estado; era uma Igreja de massa, constituída por fiéis batizados desde a infância, mais instituição do que comunidade; uma Igreja muito hierarquizada, tremendamente piramidal, centralizada e uniformizada, sobretudo desde a reforma gregoriana do século XI; uma Igreja na qual a instância da Igreja local havia se enfraquecido e praticamente desaparecido; uma Igreja que se identificava com o Reino de Deus na terra e consequentemente se considerava hegemônica, senhora e mestra, com poder espiritual e temporal, tão sociedade perfeita quanto o Estado, fora da qual não havia salvação. Tudo isso explica tanto seu grande zelo missionário como também sua atitude nas cruzadas, a inquisição, as guerras religiosas, o antissemitismo e a rejeição da liberdade religiosa. Era uma Igreja fechada e na defensiva diante do mundo moderno, de costas para a história.

A liturgia pré-conciliar expressava perfeitamente essa mentalidade da Cristandade: a missa era presidida pelo sacerdote de costas para o povo, tanto a Palavra quanto as orações eram recitadas em latim, os fiéis assistiam passivamente às cerimônias sem compreender seu sentido e aproveitavam a Eucaristia para fazer suas devoções particulares; não existia oração dos fiéis, nem abraço da paz, comungava-se de joelhos e na boca, com uma só espécie.

Essa eclesiologia da Cristandade atingiu seu auge na chamada época "piana", especificamente no pontificado de Pio XII, o qual, apesar de sua grande inteligência e sua entrega pastoral, no ano de 1950 promulgou a encíclica *Humani generis* contra a renovadora teologia europeia (a chamada *Nouvelle Théologie*) e destituiu de suas cátedras teólogos renomados como Chenu, Congar, De Lubac e Daniélou, os quais posteriormente acabariam se tornando os grandes teólogos do Vaticano II.

É preciso dizer, no entanto, que, apesar dessa eclesiologia hierarcológica dominante, a Igreja, sempre movida pelo Espírito, manteve a fé do povo: a Igreja da Cristandade foi a Igreja das sumas teológicas e das catedrais, dos grandes santos que se entregaram aos pobres e à evangelização. Mas tudo isso com um custo muito negativo: separação das Igrejas do Oriente e da Reforma, distanciamento do mundo moderno e das religiões, bem como das culturas não ocidentais. Em resumo, essa Igreja é a Igreja clerical, legalista e triunfalista que os bispos vindos da "periferia" rejeitaram.

2. Um novo clima eclesial

A mudança de modelo eclesial foi possível graças ao novo clima suscitado na Igreja com a nomeação de João XXIII e a convocação do Vaticano II em 1959.

É impossível compreender o Vaticano II sem levar em conta a personalidade de Angelo Giuseppe Roncalli: sua origem camponesa simples e fiel, seu profundo conhecimento da história da Igreja (sobretudo das épocas de Gregório Magno e Carlos Borromeu), seu contato com o mundo da ortodoxia durante sua longa estada no Oriente (na Bulgária, Grécia e Turquia), seu conhecimento do mundo moderno como núncio em Paris (a problemática em torno da "França, país de missão?", a "Nouvelle théologie", Teilhard de Chardin, os padres operários...), sua experiência pastoral na cidade moderna de Veneza, sua sensibilidade diante do sofrimento humano (por exemplo, diante dos judeus condenados nos campos de concentração...), sua profunda espiritualidade evangélica, seu amor à Igreja, seu desejo de uma Igreja dos pobres... Realmente "veio um homem enviado por Deus, chamado João"...

Já em seu discurso inaugural do Vaticano II, no dia 11 de outubro de 1962, João XXIII marca as linhas diretrizes do Concílio: uma volta às fontes da vida cristã (o *ressourcement* que já havia sido iniciado com a renovação teológica europeia desde 1950), a abertura ao mundo moderno (o *aggiornamento* tipicamente roncalliano), a distinção entre o depósito da fé e o desenvolvimento da doutrina (na linha do *development of doctrine* de Newman) e a atitude não de condenação, mas de misericórdia.

João XXIII pôde presidir só a primeira sessão conciliar, pois no dia 3 de junho de 1963 viria a falecer em meio à consternação da Igreja e de muitas pessoas de boa vontade. João Batista Montini, bispo de Milão, que havia ficado perplexo e desconcertado quando João XXIII convocara o Vaticano II ("este velho, santo e infantil, não sabe em que vespeiro está nos metendo"), uma vez eleito Papa Paulo VI, continuou a obra começada por Roncalli e a levou a um final feliz com grande inteligência, sabedoria e prudência, embora depois tenha sofrido muito em meio às tensões pós-conciliares.

O Vaticano II significou um novo ar na Igreja, um salto para a frente, com uma orientação claramente pastoral, pois não havia sido convocado para condenar heresias, nem para repetir a doutrina de sempre, mas para renovar a vida eclesial dos fiéis e as estruturas eclesiais obsoletas. Estamos diante de um grande acontecimento, um tempo de graça, um *kairós*, na terminologia bíblica, um vento forte do Espírito que soprava na Igreja.

Neste novo contexto compreende-se o surgimento de uma nova configuração da Igreja: diante da eclesiologia clerical do segundo milênio, o Vaticano II propõe uma Igreja Povo de Deus; diante de uma Igreja legalista, o Concílio professa uma Igreja mistério de comunhão em Cristo; e diante de uma Igreja triunfalista, afirma que a Igreja peregrina na história, sempre vivificada pelo Espírito.

3. Igreja Povo de Deus

O Vaticano II realiza uma verdadeira revolução copernicana na *Constituição sobre a Igreja (Lumen Gentium)*, ao antepor o capítulo II sobre Povo de Deus aos capítulos sobre a hierarquia (III), os leigos (IV) e a vida religiosa (VI). É uma crítica à Igreja clerical do passado.

A Igreja é acima de tudo um povo convocado pelo Pai que

> quis... santificar e salvar os homens não individualmente e isolados entre si, mas constituindo-os em povo que o conhecesse na verdade e o servisse santamente. Escolheu, por isso, como seu povo, o povo de Israel, com o qual estabeleceu uma aliança, a quem instruiu gradualmente manifestando-se a si mesmo... Mas todas essas coisas aconteceram como preparação e figura da nova e perfeita Aliança que em Cristo havia de ser estabelecida (LG 9).

Indubitavelmente só com a luz da fé e da Palavra do Antigo e do Novo Testamento poderemos chegar a essa visão do Povo de Deus, que vai muito além dos aspectos sociológico, cultural ou político.

Este Povo de Deus é um povo messiânico, sacerdotal e profético, no qual se entra pelo Batismo (LG 9-10); um povo que possui o sentido da fé e inclusive goza da infalibilidade quando vive essa Fé em comunhão com toda a Igreja; um povo dotado de diversos carismas (LG 12), com vocação universal à santidade (LG V), aberto a todo o mundo; um povo composto por todas as raças e culturas, já que o projeto salvífico de Deus é universal (LG 13).

Não se afirma mais que a Igreja Católica "é" a Igreja de Cristo, mas que na Igreja Católica "subsiste" a Igreja de Cristo (LG 8) e que a Igreja Católica está em comunhão com todos os demais cristãos unidos pela Palavra e pelo Batismo, embora em alguns pontos não conservem a unidade da fé nem a comunhão com o sucessor de Pedro (LG 15). Não existe um vazio eclesial fora da Igreja Católica. Mais ainda, a Igreja sente-se unida a todos os não cristãos (judeus e de outras religiões) e aos não crentes, porque o desígnio de salvação de Deus é universal e Deus não nega sua graça aos que sem culpa não chegaram ao conhecimento de Cristo (LG 26); tudo isso impulsiona a Igreja ao ecumenismo (LG 17; UR) e à missão de evangelizar todos os povos (AG).

4. Igreja, mistério de comunhão em Cristo

Diante de uma imagem de Igreja legalista e juridicista, uma sociedade tão perfeita como o Estado e tão visível como a República de Veneza (segundo Belarmino), o Concílio apresenta uma Igreja mistério e sacramento de salvação (LG 1, 9, 48), que brota do seio do mistério trinitário (LG I) e que faz parte do projeto trinitário de filiação e de fraternidade que começa na criação, é preparado no Israel do Antigo Testamento, constitui-se em Cristo e se manifesta pela efusão do Espírito em Pentecostes (LG 2).

Este povo de batizados forma o Corpo eclesial de Cristo, que se alimenta e se consolida na Eucaristia, Corpo sacramental de Cristo. Daí que a Igreja Povo de Deus seja antes de mais nada uma comunidade: comunidade eucarística local, comunidade diocesana, comunidade universal governada pelos bispos que formam uma comunidade colegial ou colégio episcopal, presidido pelo bispo de Roma, sucessor de Pedro.

Esta dimensão comunitária está na base de toda a Igreja: família ou Igreja doméstica, comunidade paroquial, comunidade presbiteral, comunidade religiosa, comunidade diocesana, comunidade regional, comunidade universal, uma Igreja comunidade de comunidades e de Igrejas.

É por isso que as imagens bíblicas que o Vaticano II menciona para descrever a Igreja são todas elas comunitárias: redil, vinha, construção formada por várias pedras, cidade, a Jerusalém formada por muitos cidadãos (LG 6), corpo de Cristo formado por muitos membros (LG 7).

Essa eclesiologia de comunhão, por mais nova que possa parecer, retoma a imagem de Igreja do primeiro milênio, uma Igreja mistério de comunhão *(koinonia)* que vive a comunhão teologal com o Pai por Cristo no Espírito, a comunhão com a Palavra, a fé e a oração, celebra a fração do pão, vive a comunhão fraterna com seus membros, a comunhão com seus pastores e a comunhão solidária com os pobres, segundo os sumários dos Atos (At 2 e 4).

Por essa razão o Concílio, em sua *Constituição dogmática sobre a liturgia*, afirma que a Eucaristia é fonte e cume da vida eclesial (SC 10) e, por isso mesmo, a reforma litúrgica expressará claramente esta dimensão comunitária do Povo de Deus: altar virado para o povo, participação ativa do povo na assembleia eucarística, uso da língua vernácula, oração dos fiéis, rito da paz, comunhão sob as duas espécies etc.

Quando o bispo Marcel Lefebvre no pós-Concílio rejeita frontalmente a renovação litúrgica conciliar e o uso da língua do povo, no fundo não rejeita somente a liturgia conciliar, mas o modelo eclesiológico subjacente, já que a liturgia expressa a fé e a configuração eclesial *(lex orandi, lex credendi)*. Por detrás do desejo de voltar ao latim, esconde-se o desejo de voltar à Igreja da Cristandade tridentina, pois Lefebvre sustenta que o Vaticano II caiu no Protestantismo e no Modernismo.

Por outro lado, a afirmação de que esta Igreja mistério de comunhão é sacramento universal de salvação significa que a Igreja não se identifica nem com o Reino de Deus, nem com a salvação, mas que tão somente é seu sinal e instrumento, uma semente (LG 5), e isso precisamente enquanto comunidade visível e histórica de Cristo no mundo, começando pelas comunidades ou Igrejas locais que voltam a ser valorizadas com o Vaticano II, pois nelas e por elas existe a Igreja única e católica universal (LG 23).

5. Igreja vivificada pelo Espírito

Diante de uma Igreja triunfalista, senhora e dominadora, o Concílio fala de uma Igreja peregrina na história, que caminha com toda a humanidade para o Reino, para a escatologia (LG VII), uma Igreja santa e necessitada de purificação e reforma, que abraça em seu seio os pecadores, que não busca a glória nem o poder mundano, que como Jesus é solidária com os pobres e aflitos, evangeliza os pobres, vive entre dificuldades e perseguições e anuncia a cruz e a ressurreição do Senhor até que ele venha (LG 8).

Mas essa Igreja pobre e pecadora, muitas vezes perseguida, é vivificada pelo Espírito que habita nela como em seu templo, guia-a, unifica-a, enriquece-a com dons hierárquicos e carismáticos, renova-a e a rejuvenesce constantemente (LG 4).

Sem dúvida, este Espírito que habita na Igreja como em seu templo transborda os limites da Igreja visível, guia toda a humanidade para o Reino e dirige a história dos povos, enche o universo, como se pode ver na Constituição sobre a *Igreja no mundo atual*. Por isso a Igreja, que caminha juntamente com toda a humanidade, precisa auscultar e discernir à luz do Evangelho a presença do Espírito na história através das vozes, desejos e aspirações do povo. É a doutrina conciliar sobre os sinais dos tempos (GS 4, 11, 44). E crê que o Espírito Santo oferece a todos a possibilidade de associar-se misteriosamente ao mistério pascal de Cristo (GS 22).

Brota disso não uma atitude pessimista ("profetas de calamidades"), nem de condenação ou de intolerância e superioridade sobre os demais, mas de diálogo, de respeito à liberdade religiosa (DH), de reconhecimento da autonomia legítima das realidades criadas (GS 36), de cooperação com a sociedade à qual tenta ajudar (GS 43) e da qual ela também recebe muitos auxílios (GS 44).

6. Um verdadeiro Pentecostes

Em síntese, a Igreja é "um povo reunido pela unidade do Pai e do Filho e do Espírito Santo" (LG 4), um povo convocado pelo Pai a caminho do Reino, que vive seu projeto de filiação e fraternidade no seguimento de Jesus de Nazaré, fazendo contínua memória de seu mistério pascal, e tudo isso sob a força e a orientação do Espírito Santo, Senhor e dador de vida.

O desejo e as orações de João XXIII, que pedia que o Vaticano II fosse um Pentecostes para a Igreja, foi amplamente ouvido pelo Senhor. O Vaticano II foi uma autêntica irrupção do Espírito sobre a Igreja, um acontecimento salvífico. Há um "antes" e um "depois" do Vaticano II:

- da Igreja de Cristandade, típica do Segundo milênio, centrada no poder e na hierarquia, passa-se para a

Igreja do Terceiro milênio, que recupera a eclesiologia de comunhão típica do Primeiro milênio e se abre ao desafio dos novos sinais dos tempos (GS 4, 11, 44);

- de uma eclesiologia centrada em si mesma abre-se para uma Igreja voltada para o Reino, do qual a Igreja é, na terra, semente e começo (LG 5);

- de uma Igreja sociedade perfeita como o Estado, passa-se para uma Igreja mistério e sacramento, radicada na Trindade, uma multidão congregada pela unidade do Pai, do Filho e do Espírito Santo (LG 4);

- de uma eclesiologia exclusivamente cristocêntrica (inclusive "cristomonista", segundo a crítica dos teólogos do Oriente), passa-se para uma Igreja que vive tanto sob o princípio cristológico quanto sob o princípio pneumático do Espírito (LG 4);

- de uma Igreja centralista passa-se para uma Igreja toda ela corresponsável e sinodal, que respeita as Igrejas locais (LG 23);

- de uma Igreja identificada com a hierarquia passa-se para uma Igreja toda ela Povo de Deus, com diversos carismas e ministérios (LG II);

- de uma Igreja triunfalista, que parece ter chegado à glória, senhora e dominadora, mãe e mestra universal, passa-se para uma Igreja servidora de todos e em especial dos pobres, nos quais reconhece a imagem de seu fundador pobre e paciente (LG 8);

- de uma Igreja comprometida com o poder para uma Igreja enviada a evangelizar os pobres, com os quais se sente solidária (GS 1; LG 8);

- de uma Igreja ocidental, greco-romana, para uma Igreja pela primeira vez mundial e universal (K. Rahner);

- é a despedida de 1.500 anos de uma Igreja unida ao Estado, despedida de 1.000 anos de separação entre a Igreja do Oriente e a do Ocidente, despedida de 500 anos de divisão e controvérsias entre a Igreja Católica e as Igrejas da Reforma, despedida de mais de um século de fechamento à modernidade, despedida de mais de 400 anos de uma eclesiologia institucional-hierarcológica (C. Schickendantz);

- de uma Igreja arca de salvação, fora da qual não há salvação, passa-se para uma Igreja sacramento de salvação (LG 1; 9; 48), em diálogo com as outras Igrejas e com as outras religiões da humanidade (AN), em pleno reconhecimento da liberdade religiosa (DH).

Nesse sentido é que se disse que o Vaticano II, e concretamente a Constituição *Lumen Gentium*, foi um Concílio de transição, entendida esta como a passagem de uma eclesiologia tradicional para outra renovada (A. J. de Almeida). Para alguns é a passagem do anátema ao diálogo (R. Garaudy), um verdadeiro *aggiornamento* da Igreja; para outros, por certo excessivamente otimistas, o *réquiem* do Constantinismo e o túmulo da Igreja da Cristandade.

São João Crisóstomo dá uma definição de Igreja que pode resumir toda a eclesiologia do Vaticano II. Ele afirma que "Sínodo é o nome da Igreja",[2] e a palavra sínodo significa um caminho realizado em conjunto, isto é, a Igreja é um povo que caminha conjuntamente com todos rumo

---

[2] PG 55, 493.

ao Reino, em comunhão fraterna com Jesus e unida pelo Espírito.

7. Atualidade e necessidade da recepção do Concílio na América Latina

É por todos sabido que o Vaticano II foi recebido criativamente na América Latina a partir de Medellín (1968), que mais do que uma mera aplicação do Vaticano II operou uma releitura no contexto de um continente pobre e cristão, muito diferente do contexto europeu e norte-atlântico, desenvolvido, moderno e secularizado. A eclesiologia da Igreja local permitiu essa recepção inovadora do Concílio na América Latina e ao mesmo tempo enriqueceu o Vaticano II em base a uma leitura dos sinais dos tempos e do clamor dos pobres, o que possibilitou a realização de uma Igreja dos pobres, meta que João XXIII havia sonhado para o Concílio, mas que este não teria conseguido plasmar em seus documentos (fora algumas alusões em LG 8 e GS 1).

Desse modo a eclesiologia conciliar enriqueceu-se na América Latina com as comunidades de base, com a leitura popular da Palavra, com a opção pelos pobres, com o testemunho de grandes bispos próximos ao povo, que foram verdadeiros Santos Padres da Igreja dos pobres (tais como Helder Camara, Manuel Larraín, Méndez Arceo, Aloysio Lorscheider, Luciano Mendes de Almeida, Leónidas Proaño, Samuel Ruiz, Pironio, Angelleli, Gerardi, Oscar Romero...), com agentes pastorais leigos comprometidos com a Igreja e com seu povo, com uma vida religiosa que, animada pela CLAR, inseriu-se nos meios populares, com o testemunho sangrento dos mártires, com o nascimento de uma teologia genuinamente latino-americana em perspectiva libertadora, que parte dos pobres como lugar teológico e que não só considera a Igreja como Povo de Deus litúrgico *(laós)*, mas como o povo escravo do Êxodo e o povo pobre *(óchlos)* que Jesus curava, alimentava e evangelizava.

Também é conhecido o processo pós-conciliar de toda a Igreja que em poucos anos passou da primavera eclesial (litúrgica, ecumênica, bíblica, pastoral, teológica, espiritual...) ao duro inverno eclesial dos dois últimos pontífices, os quais, diante das pressões dos grupos lefebvrianos, dos exageros de alguns setores progressistas, temendo a perda da identidade cristã e procurando evitar rupturas internas na Igreja, favoreceram uma hermenêutica conciliar mais de continuidade que de novidade. A Igreja lentamente foi retrocedendo para posturas restauracionistas e pré-conciliares na liturgia, no ecumenismo, na colegialidade episcopal, na Igreja local, nos ministérios leigos, na nomeação de bispos, no governo da Igreja, na vida religiosa, moral, familiar, sexual etc. A *Concilium* continua agora *Communio*, K. Rahner agora é sucedido por H. U. Von Balthasar, há um retorno à grande disciplina, ao Direito Canônico e ao *Catecismo da Igreja Católica*, uma verdadeira involução eclesial. A Igreja reconstrói seus bastiões, volta para seus quartéis de inverno, para o gueto.

Evidentemente essa hermenêutica da continuidade provocou tensões e choques com os grupos mais proféticos da Igreja (alguns bispos como Romero, teólogos como L. Boff e Sobrino, dirigentes da vida religiosa como P. Arrupe e C. Maccise, laicato, mulheres, jovens...). Se a isso acrescentarmos os recentes abusos sexuais de membros relevantes da Igreja e os escândalos financeiros da Cúria vaticana, compreenderemos a situação de crise vivida nos últimos anos: o barco da Igreja sacolejando em meio à tempestade, com a sensação de que vai afundar, como afirmou o próprio Bento XVI.[3]

Também na América Latina o Vaticano II entrou em crise. Os bispos latino-americanos reunidos em Aparecida (2007) afirmam que "nos tem faltado audácia, persistência e docilidade à graça para levar adiante a renovação iniciada pelo Concílio Vaticano II e impulsionada pelas Conferências Gerais anteriores, e para assegurar o rosto latino-americano e caribenho de nossa Igreja" (*Documento de Aparecida*, 100 h), e também reconhecem que há tentativas de voltar a uma eclesiologia e espiritualidade anteriores à renovação do Vaticano II (*Documento de Aparecida*, 100 b).

Temos diante de nós a grande tarefa de prosseguir o dinamismo conciliar, de levá-lo a termo e complementá--lo diante dos novos desafios. Com efeito, houve problemas que o Vaticano II excluiu (o celibato sacerdotal, o controle de natalidade...), questões que não chegaram a se concretizar em seus documentos (o método de escolha dos bispos e do papa, a autoridade das conferências episcopais e dos sínodos...). Mas, além disso, surgiram, depois do Concílio, novos contextos: a globalização, as novas tecnologias, a queda do socialismo e a atual crise do modelo neoliberal, a problemática ecológica, o surgimento de movimentos feministas, juvenis e indígenas, a aparição da mentalidade pós-moderna, a mudança da era axial religiosa que desde o período neolítico havia prevalecido (K. Jaspers) etc. Tudo isso repercute na Igreja. Como o reconheceu o próprio Paulo VI pouco depois do Concílio,

---

[3] RATZINGER, J.; BENTO XVI. *Jesus de Nazaret. De La entrada a Jerusalén hasta La Resurrección*. Madrid, 2011. p. 330.

o problema já não é "Igreja, que dizes de ti mesma?", mas "Igreja, que dizes de Deus?".

Por outro lado, a exemplar renúncia de Bento XVI e o novo bispo latino-americano de Roma, Francisco, estão gerando uma mudança de clima eclesial, mais em sintonia com João XXIII e com o Vaticano II, mais próximo da América Latina. A simplicidade evangélica de Bergoglio, sua rejeição a toda pompa e ostentação, sua afirmação de que é o bispo de Roma, sua proximidade ao povo e em especial aos pobres, seu desejo de uma Igreja pobre e dos pobres, a significativa adoção do nome Francisco, sua insistência em sair do templo e ir para as periferias, seu acento na misericórdia e no perdão de Deus, sua crítica ao modelo econômico dominante e sua preocupação com suas vítimas, seu respeito diante da religiosidade popular e da fé do povo simples (em sintonia com a teologia argentina do povo, desenvolvida dentre outros por Lucio Gera e Juan Carlos Scannone), sua insistência na centralidade de Jesus, da cruz e da oração, o cuidado da criação... estão abrindo um novo horizonte para a Igreja de hoje. Já não se fala de crise eclesial, nem de lefebvrianos, nem de escândalos sexuais e financeiros. Algo novo está nascendo...

Diante desse novo contexto, que desafios surgem para a recepção do Vaticano II na Igreja e na eclesiologia latino-americana?

8. Conversão pastoral

Muitas das tarefas que o Vaticano II deixou pendentes ultrapassam as possibilidades das Igrejas locais, pois cabem à Igreja universal. Mas há tarefas específicas da Igreja latino-america que podemos enfrentar.

Aparecida fala da necessidade de uma conversão pastoral da Igreja latino-americana (*Documento de Aparecida*, 365-370), que brota desta nova imagem de Igreja nascida do Vaticano II e que é preciso desenvolver e implementar hoje. Expressemos, de forma muito esquemática, o que implica essa conversão pastoral:

- passar de uma pastoral que tem como modelo subjacente a grande Igreja da Cristandade para uma pastoral que se aproxime mais do modelo das pequenas comunidades com coesão interna, modelo típico da Igreja primitiva;

- de uma pastoral centralizada, vertical, vinda de cima e piramidal, para uma pastoral que, em comunhão com Roma, respeite a autonomia das Igrejas locais, que seja intercultural, dialogal e participativa;

- de uma pastoral que conta com o respaldo oficial e o apoio do Estado para uma pastoral livre, numa sociedade onde há pluralismo religioso e existe liberdade religiosa;

- de uma pastoral clerical para uma pastoral laical, onde não só os varões, mas também as mulheres, sejam protagonistas e corresponsáveis da nova evangelização, rompendo assim os autoritarismos clericais ainda existentes e evitando, por exemplo, que o pároco se considere dono e senhor da paróquia;

- de uma pastoral de conservação, que tem como modelo a Igreja estabelecida, para uma pastoral missionária, em diálogo com as culturas originárias e modernas, as religiões, a juventude, as mulheres etc.;

- de uma pastoral centrada no templo, que se limita a acolher os que vêm, para uma pastoral centrada nas casas e nas ruas, em ir à casa do povo, em sair para a periferia;

- de uma pastoral eminentemente e por vezes exclusivamente sacramental para uma pastoral centrada na Palavra e na evangelização;

- de uma pastoral baseada no aspecto doutrinal e moral para uma pastoral que antes de mais nada comece por uma experiência mistagógica do encontro pessoal com Jesus, sem o qual não se pode ser cristão (*Documento de Aparecida*, 12);

- de uma pastoral localizada na paróquia e no culto para uma pastoral orientada a formar comunidade de comunidades, que eduque para um sentido forte de pertença eclesial, no "ser eclesial", que gere comunhão com os pastores, participação e corresponsabilidade de todos os carismas nas diversas comunidades, que leve a uma renovação da comunidade familiar, religiosa, paroquial, presbiteral e diocesana num clima de diálogo fraterno, em comunhão e sinodalidade, através de conselhos, assembleias, sínodos etc.

- de uma pastoral centrada nas classes média e alta para uma pastoral solidária e baseada preferencialmente nos pobres, nos camponeses e nos setores populares e periféricos das cidades, para que a Igreja seja uma Igreja pobre, nazarena, simples e humilde, uma Igreja dos pobres, como o desejou João XXIII, porque, como afirma Aparecida, "tudo o que tenha relação com Cristo, tem relação com os pobres" (*Documento de Aparecida*, 393);

- De uma pastoral desligada da vida, abstrata e a-histórica, para uma pastoral orientada a transformar a realidade e a respeitar a criação, que comunique vida plena aos que a têm ameaçada.

Tudo isso não é fácil e pode ser utópico, ainda mais que a primeira evangelização da América Latina foi levada a cabo em plena Igreja da Cristandade, concretamente na Igreja pós-tridentina, com um forte acento sacramental, doutrinal, racional, moralista e individualista, que contrastava com a mentalidade e cosmovisão indígena originária, a qual possuía um forte sentido religioso e comunitário, um estar "em relação" para partilhar e celebrar a vida, procurando o "bem viver" e o "conviver" com todos, em harmonia com a natureza, com um sentido de equilíbrio, de reciprocidade e de respeito à diversidade. Essa mentalidade originária latino-americana e ameríndia certamente pode sintonizar-se mais com a imagem de Igreja do Vaticano II.

9. Conversão ao Evangelho

De qualquer forma, essa mudança pastoral não será atingida só com programas e normas pastorais, se não houver uma autêntica conversão de todos, clero e leigos, ricos e pobres, modernos e originários, ao Evangelho de Jesus de Nazaré, a seu projeto de filiação e fraternidade, que constitui o objetivo do Reino, do qual a Igreja é sacramento. É necessária uma espiritualidade e uma mística de comunhão entre todos os agentes pastorais e entre eles e seus pastores, a serviço da única missão de Deus.

Essa mística de comunhão eclesial é a que nos abrirá para o ecumenismo com outros cristãos, ao diálogo com os não cristãos, a solidarizar-nos com todas as alegrias e dores da humanidade, em especial dos pobres, procurando fazer com que para todos haja vida abundante, começando pelo mínimo, que é que todos tenham uma vida digna. Essa conversão ao Evangelho é suscitada a partir de dentro pelo Espírito Santo, Senhor e dador de vida, o Espírito presente em meio ao caos das origens da criação, o Espírito que guiou Israel, o Espírito que fez Jesus nascer de Maria, o Espírito que orientou a vida de Jesus, que o ressuscitou dentre os mortos e que desceu sobre a Igreja e o mundo todo em Pentecostes.

Só a partir da fidelidade a esse mesmo Espírito que impulsionou João XXIII a convocar o Concílio poderemos ler, interpretar e receber vitalmente o Concílio e pô-lo em prática. Para isso, é preciso aprofundar-se teológica e pastoralmente numa renovada pneumatologia, sem a qual não há cristologia, nem eclesiologia, nem pastoral, nem espiritualidade. A partir da pneumatologia, como o afirmou Pedro em Pentecostes citando o profeta Joel, poderemos ter novas visões e sonhos, tanto os jovens quanto os anciãos (At 2,14-21, citando Jl 3,1). Outra Igreja é possível.

3

"Espírito e vida" (Jo 6,63)

Nos cinquenta anos da *Dei Verbum*

Konrad Schaefer[1]

Três peregrinos fizeram uma longa viagem de trem. No caminho, dois deles discutiam sobre a importância da Palavra de Deus no plano espiritual do Concílio Vaticano II. Estavam os três tão entretidos, que só lá pelas tantas da noite se deram conta de que tinham apenas um pão para todos. Ao invés de discutirem sobre quem iria comê-lo, concordaram em deixar a decisão nas mãos de Deus. Assim, em jejum, cada um descansou como pôde. Ao amanhecer, um de cada vez apresentou seus argumentos para merecer o pequeno pedaço de pão.

"Eis o meu sonho", disse o cardeal, membro da Congregação para a Doutrina da Fé. "Fui levado para um lugar distante onde experimentei uma paz incomum. Foi então

---

[1] Sacerdote e monje beneditino. Mestre em Ciências Bíblicas pelo Pontifício Instituto Bíblico de Roma e doutor pela École Biblique. Publicou algumas obras e vários artigos em revistas especializadas. É o atual prior do Mosteiro de Nossa Senhora dos Anjos em Morelos, México.

que um anjo me apareceu e me disse: 'Tu mereces o pão, pois sempre te dedicaste a defender a sã doutrina da Igreja. Levanta-te, toma e come o pão'".

Cortando o diálogo, disse o segundo viajante, um perito da Pontifícia Comissão Bíblica: "É bem estranho, pois, em meu sonho, vi tantos anos de estudo, de pesquisador e professor. Enquanto eu contemplava o percurso feito, um anjo se aproximou e me disse: 'O homem não vive só da Palavra de Deus; toma e come, para que não te faltem forças no caminho'".

O terceiro viajante era a empregada do senhor cardeal, uma velhinha do povo, que havia ficado calada até aquele momento; ela disse: "Em meu sonho não vi nada, não cheguei a nenhum lugar distante, nem fui visitada por nenhum anjo. Todavia, como não conseguia me acomodar por estar com uma fome danada e o pão estava aí, peguei--o e o comi".

Os dois eruditos ficaram furiosos: "Por que não nos acordaste para nos perguntar, antes de tomar uma decisão?". A empregada respondeu: "Como ia eu, uma simples babá, interromper o sonho dos senhores, os grandes e importantes? Além disso, vocês roeram a corda para se encontrar com os anjos, e eu fiquei aqui, com fome! Ontem, vocês discutiram sobre o impacto do documento *Dei Verbum* na vida da Igreja. No meu caso, Deus agiu rápido; com uma fome daquelas, não me restou outra opção a não ser comer o pão".

1. *Dei Verbum*, cinquenta anos depois

Santo Hipólito afirma:

> Único é o Deus que conhecemos, irmãos, e não por outra fonte que não seja a Sagrada Escritura. Devemos,

pois, saber o que ela anuncia e ensina [...]. Consideremos tudo isso, não segundo nosso próprio arbítrio e interpretação pessoal, nem fazendo violência aos dons de Deus, mas como ele próprio nos ensinou pelas santas Escrituras.[2]

Dezoito séculos depois, a Constituição dogmática *Dei Verbum* canta em sintonia com essa doutrina. Mostra como a Palavra de Deus ilumina e interpela não só a existência humana em geral com seus desafios de sempre, mas também a realidade e os desafios que afrontamos hoje na Igreja e na sociedade.

Nenhuma voz humana chega ao homem com a profundidade com a qual lhe chega a Palavra de Deus. Esta "penetra até dividir alma e espírito, junturas e medulas; e julga as disposições e as intenções do coração" (Hb 4,12).[3] Conhece todas as tonalidades do discurso humano. Ela sacode com tanta força que se assemelha "à voz do Senhor [que] desgalha os cedros" e transforma o panorama como a força do ciclone descrito na poesia do Salmo 29, ou seja, penetra com tanta delicadeza que se parece ao "sopro de uma brisa suave" (1Rs 19,12). Ao contrário das palavras humanas, inclusive as mais sublimes da literatura, a Palavra de Deus não se gasta pelo uso e não cansa, mesmo repetida todos os dias.

Quando o profeta Eliseu orientou Naamã, o Sírio, que tinha ido encontrá-lo para ser curado da lepra, para que fosse se lavar sete vezes no Jordão, respondeu-lhe indignado: "Porventura os rios de Damasco, o Abana e o Farfar, não são melhores do que todas as águas de Israel? Não

---

[2] HIPÓLITO, Santo. *Do Tratado contra a heresia de Noeto*, cc. 9-12: PG 10,815-919; seleção da *Liturgia das Horas*, I, dia 23 de dezembro.

[3] Tradução da *Bíblia de Jerusalém*. São Paulo: Paulus, 2002.

poderia eu me lavar neles e ficar limpo?" (2Rs 5,12). Naamã tinha razão: os rios da Síria são mais impressionantes; contudo, ficou curado banhando-se no modesto Jordão, e sua carne ficou como a de uma criança, o que não teria acontecido se ele tivesse se banhado nos grandes rios do seu país.

Análoga é a Palavra de Deus. Para a sociedade, e também na Igreja, houve e haverá literatura mais refinada e mais edificante espiritualmente do que alguns livros da Bíblia (por exemplo, *Confissões*, de Santo Agostinho, *A imitação de Cristo*, a poesia da Irmã Joana Inês da Cruz ou a poesia mística sufi), mas aquelas obras não são dotadas da inspiração do Espírito Santo, como é o mais modesto dos livros inspirados.

Um grande apreço pela Palavra de Deus se ouve nas próprias Sagradas Escrituras e de testemunhas ao longo da história. Escreveu Orígenes, numa homilia sobre o Êxodo:

> Sabeis, vós, que costumais estar presentes nos mistérios divinos, como, quando recebeis o corpo do Senhor, o conservais com toda cautela e veneração, para que não caia a mínima parte dele, para que não se perca nada do dom consagrado. Vos considerais dignos de culpa, e com razão, se cair algo por negligência. Pois se temos tanta cautela para conservar seu corpo, e a temos com razão, por que acreditais que desprezar a Palavra de Deus é menor sacrilégio do que desprezar seu corpo?[4]

---

[4] ORÍGENES. *Homilías sobre el Éxodo*, XIII, 3 (Biblioteca de patrística 17). Madrid, Ciudad Nueva, 1992. p. 216.

2. Realce da *lectio divina* no pós-Concílio

Santo Ambrósio, comentando o Salmo 118, adverte: "A Palavra de Deus é a substância vital de nossa alma; a alimenta, a apascenta e a governa; não há outra coisa que possa fazer a alma do homem viver, afora a Palavra de Deus".[5] Da Constituição dogmática *Dei Verbum*, acrescentamos: "É tanta a eficácia enraizada na Palavra de Deus que é, na verdade, apoio e vigor da Igreja, e fortaleza da fé para seus filhos, alimento da alma, fonte pura e perene da vida espiritual" (DV 21). João Paulo II, na *Novo Millenio Ineunte*, exorta a Igreja: "É necessário, em particular, que a escuta da Palavra se converta num encontro vital, na antiga e sempre válida tradição da *lectio divina*, que permite encontrar no texto bíblico a palavra viva que interpela, orienta e modela a existência".[6] Bento XVI expressou-se sobre o tema na Exortação apostólica *Verbum Domini*:

> O Sínodo insistiu repetidamente sobre a exigência de uma abordagem orante do Texto Sagrado como elemento fundamental da vida espiritual de todo o fiel, nos diversos ministérios e estados de vida, com particular referência à *lectio divina*. Com efeito, a Palavra de Deus está na base de toda a espiritualidade autenticamente cristã.[7]

---

[5] SANTO AMBROSIO. *Exp. Ps.* 118, 7, 7: PL 15, 11350; apud CANTALAMESSA, R. *Tu palabra me da vida.* Burgos, Monte Carmelo, 2009. p. 93.

[6] JOÃO PAULO II. Carta apostólica *Novo Millennio Ineunte*, 6 jan. 2001, 39.

[7] BENTO XVI. Exortação apostólica pós-sinodal *Verbum Domini* sobre a Palavra de Deus na vida e na missão da Igreja, 30 set. 2010, 86.

3. Riscos que surgem da leitura da Palavra (cf. Tg 1,18-25)

Da carta de Tiago pode-se depreender um esquema para a leitura da Palavra em quatro fases: a) limpar-se para um encontro com a Palavra Deus; b) acolhê-la; c) "considerar atentamente" a Palavra; e d) pô-la em prática:

> Por vontade própria ele nos gerou pela palavra de verdade, a fim de sermos como que as primícias dentre suas criaturas. [...] Por essa razão, a) renunciando a toda imundície e a todos os vestígios de maldade, b) recebei com docilidade a Palavra que foi plantada em vossos corações e é capaz de salvar as vossas vidas. c) Tornai-vos praticantes da Palavra e não simples ouvintes, enganando-vos a vós mesmos! Com efeito, aquele que ouve a Palavra e não a pratica, assemelha-se ao homem que, observando seu rosto no espelho, se limita a observar-se e vai-se embora, esquecendo-se logo da sua aparência. Mas aquele que d) considera atentamente a Lei perfeita de liberdade e nela persevera não sendo ouvinte esquecido, antes, praticando o que ela ordena, esse é bem-aventurado no que faz (Tg 1,18-25).

a) A primeira fase é a preparação: purificar-se das intenções prejudiciais. É usada a imagem da depuração da corrupção para dispor-se a receber a riqueza da Palavra de Deus.

b) A segunda fase é a escuta da Palavra: "Recebei com docilidade a Palavra que foi plantada em vocês". A imagem agrícola evoca a parábola do semeador, interpretada por Jesus, "A semente é a Palavra de Deus" (Lc 8,11), e serve como um convite a tornar-se terra fértil que acolhe a Palavra "com um coração bem-disposto, conservam-na e produzem fruto pela perseverança" (Lc 8,15).

Essa fase abrange os modos com os quais o ouvinte entra em contato com a Palavra de Deus na liturgia e na leitura pessoal. "O Santo Sínodo recomenda com ardor e insistência a todos os fiéis [...] a leitura assídua da Escritura para que adquiram 'a sublime ciência de Jesus Cristo' (Fl 3,8), porque 'a ignorância das Escrituras é ignorância de Cristo'"[8] (DV 25). Para quem faz da Sagrada Escritura o seu campo de pesquisa científica, à escuta na liturgia e à leitura pessoal acrescenta-se o estudo sistemático da Bíblia juntamente com as disciplinas relacionadas ao estudo: a arqueologia, as instituições e costumes de Israel, as línguas originais, a crítica textual, os métodos histórico--críticos e pragmalinguístico.

Nessa fase de aproximação à Palavra de Deus, é preciso prevenir-se contra vários riscos. O primeiro é a leitura individualista do texto. *Verbum Domini* ensina que é preciso ter "presente que a Palavra de Deus nos é dada precisamente para construir comunhão, para nos unir na Verdade no nosso caminho para Deus. Sendo uma Palavra que se dirige a cada um pessoalmente, é também uma Palavra que constrói comunidade, que constrói a Igreja" (*Verbum Domini*, 86).

O segundo risco na leitura é o de deixar-se extasiar pelos componentes do texto – as palavras usadas, sua formação – e reduzir a leitura da Palavra de Deus a um exercício de estudo. Esse risco existe particularmente na formação acadêmica. A simples solução dos problemas vinculados ao texto não leva, necessariamente, a deixar-se interpelar por ele. E mais: uma exagerada concentração na exegese do discurso humano correria o risco de fazer com

---

[8] Apud SÃO JERÔNIMO. *Com. in Is.* pról.: PL 24, 17.

que o leitor se torne imune ao Espírito que o conduz para a *metanoia* ("mudança de atitude"), que o alimenta e o impulsiona para pô-la em prática.

Para ilustrar esses dois riscos na aproximação à Palavra de Deus, tomo emprestada uma analogia da cristologia. Na Igreja nascente, diante da pessoa de Jesus Cristo, existia o perigo do monofisismo, o qual concebe que na natureza divina de Cristo desapareceu a natureza humana, aquela absorveu esta última, restando apenas o divino na pessoa de Cristo. Também existia o perigo do "ebionismo" (do hebraico, *'ebyon*, "pobre"), ou seja, deter-se apenas no humano de Jesus e negar a divindade. Para alguns judeu-cristãos etiquetados de "ebionistas" ("os pobres" na fé), Jesus, nascido de Maria e José, era um grande profeta, talvez até o maior dos profetas, que depois da morte foi adotado por Deus.

Analogamente há um risco na abordagem da Sagrada Escritura. Existe um monofisismo bíblico, a tendência a divinizar tanto a Palavra de Deus e a não tratar de sua natureza humana, da formação da Bíblia e da formulação do texto em línguas humanas. Pode-se chegar a uma exagerada argumentação ou a um "fundamentalismo" baseado em citações bíblicas, sem referência a seu contexto, apoiando-se na autoridade contundente da Palavra de Deus; ou, então, pode-se acabar numa interpretação personalizada, individualista. Por outro lado, existe um ebionismo bíblico, ou seja, a tendência a ficar na letra, considerando a Bíblia como um livro excelente, mas um texto apenas humano. O perigo é reduzir a Escritura a uma só natureza. Hoje, uma tendência no ambiente acadêmico é analisar a Palavra de Deus como um discurso meramente humano.

Um estudo da Bíblia que se conforma com uma interpretação baseada nos métodos histórico-críticos é como aproximar-se do mistério da presença real de Cristo na Eucaristia baseando-se numa análise química da hóstia consagrada. A análise científica, embora seja feita com o máximo de perfeição, não atinge mais do que o primeiro escalão do conhecimento da Palavra de Deus, aquele que se refere à letra.

O estudo crítico da Palavra de Deus é indispensável para uma melhor compreensão do Texto Sagrado, mas isso, por si só, não esgota o sentido das Escrituras. Se a pessoa espera deixar-se interpelar pela Palavra quando houverem sido resolvidos todos os problemas relacionados ao texto, às variantes ou às divergências de opinião dos seus intérpretes, nunca chegará à mina de ouro que é a Palavra, nunca saboreará o mel que dela escorre (cf. Sl 19,11). Tiago compara o ouvir a Palavra de Deus sem plasmá-la em obras com o olhar-se no espelho e logo esquecer-se da própria fisionomia (Tg 1,24).

c) A terceira fase que Tiago assinala consiste no aproximar-se da Palavra de Deus, aquele "fixar o olhar" no espelho da Palavra. A este propósito, os teólogos da Igreja utilizavam as imagens do mastigar e do ruminar: "Quando ouves, sejas semelhante ao que come e, quando trouxeres de novo à memória as coisas ouvidas e refletires com agradável meditação, sejas semelhante ao que rumina", escreve Agostinho.[9] A alma que para diante do espelho da Palavra está procurando conhecer-se a si mesma e descobre sua deformidade em relação à imagem de Deus e

---

[9] SANTO AGOSTINHO. *Enarraciones sobre los Salmos* II. Salmo 46, 1. Madrid, BAC, 1965. p. 122.

de Cristo. Mais do que pesquisar a Escritura, trata-se de deixar-se interpelar pela Palavra de Deus.

No espelho da Palavra não vemos só nós mesmos: vislumbramos uma faceta do rosto de Deus. A Escritura, escreve Gregório Magno, é "uma carta de Deus onipotente à sua criatura; nela se aprende a conhecer o coração de Deus nas palavras de Deus".[10] Na Sagrada Escritura Deus nos fala do amor que transborda do seu coração: que o homem entenda quanto Deus o ama, e o entenda para inflamar-se de amor por ele.[11]

Nesta interface entre o leitor e Deus na Palavra temos um auxílio excelente, um exegeta que está sempre ao nosso alcance, que não está fora, mas que está dentro do ser humano. Existe uma afinidade entre a alma e a Escritura: ambas levam em si a imagem de Deus. A experiência demonstra que uma alma simples, em oração, capta verdades e nexos na Palavra de Deus que normalmente escapam aos eruditos. Portanto, o ouvinte ou leitor da Palavra não se contenta com as explicações alheias ou com aquilo que pode ser encontrado escrito em algum lugar; ele busca também dentro de si, com simplicidade e confiança.

Contudo, o espelho que é a nossa alma, ao contrário do espelho que é a Escritura, já não está mais limpo; foi ofuscado pelo pecado. É como um poço de água, turva pela terra e pelo lixo. É por isso que Tiago nos exorta a eliminar "toda a imundície e os vestígios de maldade" (Tg 1,21; cf. 1Pd 2,1-2) ao aproximar-nos da Palavra de Deus;

---

[10] SÃO GREGÓRIO MAGNO. *Registr. Epist.* IV, 31: PL 77, 706; apud CANTALAMESSA, op. cit., p. 100.

[11] Cf. SANTO AGOSTINHO. *La catequesis de los principiantes*, 4, 8. In: Id. *Obras de San Agustín*. Madrid, BAC, 1988. p. 459.

para tanto é necessária uma purificação contínua do coração, a fim de acolher a Palavra.

Assim, lavrando a todo momento, em cada instante, a terra do nosso coração, com o arado do Evangelho, isto é, sulcando-o continuamente com a lembrança incessante da cruz do Senhor, poderemos destruir as tocas das feras que nos hostilizam e exterminar os covis das serpentes venenosas.[12]

Ao contar o provérbio "Bebe a água da tua cisterna, o caudal do teu poço" (Pr 5,15), Orígenes comenta:

> Procura, pois, também tu, que escutas, ter teu próprio poço e tua própria fonte, para que, quando tomares o livro das Escrituras entre as mãos, comeces a produzir do teu próprio pensamento alguma interpretação, e, em conformidade com o que aprendeste na Igreja, tenta beber também tu da fonte de teu espírito. A origem da água viva está no teu interior, dentro de ti tens veias perenes e correntes cheias de sentido racional, se não estiverem obstruídas pela terra e pelos detritos. Faze o necessário para escavar tua terra e purificá-la das imundícies, isto é, para remover a desídia do teu espírito e sacudir a indolência do coração.[13]

Ezequiel oferece uma imagem ilustrativa da meditação da Palavra quando fala do livro comido: "Olhei e eis uma mão que se estendia para mim e nela um volume enrolado [...] Abri a boca e ele me deu o rolo para comer. Em seguida, disse-me: 'Filho do homem, ingere este rolo que te estou dando e sacia-te com ele'. Eu o comi. Na boca

---

[12]   JOÃO CASSIANO. *Colaciones* 1, 22. Madrid, Ediciones Rialp I, 1958. p. 79.

[13]   ORÍGENES. *Homilías sobre el Génesis*, 12, 5. Madrid, Ciudad Nueva, 1999. p. 260.

parecia-me doce como o mel" (Ez 2,9–3,3; cf. Jr 15,16; Ap 10,9-10).

Existe uma diferença entre o livro lido e estudado e o livro comido. No segundo caso, a Palavra informa os pensamentos, plasma a linguagem, forma e informa a vida e a conduta daquele que come. A Palavra devorada é digerida e assimilada por quem a ingere. Mas no processo da assimilação, o ouvinte-leitor – como no caso da Eucaristia – é "assimilado" pela Palavra, infundido – ou melhor, "transfundido" – por ela, transformado por ela. João Cassiano apresenta a analogia de uma impregnação: "Esforça-te com todos os meios possíveis para aplicar-te assídua e constantemente à leitura espiritual, até que essa meditação contínua acabe por imbuir e impregnar tua mente, formando-a, por assim dizer, à sua imagem".[14]

d) Chegamos, deste modo, à quarta fase da *lectio* da Palavra proposta por São Tiago, aquela na qual ele insiste no pôr em prática a Palavra, prevenindo contra o perigo de contentar-se em ouvir a Palavra sem pô-la em prática. Jesus reafirmou a mesma coisa: "Minha mãe e meus irmãos são aqueles que ouvem a Palavra de Deus e a cumprem" (Lc 8,21). Sem essa fase do "pôr em obra a Palavra", tudo se reduz a uma construção instável: "Aquele, porém, que escutou e não a pôs em prática é semelhante ao homem que construiu sua casa ao rés do chão, sem alicerce. A torrente deu contra ela, e imediatamente desabou; e foi grande sua ruína!" (Lc 6,49). Neste caso sequer há a compreensão da Palavra, porque, como escreve Gregório

---

[14] JOÃO CASSIANO. *Colaciones* 14, 10. Madrid, Ediciones Rialp II, 1962. p. 104.

Magno, a Palavra de Deus se esclarece só quando é posta em prática.[15]

4. Maternidade interrompida

Segundo a analogia, o parentesco com Jesus é definido pela escuta e pelo cumprimento da Palavra, como o fez sua Mãe. O perigo de receber a Palavra e não colocá-la em ação é optar por um dos dois tipos de interrupção da maternidade. Um é conhecido pelo aborto, que ocorre quando se concebe uma vida, mas não se chega a dar à luz, porque, durante a gravidez, por causas naturais ou pelo pecado dos homens, a criança morre. Acaba sendo uma maternidade incompleta.

Outra maternidade incompleta consiste em parir uma criança sem tê-la concebido. Isso acontece no caso da fertilização *in vitro*, quando a criança é concebida num laboratório e posteriormente é introduzida no ventre de uma mulher. A maternidade incompleta também se apresenta no caso dos ventres alugados, que são emprestados para hospedar vidas humanas concebidas em outro local, e aquilo que a mulher dá à luz não vem dela.

Também em relação à Palavra de Deus existem duas possibilidades de maternidade inconclusa. Quem acolhe a Palavra sem pô-la em prática concebe Jesus sem parto. É o ouvinte da Palavra capaz de cometer um aborto espiritual atrás do outro, formulando nobres propósitos que depois são desatendidos a médio prazo. Tiago nos fala a este respeito em sua carta: quem se comporta com a Palavra de Deus como o observador que dá uma olhada em seu rosto

---

[15] SÃO GREGÓRIO MAGNO. *Sobre Ezechiel*, 1, 10, 31. In: Id. *Obras de San Gregorio Magno*. Madrid, BAC 170, 1958. pp. 354-355.

no espelho e depois se esquece de como era (cf. Tg 1,23-24). Quem hospeda a Palavra, mas não a exercita, sofre uma maternidade truncada.

Por outro lado, há cristãos que dão à luz Cristo sem tê-lo concebido; fazem boas obras que não procedem do coração, não surgem do amor a Deus e da reta intenção, mas sim do costume, da busca de sua própria glória ou para agradar alguém. Quem tem as obras e não cultiva uma relação com a Palavra de Deus pode cair na maternidade incompleta.

A Sagrada Escritura lida, mas sem procurar fazê-la produzir frutos, acaba fazendo com que a Escritura se volte sobre si mesma. Volta a ser o livro "selado", o livro "velado", porque – escreve Paulo aos Coríntios – esse véu "só em Cristo desaparece". "Até hoje, todas as vezes que leem Moisés, um véu está sobre seu coração. É somente pela conversão ao Senhor que o véu cai"; ou seja, quando se reconhece Cristo nas páginas da Escritura (cf. 2Cor 3,15-16). Acontece com a Bíblia como com os mariscos, que, quando percebem certos movimentos invasivos, procuram proteger a pérola que contêm. A pérola da Sagrada Escritura é Cristo. Às vezes ficamos assombrados com a facilidade e a naturalidade com a qual leitores ou ouvintes não especialistas em Antigo Testamento fazem uma transferência ou uma apropriação cristã do texto, algo que às vezes os próprios exegetas acham difícil fazer.

5. Dois desafios depois de cinquenta anos

A Palavra de Deus tem um contexto na liturgia, e é daí que surge um desafio para o ouvinte e para o pregador da Palavra. Costuma acontecer, no estudo da Bíblia, que se divorcia o texto de seu contexto litúrgico, o qual tem sido determinante na formação e na formulação da Sagrada Escritura. A liturgia é o âmbito privilegiado no qual Deus se dirige ao seu povo, que escuta e responde na celebração, recheada de textos e temas da Escritura. Afirma a constituição *Sacrosanctum Concilium*:

> É enorme a importância da Sagrada Escritura na celebração da Liturgia. Porque é nela que são buscadas as leituras que se explicam na homilia e os salmos para cantar; com o seu espírito e da sua inspiração nasceram as preces, as orações e os hinos litúrgicos; dela tiram a sua capacidade de significação as ações e os sinais (SC 24).

Além disso, constata-se que o próprio Cristo "está presente na sua Palavra, pois é ele que fala ao ser lida na Igreja a Sagrada Escritura" (SC 7). Portanto,

> A celebração litúrgica converte-se numa contínua, plena e eficaz exposição desta Palavra de Deus. Assim, a Palavra de Deus, exposta continuamente na liturgia, é sempre viva e eficaz pelo poder do Espírito Santo, e manifesta o amor ativo do Pai, que nunca deixa de ser eficaz entre os homens.[16]

Afirma a exortação apostólica: "Com efeito, a Igreja sempre mostrou ter consciência de que, na ação litúrgica, a Palavra de Deus é acompanhada pela ação íntima do Espírito Santo que a torna operante no coração dos fiéis" (*Verbum Domini*, 52).

Um segundo desafio em relação à Palavra de Deus cinquenta anos depois da proclamação da *Dei Verbum* é o renascimento da leitura integral. Refere-se à integração das duas tendências na interpretação da Sagrada Escritura da

---

[16] MISSAL ROMANO. Elenco das leituras da Missa, 4.

Igreja primitiva, a interpretação literal, representada pelos exegetas de Antioquia, e a interpretação alegórica, da escola de Alexandria. Basta fazermos uma analogia para entender isso. Quando ficamos muito tempo sem usar uma determinada articulação do corpo, por exemplo, um pé, para voltarmos a caminhar faz-se necessário um exercício de reeducação dessa articulação. Por longo tempo o povo cristão católico havia ficado sem usar essa "articulação" vital que é a Bíblia, quando o Concílio Vaticano II a pôs nas mãos de todos os fiéis. Mesmo depois de cinquenta anos, continuamos fazendo exercícios de reeducação. Para muitas pessoas, esse exercício consiste em pegar a Bíblia nas mãos e lê-la. Para outros, que a conhecem e fizeram estudos sobre ela, consiste em habituar-se à leitura integral da Escritura que durante toda a época patrística e medieval constituiu a fonte da sabedoria, da teologia e da santidade da Igreja.

Um sinal de esperança é que já há vários anos alguns eminentes exegetas advertem sobre a exigência de uma leitura integral da Sagrada Escritura. Na *Verbum Domini* lê-se:

> Um significativo contributo para a recuperação de uma adequada hermenêutica da Escritura provém de uma renovada escuta dos Padres da Igreja e de seu enfoque exegético. Com efeito, os Padres da Igreja oferecem-nos, ainda hoje, uma teologia de grande valor, porque no centro está o estudo da Sagrada Escritura na sua integridade [...]. O seu exemplo pode ensinar aos exegetas modernos uma abordagem verdadeiramente religiosa da Sagrada Escritura, e também uma interpretação que se atém constantemente ao critério de comunhão com a experiência da Igreja, que caminha através da história sob a guia do Espírito Santo (*Verbum Domini*, 37).

A leitura integral confere ao Antigo Testamento uma força nova que nasce no momento em que se descobre que fala de outra coisa; que, além de ter um significado concreto e literal, tem outro, teologal, que vai além do óbvio e fala da salvação que se obtém em Cristo. Paulo nos fornece a linha de interpretação alegórica do Antigo Testamento em seu comentário sobre a tradição Agar-Sara em Gl 4,21–5,1, concluindo: "É para a liberdade que Cristo nos libertou. Permanecei firmes, portanto, e não vos deixeis prender de novo ao jugo da escravidão" (Gl 5,1).

Paulo quer convencer o leitor de que é Cristo quem nos traz a liberdade. Recorre à interpretação alegórica da história de Abraão (cf. Gn 16,15; 21,2), verificando reações e oposições. Os primeiros destinatários da carta apreciavam a mensagem alegórica das Escrituras. Paulo contrapõe as duas mães: uma escrava, Agar; e outra livre, Sara. Confronta dois nascimentos: um segundo as forças humanas, Ismael; e outro segundo a promessa e o poder de Deus, Isaac; e o resultado são duas descendências, uma de escravos e outra de livres. Tudo isso ele o vê simbolizado nas duas Alianças: a de Abraão e a do Sinai, uma para a liberdade, a outra para a escravidão. A Jerusalém "terrena" seria a cidade dos escravos; a Jerusalém "celeste" é a dos livres, a que Paulo chama "nossa mãe" (4,26).

Falar em termos de leitura alegórica ou "espiritual" da Palavra de Deus não significa leitura exotérica, subjetiva ou fantasiosa, em oposição à leitura científica e imparcial. Pelo contrário, é uma leitura objetiva porque se move pelo mesmo Espírito de Deus que respira tanto nas palavras do texto como na vida do leitor-ouvinte. Baseia-se num acontecimento histórico, isto é, no ato redentor de Cristo que, com sua morte e ressurreição, leva a cabo o projeto de salvação, realiza as profecias, desvela os mistérios ocultos e oferece a chave de leitura de toda a Bíblia. O Apocalipse expressa isso com a imagem do Cordeiro imolado e de pé, e com o protagonista da obra que toma o livro em suas mãos e abre os seus sete selos (cf. Ap 5,1-9).

Por mais esforço que o exegeta faça para analisar e interpretar o Antigo Testamento, servindo-se dos métodos histórico-críticos, no fim das contas isso não será conseguido se separarmos o texto do seu cumprimento no Novo. Uma leitura truncada do Antigo Testamento sem referências ao Novo é uma tentativa de ler a Bíblia como um devoto, ao invés de fazê-lo a partir da experiência do mistério pascal de Cristo. Algo semelhante pode acontecer em relação à leitura de um texto do Novo Testamento. Por mais que se aplique o método pragmalinguístico, se não se fizer uma aterrissagem na sociedade e na experiência da Igreja de hoje a interpretação fica truncada.

Para restabelecer a articulação entre os diferentes sentidos escriturísticos, é decisivo compreender *a passagem da letra ao espírito*. Não se trata de uma passagem automática e espontânea; é preciso, isso sim, transcender a letra [...]. Descobrimos, deste modo, a razão pela qual um processo de interpretação autêntico não é só intelectual, mas também vital, exigindo um envolvimento total na vida eclesial enquanto vida "segundo o Espírito" (Gl 5,16). Desta forma, ficam claros os critérios expostos no número 12 da Constituição dogmática *Dei Verbum*: esse transcender não pode ser feito num só fragmento literário, mas na relação com a Escritura em sua totalidade. Com efeito, a Palavra em direção à qual somos chamados a transcender é única. Esse processo tem um aspecto intimamente dramático, já que o transcender a passagem, que é feita pela força do

Espírito, está inevitavelmente relacionado com a liberdade de cada um. São Paulo viveu plenamente em sua própria existência essa passagem. Com a frase "A letra mata, mas o Espírito vivifica" (2Cor 3,6) ele expressou de modo radical o que significa transcender a letra e sua compreensão a partir da totalidade (cf. *Verbum Domini*, 38).

Também neste caso nota-se uma defasagem entre a leitura da Palavra de Deus pelo fiel não iniciado nos estudos bíblicos, que perscruta a *Sagrada Página* em busca de uma Palavra de vida, e a leitura feita por um exegeta. Na primeira instância, lê-se toda a Bíblia de um modo sincrônico, e com certa naturalidade se faz uma transferência ou apropriação cristã de um texto do Antigo Testamento, cujo primeiro objetivo não foi falar de Cristo ou da Igreja. Tomo como exemplo o célebre texto de Jó 19,25-26: "Eu sei que meu Defensor está vivo e que no fim se levantará sobre o pó: quando tiverem arrancado esta minha pele, fora de minha carne verei a Deus". Em seu contexto no livro de Jó, redigido no Judaísmo antes da formulação da doutrina da Ressurreição, essa constatação prognóstica da vingança de Jó na vida presente; na leitura cristã, integral, é natural ouvir no texto uma afirmação do dogma da Ressurreição dos mortos e da vida eterna, como é contextualizado na liturgia dos defuntos.

Agora, cinquenta anos depois do Concílio Vaticano II, o anseio não é por uma leitura teologal que ocupe o lugar da atual exegese histórico-crítica, com um retorno mecânico à leitura alegórica dos Padres; o que se pretende, isso sim, é uma leitura integral, que tenha correspondência com o enorme progresso registrado no estudo da "letra". O que se busca é uma leitura que respire o alento e a fé dos

Padres, aliada ao mesmo tempo à consistência e à seriedade da atual ciência bíblica.

As interpretações do leitor contemporâneo não têm o caráter canônico das interpretações na Igreja primitiva, mas o processo que conduz a elas é o mesmo e se baseia no fato de que as palavras de Deus não são palavras mortas; são palavras "vivas" e "ativas", capazes de responder aos desafios da nova evangelização e de abrir espaço para novos significados em resposta a situações novas. É uma consequência daquilo que se aprecia como o dogma da inspiração da Sagrada Escritura, ou seja, do fato de que ela não é só "inspirada pelo Espírito", mas também exala o Espírito e o faz continuamente, se for lida e meditada no âmbito da fé. Gregório Magno ensinou: "A Escritura cresce com aqueles que a leem [cum legentibus crescit]".[17] Cresce, permanecendo intacta.

Conclusão

Num colóquio celebrando as bodas de ouro do Concílio Vaticano II, foi realizado um painel com vários palestrantes. Depois das colocações, os ouvintes tiveram a oportunidade de expressar seus questionamentos aos expositores. Dentre os palestrantes, havia um especialista em dogmática, um doutor em filosofia da religião e um biblista. Um ouvinte pegou o microfone e perguntou: "Na opinião dos senhores, ilustríssimos palestrantes, dentre os lineamentos deixados pelos teólogos do Concílio, qual é a encomenda mais difícil de inculcar na consciência da Igreja hoje, depois de cinquenta anos?". O teólogo respondeu:

---

[17] SÃO GREGÓRIO MAGNO. Comentario moral a Job, 20, 1. In: *CCL* 143A, 1003.

"A encomenda do Concílio? É o ecumenismo; há muitas questões teológicas nas relações entre as diferentes Igrejas que permaneceram no âmbito diplomático e ainda precisamos compreendê-las a fundo". O filósofo comentou: "É a antropologia representada nos documentos conciliares e em seu ensinamento. Ainda temos muito a fazer para apreciar e aplicar o ensinamento aos tempos e às culturas em vias de desenvolvimento". O biblista ficou uns instantes em silêncio antes de responder; de repente, sua voz se soltou e, entre lágrimas, lamentou: "É a Palavra de Deus, que sempre fica além dos nossos esforços para valorizá-la, interpretá-la e deixá-la livre na prática da nossa fé. Em minha opinião, ainda não aprendemos a ler a Palavra de Deus".

4

Reforma litúrgica do Vaticano II
Para um jeito renovado de ser Igreja

José Ariovaldo da Silva[1]

A título de introdução

Cinquenta anos de Concílio Vaticano II. Cinquenta anos da promulgação da Constituição *Sacrosanctum Concilium* sobre a Sagrada Liturgia (4.12.1963–4.12.2013), primeiro documento conciliar, carta magna para uma renovada vida litúrgica das comunidades eclesiais, impulso do Espírito para a renovação da própria Igreja. No entanto, nestes últimos anos, vemos e assistimos preocupantes sinais de retrocesso em relação ao que foi o

---

[1] Frade franciscano e sacerdote, doutor em Liturgia pelo Pontifício Instituto Litúrgico Santo Anselmo de Roma. É professor de Liturgia no Instituto Teológico Franciscano (ITF), em Petrópolis (RJ). É membro fundador da Associação dos Liturgistas do Brasil (ASLI), da qual foi primeiro presidente. Faz parte da Equipe de Reflexão da Comissão Episcopal Pastoral para a Liturgia da CNBB. É membro da comissão consultiva para acabamento da Basílica Nacional de Aparecida. Faz parte do Centro de Liturgia "Dom Clemente Isnard", ligado ao Instituto Pio XI do Centro Universitário Salesiano de São Paulo (UNISAL). Autor de diversos livros e dezenas de artigos científicos, publicados em revistas especializadas, no Brasil e no exterior.

sonho do Papa João XXIII e ao que foi proposto pelo Concílio. Constatamos que,

> em vez de caminharmos para um amadurecimento, nos distanciamos em direção a cenários litúrgicos diversificados, conforme diferentes modelos eclesiais coexistentes. Tais cenários, com aparência de modernidade ou claramente ostentando o formato tridentino, estão comprometidos com velhas formas que pouco ou nada têm a ver com o modelo eclesial proposto pelo Concílio Vaticano II, criativamente assumido [na América Latina e Caribe] por Medellín e tão bem expresso pelas Comunidades Eclesiais de Base. Estes cenários têm em comum o clericalismo, com seus variados rostos, que desvirtua a relação ministérios-assembleia celebrante.[2]

Por outro lado, a partir do dia 13 de março de 2013, com a eleição do Papa Francisco, entramos numa esperançosa conjuntura eclesial nova, que certamente nos motiva a revisitar a correta intenção da reforma conciliar sobre a liturgia na vida da Igreja e nela se aprofundar. "Sabemos da influência dos pronunciamentos e do estilo de cada papa vigente, devido ao modelo monárquico da Igreja Católica romana: mudança de papa sempre traz mudanças na vida da Igreja, também na Liturgia", observa nossa renomada teóloga liturgista Ione Buyst, que continua:

> Papa Francisco assumiu decididamente o modelo da Igreja do Concílio: declara-se enfaticamente "bispo de Roma", insiste na sinodalidade, demonstra uma atenção e preocupação com os problemas do povo, principalmente

---

[2] Da "justificativa" do tema da 27ª Semana de Liturgia do Centro de Liturgia "Dom Clemente Isnard", realizada nos dias 14 a 18 de outubro de 2013, em parceria com o UNISAL (Pio XI), de São Paulo, e a Rede Celebra de formação e animação litúrgica popular. Tema da semana: "Novo jeito de celebrar – Novo jeito de ser Igreja".

dos mais pobres e das "periferias existenciais" do mundo inteiro. Afinal, o Papa Francisco foi um bispo latino-americano que aderiu em sua vida e sua prática pastoral na Argentina à assim chamada "recepção criativa" do Concílio Vaticano II, trabalhada nas Conferências Episcopais Latino-Americanas (CELAM) de Medellín (1968) a Aparecida (2007).[3]

Pobreza e simplicidade, proximidade ao povo, uma Igreja pobre para os pobres, sem pompas de corte e sem preconceitos, uma Igreja da cultura da solidariedade, da ternura, do diálogo; numa palavra, uma Igreja que resgate e viva o essencial do Cristianismo, daquela mais antiga e genuína tradição cristã, a de Jesus e dos apóstolos, a do Cristo despojado, desarmado (sem máscaras nem couraças), simples, humilde, próximo do povo, feito povo, do Cristo e dos apóstolos cujo poder é o poder-serviço:[4] eis um programa de pontificado que o nome Francisco traz, a ponto de chamar os doentes e os empobrecidos de "a verdadeira carne de Cristo". Não será esse o espírito que a liturgia renovada do Vaticano II precisa como definitiva urgência?

Vou traçar aqui algumas considerações sobre a reforma litúrgica do Concílio Vaticano II. São elementos para estudo e reflexão. Já publiquei vários textos sobre o

---

[3] Extraído da brilhante palestra pronunciada por Ione na citada Semana de Liturgia, intitulada: "Liturgia no coração do mundo de hoje: novo jeito de ser Igreja, novo jeito de celebrar a partir da *Gaudium et Spes*".

[4] Dentre a enxurrada de publicações que já saíram comentando positivamente a presente conjuntura da Igreja Católica, recomendo a leitura do artigo "Papa Francisco e a despaganização do papado", escrito por Leonardo Boff (cf. < http://leonardoboff.wordpress.com/2013/10/13/%EF%BB%BFpapa--francisco-e-a-despaganizacao-do-papado/ >. Acesso em: 21 out. 2013).

assunto.[5] Retomo esse material e, para não ser repetitivo demais, metodologicamente pretendo enfocar a reforma tendo dois panos de fundo inspiracionais: 1) uma visão do ser humano e da sociedade proposta por dois renomados terapeutas e mestres espirituais da atualidade e, em conexão com ela, 2) a reforma litúrgica dentro do contexto histórico geral da liturgia. Por aí o leitor e a leitora poderão chegar à conclusão de como foi – e continua sendo! – pertinente, necessária, importante, para a vivência da Sagrada Liturgia e, consequentemente, para a revitalização da Igreja, a reforma litúrgica oficializada com o Vaticano II, ainda não suficientemente assimilada pelos católicos.

1. Comecemos por nossos corpos[6]

Nascemos à imagem e semelhança de Deus. Esta é nossa origem. Nossa Criança interior. E continuamos

---

[5] Cf. SILVA, José Ariovaldo da. Participação na liturgia. Uma "novidade" conciliar que já alcança 40 anos. *Grande Sinal*, v. 57, pp. 25-35, jan./fev. 2003; Id. *Sacrosanctum Concilium* e reforma litúrgica pós-conciliar no Brasil. Um olhar panorâmico no contexto histórico geral da liturgia: dificuldades, realizações, desafios. *REB*, Petrópolis, v. 63, pp. 278-294, abr. 2003; Id. Quarenta anos de reforma litúrgica pós-conciliar no Brasil. *Vida Pastoral*, São Paulo, n. 230, mai./jun. 2003, pp. 17-23; Id. Reforma litúrgica a partir do Concílio Vaticano II. In: LOPES GONÇALVES, Sérgio; BOMBONATTO, Vera Ivanise (org.). *Concílio Vaticano II. Análise e prospectivas*. São Paulo: Paulinas, 2004, pp. 293-313; Id. A reforma "eucarística" do Concílio Vaticano II vista dentro do contexto histórico geral da liturgia. In: CNBB. *A Eucaristia na vida da Igreja. Subsídios para o Ano da Eucaristia*. São Paulo: Paulus, 2005, pp. 9-24. (Estudos da CNBB 89); Id. A reforma litúrgica do Vaticano II vista pelas Conferências do Celam e perspectivas para o futuro. In: PIVA, Elói Dionísio (org.). *Evangelização. Legado e perspectivas na América Latina e Caribe*. Petrópolis: Vozes, 2007, pp. 42-65; Id. Realinhar-se com o espírito da Sagrada Liturgia: necessária e desafiante tarefa eclesial. Alguns elementos para reflexão. In: BARGELLIBNI, Emanuele; SILVA, José Ariovaldo. *Raízes históricas e teológicas da Sacrosanctum Concilium*. Brasília: Edições CNBB, 2013, pp. 69-82.

[6] Cf. TOLLE, Eckhart. *Um mundo novo. O despertar de uma nova consciência*. Rio de Janeiro: Sextante, 2005; Cf. CURY, Augusto. *O código da inteligência*.

assim, em nossa Essência. Aos poucos, porém, em cima desta Identidade nossa, foi se formando uma "camada posterior" [digamos, no meu caso, um segundo Ariovaldo!]. Camada formada por milhares de informações que "arquivamos" e se agregam a nossos corpos no percurso da caminhada: material escondido em nosso inconsciente, e muito ativo, que se transforma em "padrão de vida" e de "comportamento". Ativo e mesmo enganoso, pois a partir dele achamos que apenas isso somos nós. Ou seja, nossos pensamentos substituem nossa Identidade original criada por Deus por outra criada por nós. E nos convencemos de que somos isso mesmo, o rótulo que criamos sobre nós, os outros e o grande Outro. Assim, escondemos dentro de nós a Criança que quer respirar, mas ficou aprisionada. Então, distantes dessa Origem primeira – que também continua, porém "abafada" debaixo da lixeira efêmera do nosso ego com o qual nos identificamos –, sentimo-nos inseguros, muito inseguros e, por isso mesmo, buscamos uma segurança. Buscamo-la a todo custo, por todos os meios, até o ponto de se apelar para a violência e eliminação do outro, que a mente projeta e cria como "inimigo". Fenômeno que acontece também a nível coletivo (países, raças, gênero, corporações, religiões...). O Cristianismo, por exemplo, representado pela religião católica, identificou-se de tal modo com a conceituação racional a respeito de Deus, Jesus Cristo, Espírito Santo, Igreja, ser humano, liturgia, que, no esquecimento da sua mais pura Origem (sua Criança interior), caiu feio nas armadilhas do pensamento humano.

---

6. reimp. Rio de Janeiro: Ediouro/Thomas Nelson, 2008. Id. *Armadilhas da mente*. Rio de Janeiro: Arqueiro, 2013.

2. O que aconteceu com a liturgia da Igreja

Em se tratando de liturgia, historicamente, a *Ecclesia* (Igreja: comunidade cristã congregada pelo Senhor) viveu, sobretudo no segundo milênio, significativa experiência de diáspora de si mesma. Com muitas exceções, é claro. Viveu significativos e complicadores deslocamentos de eixo, do Essencial no Cristianismo para acentuadas preferências pelo menos essencial.[7] Assim, por exemplo:

- A centralidade do Cristo em seus mistérios (encarnação, vida, morte-ressurreição e dom do Espírito) cedeu lugar à centralidade dos santos e do Santíssimo Sacramento "coisificado" sob o conceito de presença real.

- A experiência da presença real de Cristo na globalidade da celebração (na Palavra, no pão e vinho consagrados, na assembleia, na pessoa do presidente) cedeu lugar a uma única presença, a de Cristo no pão e vinho consagrados, mais para ser visto e adorado do que para ser assimilado pela ação ritual de comer e beber.

---

[7] Pude perceber isso nitidamente ao me aprofundar na história da liturgia, alguns anos atrás, em vista de duas publicações que me foram solicitadas (cf. SILVA, José Ariovaldo. A celebração do mistério de Cristo ao longo da História. Panorama histórico geral da Liturgia. In: CELAM. *Manual de Liturgia* (v. IV: A celebração do Mistério Pascal. Outras expressões celebrativas do Mistério pascal e a Liturgia na vida da Igreja). São Paulo: Paulus, 2007, pp. 445-518; BUYST, Ione; SILVA, José Ariovaldo da. *O mistério celebrado: memória e compromisso I*. 3. ed. Valencia (Espanha)/São Paulo, Siquem/ Paulinas, 2013, pp. 25-75), de onde saíram algumas publicações (cf. anteriormente, nota 4). Cf. também um texto meu recente, não publicado: *O mistério celebrado ao longo dos tempos. Panorama histórico geral da liturgia. Texto revisto e atualizado a partir dos já publicados em CELAM.*

- A liturgia como fonte primeira de espiritualidade cristã cedeu lugar à centralidade das devoções (aos santos e ao Santíssimo Sacramento).

- A centralidade dos sacramentos como celebração (atualização) do mistério pascal de Cristo cedeu lugar à sua compreensão como remédio para curar e prevenir males; utilitarista, portanto, transformando a igreja numa espécie de supermercado religioso.

- A centralidade da Palavra cedeu lugar aos relatos (às vezes recheados de lendas) em torno da vida dos santos e seus milagres, pois na missa o povo já não ouve mais a Palavra, não tem mais contato com ela.

- A compreensão de Deus e seus mistérios, adquirida e elaborada a partir da experiência celebrativa da divina liturgia compreendida e participada por todos, cedeu lugar à especulação racional da teologia nos escritórios dos teólogos e suas escolas; passou a valer mais saber de cor conceitos sobre Deus e seus mistérios do que a vivência prática daquilo que o Mestre nos legou pelo seu exemplo de vida e a palavra e os apóstolos o testemunharam.

- A centralidade do caráter comunitário, participativo e ministerial da liturgia cedeu lugar ao individualismo religioso (enquanto o padre reza sozinho a "sua" missa, o povo se entretém com "suas" rezas); o protagonismo de toda a assembleia na ação litúrgica cedeu lugar ao monopólio clerical: os padres é que celebram; o povo apenas assiste como passivos espectadores.

- A capacidade de adaptação da liturgia às diferentes culturas cedeu lugar ao centralismo romano rigidamente controlador.

- A nobre simplicidade da liturgia romana mais original, como forma de evidenciar e garantir a centralidade do mistério pascal e não se perder em exterioridades, cedeu lugar a cerimoniais complicadíssimos, espetaculares, em que o aspecto exterior das pompas rituais, rigidamente regulamentados pela hierarquia eclesiástica, roubou a cena do essencial e, desta forma, a missa, apenas assistida e ouvida pelo povo, virou uma espécie de entretenimento religioso das massas.

3. O que aconteceu com a Igreja das "liturgias"

Todo este material substitutivo ficou arquivado no inconsciente coletivo da Igreja Católica, então anestesiada e dominada por padrões pouco ou nada cristãos que nela se agregaram. E tudo passou a funcionar de forma inconsciente e, portanto, como sendo perfeitamente normal, original, maravilhosamente cristão. A tal ponto que o outro, o diferente, que não comunga destes padrões, passou a ser sentido, muitas vezes, até mesmo como "inimigo" a ser domesticado, dominado, castigado ou eliminado. Resultado: (coincidência? penso que não!) foi então que cristãos da Igreja Católica, em sua loucura insana, perpetraram os piores desmandos morais e as mais sangrentas agressões a milhares de seres humanos e ao meio ambiente. Precisamente quando a maioria dos cristãos da Igreja Católica Romana desaprendeu o mais autêntico sentido e espírito da liturgia cristã é que as coisas desandaram. Vale lembrar os horrores das Cruzadas, das invasões na América, África, Índia, dos atentados contra os indígenas e suas culturas, da escravidão negra, das inquisições, das tiranias opressoras e sangrentas ditaduras, das guerras fratricidas..., da exploração da madeira, do ouro e outros minerais, das derrubadas das florestas, das indiscriminadas matanças de animais selvagens... Sem falar do escandaloso "racha" entre católicos e protestantes no século XVI e dos hostis preconceitos religiosos em ampla escala. Tudo em nome da "fé" e por gente batizada, casada na Igreja, gente de assistência fiel à santa missa, rezas, novenas, imponentes procissões etc. Ou melhor, tudo em nome de padrões de uma religião conceitualizada e fechada em seus dogmas e cerimoniais de corte. Assim, sob o efeito desta anestesia geral, não conseguiram mais enxergar nem a própria insanidade torturante. As pompas dos cerimoniais e a consequente cobiça do ouro e sede de poder contagiaram e cegaram os cristãos, de tal forma que – com raras exceções – não foram mais capazes de enxergar o pobre como verdadeiro sacramento (presença real) do Cristo pobre. Até profetas foram perseguidos.[8] Numa palavra, as "liturgias" abafaram o espírito da liturgia, e esta, assim sufocada, pouco alcançava fazer da Igreja, toda ela, um corpo solidário com os que sofrem, comunidade de comunidades de irmãos e irmãs vivendo a experiência cristã das origens (cf. At 2,42-47; 4,32-37).

4. Busca de retomada das origens

A partir de fins do século XIX, mas com força maior no século XX, emerge pouco a pouco uma nova consciência. Intuições proféticas que vão surgindo, cá e lá, no sentido de perceber e fazer perceber o quanto nos distanciamos das nossas origens. Dentro da sociedade, há tempos vinham surgindo movimentos libertadores e de participação

---

8 Bartolomeu de las Casas (1484-1566), por exemplo, exatamente a partir do espírito da celebração da Eucaristia (da Sagrada Liturgia, portanto!), soube reagir vigorosa e profeticamente contra a insanidade escravizadora dos colonizadores do seu tempo e, como consequência, sofreu a perseguição e a deportação!...

popular, trazendo à tona a consciência do ser humano como ser social, comunitário, participativo. Na Igreja, o movimento leigo, sobretudo na atuação da Ação Católica, fez emergir a consciência do leigo autônomo, crítico, com iniciativas dentro da sociedade moderna. O movimento bíblico resgata e nos aproxima dos registros das nossas Raízes cristãs, o que vai contribuindo para a quebra de muitas máscaras e couraças e, consequentemente, possibilitando o consequente reavivamento de uma nova consciência genuinamente cristã. O surgimento dos estudos patrísticos e arqueológicos dão também sua preciosa contribuição nesse sentido. O movimento teológico despertou para o diálogo com o novo, a saber, com os desafios e exigências da modernidade. O movimento catequético proporciona o instrumental pedagógico para o acesso aos conteúdos da Palavra de Deus e da experiência de fé cristã dos nossos mais remotos ancestrais. O movimento ecumênico, com o emergir de uma nova consciência comunitária, contribuiu para a emergência de outra consciência, ou seja, a da importância do diálogo com o diferente. E o movimento litúrgico, ombreando com esses movimentos, contribuiu no sentido de iniciar e desenvolver todo um longo processo de resgate do original espírito da liturgia e, assim, renovar a Igreja, isto é, libertá-la das inúmeras armadilhas "egoicas"[9] em que havia caído.[10] Longo processo que desaguou no Concílio Vaticano II!

---

[9] Neologismo usado por Eckhart Tolle no seu livro anteriormente citado (cf. nota 6). Refere-se ao ego, na linha do que refletimos anteriormente (cf. o item "Comecemos por nossos corpos").

[10] Muito se escreveu até agora em torno do movimento, a bibliografia é imensa. Basta folhear as principais revistas litúrgicas, como, por exemplo, *La Maison-Dieu* (Paris, 1945ss), *Phase* (Barcelona, 1961ss), *Rivista Liturgica* (Finalpia, 1914ss / Nova série 1964ss), *Rivista di Pastorale Liturgica* (Brescia, 1963ss), *Questions Liturgiques (et Paroissiales)* (Louvain, 1921ss), *Paroisse et Liturgie* (Bruges, 1919ss), *Notitiae* (Roma, 1965ss), *Liturgiewissenschaftliche*

Quellen und Forschungen(Münster, 1928ss), *Liturgisches Jahrbuch* (Münster, 1951ss), *Jahrbuch für Liturgiewissenschaft* 1-15 (Münster, 1921-1941), *Archiv für Liturgiewissenschaft* (Ratisbona, 1950ss), *Ephemerides Liturgicae* (Roma, 1887ss), *Ecclesia Orans* (Roma, 1984ss). Indico aqui alguns escritos sobre o movimento litúrgico, antigos e atuais: VV.AA. Le cenquentenaire du mouviment liturgique. *Les Questionis Liturgiques et Paroissiales*, Louvain, 40, n. 3-4, 1959; NEUNHEUSER, Burckhard. O movimento litúrgico: panorama histórico e linhas teológicas. In: VV.AA. *Liturgia, momento histórico da salvação* (= Anámnesis 1). São Paulo: Paulinas, 1987, pp. 9-36; Id. Movimento litúrgico. In: SARTORE, Domenico; TRIACCA, A. M. (org.). *Dicionário de Liturgia*. São Paulo: Paulinas, 1992, pp. 787-799, com boa listagem bibliográfica (completada na edição espanhola, *Nuevo Diccionario de Liturgia*. Madrid: Paulinas, 1987, pp. 1365-1388); SILVA, José Ariovaldo da. *O movimento litúrgico no Brasil. Estudo histórico*. Petrópolis: Vozes, 1983; Id. Avanços e retrocessos do movimento litúrgico no Brasil. *Revista de Cultura Teológica*, São Paulo, n. 31, pp. 109-131, 2000. Algumas publicações mais recentes, cada qual com farta bibliografia: CONTI, L. Paolo VI. Dal movimento litúrgico alla riforma: uma Liturgia eucarística e pasquale. *Rivista Liturgica*, Torino/Neuman, pp. 713-728, 2003; FLORISTAN SAMANES, Casiano. A los cuarenta años de inaugurarse el Vaticano II. *Phase*, Barcelona, n. 253, pp. 85-87, 2003; MISERACHS, V. El motu proprio "Tra le sollecitudini" de san Pio X. Historia e contenido. *Phase*, Barcelona, pp. 9-28, 2004; PRETOT, Patrick. Actualité du Mouvement liturgique. *La Maison-Dieu*, Paris, n. 238, pp. 37-43, 2004/2; GRILLO, Andrea. 40 anni prima e 40 anni dopo Sacrosanctum Concilium: una considerazione inattuale sulla attualità del movimento liturgico. *Ecclesia Orans*, Roma, v. 21, n. 3, pp. 269-300, 2004; LAMBERTS, Jozef. L'évolution de la notion de "participation active" dans le Mouvement liturgique du XXe siécle. *La Maison-Dieu*, Paris, n. 241, 2005, pp. 77-120; BASURKO, Xabier. Movimento litúrgico em el siglo XX (1903-1963). In: *Historia de la Liturgia* (Biblioteca Litúrgica 28). Barcelona: Centre de Pastoral Litúrgica, pp. 383-445, 2006; AUGÉ, Matias. Il movimento litúrgico. Alla ricerca della fondazione "spirituale" della Liturgia. *Ecclesia Orans*, Roma, 24, 2007, pp. 335-350; VV.AA. El siglo de la Liturgia. Congreso Internacional de Liturgia. Barcelona, 4-5 de septiembre de 2008. *Phase*, Barcelona, n. 287-288, 2008; VV.AA. 1909-2009. Le Mouvement liturgique. *La Maison*-Dieu, Paris, n. 260, 2009; GRILLO, Andrea. Le Mouvement liturgique et les tournants épistémologiques du XXe siècle. Une petite considération inactuelle. *La Maison-Dieu*, Paris, n. 260, pp. 123-152, 2009; GRILLO, Andrea. Il pensiero di Cipriano Vagaggini, tra eredità tomista e confronto con la modernità. Profilo e fortuna de un grande "liturgista". *Rivista Liturgica*, pp. 362-384, 2009.

5. Uma constituição para viver a Sagrada Liturgia e renovar a Igreja[11]

Uma festa para todos quantos trabalharam no movimento litúrgico! O primeiro resultado do Concílio foi precisamente a Constituição *Sacrosanctum Concilium*, sobre a Sagrada Liturgia (SC), votada no dia 4 de dezembro de 1963 (com 2.147 votos a favor e 4 votos contra!) e aprovada pelo Papa Paulo VI.[12] Votado e aprovado não só porque o esquema de saída era mais bem elaborado (o mais

---

[11] O que se publicou até hoje em torno da SC é um *mare magnum*. A bibliografia é imensa. Indicamos aqui: BASURKO X.; GOENAGA, J. A. Vida litúrgica sacramental da Igreja em sua evolução histórica. In: BOROBIO, Dionisio. *A celebração na Igreja I: liturgia e sacramentologia fundamental*. São Paulo: Loyola, 1990, pp. 37ss (*in specie*, pp. 136-159: A constituição de Liturgia do Vaticano II / O pós-Concílio); LÓPEZ MARTÍN, Julián. O Concílio Vaticano II e a reforma litúrgica pós-conciliar. In: Id. *A Liturgia da Igreja. Teologia, História, Espiritualidade e Pastoral*. São Paulo: Paulinas, 2006, pp. 114-115; ABAD, José-Antonio. *Sacrosanctum Concilium*: De la convocatoria del Concilio a la Carta Apostólica en su XL aniversario. *Burgense*, Burgos, 45/1, pp. 7-43, 2004; DALMAU, Bernabé. *El momento litúrgico actual* (= Dossiers CPL 117). Barcelona: Centre de Pastoral Litúrgica, 2010; DE CLERCK, Paul. Pierre-Marie Gy: souvenirs et témoignage d'un liturgiste au temps de Vaticano II. *La Maison-Dieu*, Paris, n. 261, pp. 127-160, 2010; CARR, Ephrem. *Sacrosanctum Concilium* and its consequences. The Reform of the Liturgy. *Questions Liturgiques*, Leuven, 92, 2011/3, pp. 183-194; METZGER, M. La reforme liturgique du Concile Vatican II et les idéologies qui résistent. *Révue des Sciences Religieuses*, Strasbourg, 85, n. 1, 2011, pp. 101-110; e as publicações arroladas anteriormente, à nota 4.

[12] O original latino do documento se encontra publicado em: *AAS*, Vaticano, v. 56, 1964, pp. 97-134, e ainda em *Ephemerides Liturgicae*, Roma, v. 78, 1964, pp. 185-221. Em português, pode ser encontrado em *Vaticano II*. Mensagens, discursos e documentos. São Paulo: Paulinas, 1998, pp. 141-175, bem como em *Compêndio do Vaticano II*. Constituições, decretos, declarações. 26. ed. Petrópolis: Vozes, 1997, pp. 259-306. Cf. ainda: BECKÄUSER, Alberto. *Sacrosanctum Concilium. Texto e comentário*. São Paulo: Paulinas, 2012; Id. *Sacrosanctum Concilium. Constituição do Concílio Vaticano II sobre a Sagrada Liturgia*. Edição jubilar. Apresentação de Frei Alberto Beckhäuser, ofm, Petrópolis, Vozes, 2013. Vale lembrar também a recente e muito interessante publicação da CNBB: *Constituição* Sacrosanctum Concilium. *A Sagrada Liturgia. Uma leitura popular comemorativa dos 50 anos de publicação do 1º Documento do Concílio Vaticano II. 4.12.1963-4.12013*. 2. ed. revisada. Brasília: Edições CNBB, 2013.

amadurecido), mas também porque os padres conciliares perceberam que a reforma da liturgia era de fato a primeira necessidade para que as finalidades essenciais do Concílio fossem cumpridas, como testemunha o documento logo no início:

O Sacrossanto Concílio propõe-se fomentar sempre mais a vida cristã entre os fiéis; acomodar melhor às necessidades de nossa época as instituições que são suscetíveis de mudanças; favorecer tudo o que possa contribuir para a união dos que creem em Cristo; e promover tudo o que conduz ao chamamento de todos ao seio da Igreja. *Por isso julga seu dever cuidar de modo especial da reforma e do incremento da Liturgia. Pois a liturgia*, pela qual, principalmente no divino Sacrifício da Eucaristia, se exerce a obra de nossa Redenção, *contribui do modo mais excelente para que os fiéis exprimam em suas vidas e aos outros manifestem o mistério de Cristo e a genuína natureza da verdadeira Igreja* [destaque nosso] (SC 1).

Em outras palavras, da reforma da liturgia é que depende de saída também a reforma da Igreja. Pois aquilo que precisamente a liturgia celebra – o mistério pascal – é que constitui a raiz vital da Igreja, como proclama o Concílio: "Pois do lado de Cristo dormindo na cruz nasceu o admirável sacramento de toda a Igreja" (SC 5). Voltar ao

---

Em algumas publicações faço uma apresentação comentada do esquema da SC, com uma ênfase maior sobre o primeiro capítulo, mais extenso e básico para os seis capítulos posteriores (cf. SILVA, José Ariovaldo. A celebração do mistério de Cristo ao longo da História. Panorama histórico geral da Liturgia. In: CELAM. *Manual de Liturgia*. (v. IV. A celebração do Mistério Pascal. Outras expressões celebrativas do Mistério Pascal e a Liturgia na vida da Igreja), cit., pp. 504-505 [A reforma litúrgica do Concílio Vaticano II/O documento]; Id. A reforma litúrgica do Concílio Vaticano II. In: BUYST, Ione; SILVA, José Ariovaldo da. *O mistério celebrado: memória e compromisso I*, cit., pp. 64-65 [O documento]; Id. A reforma litúrgica do Vaticano II vista pelas Conferências do Celam e perspectivas para o futuro. In: PIVA, op. cit., pp. 43-44 [O documento]).

verdadeiro Jesus (como aludimos antes) que a liturgia celebra: eis o desafio para uma renovação da Igreja.

6. Resgatando fundamentais valores "perdidos"

A SC desencadeou um processo de reforma litúrgica (e eclesial!) que deveria ter sido iniciado já em fins da Idade Média, mas que o Concílio de Trento não conseguiu por falta de tempo e por causa do ritmo dos acontecimentos, ou seja: trazer um

> esclarecimento profundo sobre o que é liturgia como culto da Igreja, como adoração ao Pai em espírito e verdade, como celebração memorial da obra salvífica de Cristo; trazer indicações das normas diretrizes de uma reforma real, a fim de finalmente conseguir atingir... o alvo corajoso que Pio V havia prefixado para si [em 1570], ou seja, a renovação da liturgia "segundo as primitivas normas dos Santos Padres", naturalmente fazendo ao mesmo tempo uma atualização autêntica correspondente às necessidades dos nossos dias.[13]

Foi preciso esperar quatro séculos (ou até mais!) para que chegasse a reforma litúrgica. E veio, finalmente, com o Concílio Vaticano II, que estabelece claros princípios teológicos e pastorais para que ela aconteça. Boaventura Kloppenburg, perito do Concílio, enumera oito: 1) os princípios da natureza da liturgia; 2) da participação dos fiéis; 3) da fácil inteligibilidade; 4) da descentralização; 5) do uso da língua vernácula; 6) da adaptabilidade da liturgia; 7) da natureza didática [diríamos hoje: mistagógica] da

---

[13] NEUNHEUSER, Burkhard. História da Liturgia. In: SARTORE, Domenico; TRIACCA, Achille M. *Dicionário de Liturgia*. São Paulo: Paulinas, 1992, p. 540.

liturgia; 8) da natureza comunitária da liturgia.[14] Recentemente, José Antonio Abad destaca como princípios fundamentais, sobre os quais se deverá basear toda a construção da reforma litúrgica posterior, os seguintes: 1) centralidade do mistério pascal; 2) a liturgia, momento culminante da história da salvação; 3) a assembleia, sujeito integral da ação litúrgica; 4) centralidade da Palavra de Deus na liturgia; 5) a formação dos pastores e do povo em geral; 6) a vivência da presença viva do Senhor na globalidade das ações rituais da celebração, "per ritus et preces" (n. 48); 7) a "inculturação" litúrgica.[15]

Pessoalmente, prefiro falar em "resgates" de valores litúrgicos fundamentais das nossas mais remotas origens, que haviam sido "perdidos", sobretudo no segundo milênio, como vimos antes.[16] Numa palavra, trata-se da necessária retomada de uma consciência litúrgica originária e fundamental que por séculos estava adormecida.

Resgata-se a compreensão e vivência da liturgia como celebração do mistério pascal, como momento histórico da salvação. Resgata-se a centralidade do mistério pascal na vida da Igreja. Com isso, resgata-se a liturgia como fonte principal da espiritualidade cristã. E supera-se assim uma visão por demais exterior e utilitarista da liturgia, própria do segundo milênio, em favor de uma visão teológica e espiritual da mesma. O grande mérito do Concílio foi o de ter colocado a liturgia numa perspectiva eminentemente

---

[14] Cf. KLOPPENBURG, Boaventura. Princípios da renovação litúrgica do Vaticano II. *REB* 24 (1964), pp. 3-42.

[15] ABAD, José Antonio. *Sacrosanctum Concilium*: De la convocatória del Concilio a la Carta Apostólica en su XL aniversario. *Burgensis*, Burgos, 45/1, pp. 19-42, 2004.

[16] Cf. bibliografia acima, nota 4.

teológica e pastoral, resgatando a primazia da ação litúrgica como obra de Deus e de Jesus Cristo, ou a ação litúrgica como obra de Cristo na ação ritual.[17] Superou-se, assim, uma visão exclusivamente estética e ritualista da liturgia em favor de uma compreensão teológica e espiritual da mesma.

Resgata-se a verdade da presença *real* de Cristo na totalidade da celebração litúrgica, a saber: na assembleia orante, na pessoa de quem preside, na Palavra proclamada, no sacramento (sobretudo nas espécies de pão e vinho).

Resgata-se o valor da linguagem simbólico-sacramental de toda a liturgia, pela qual o mistério de Deus comunica (põe em comum) a seu povo a salvação pascal, e o povo, por sua vez, se comunica com o mistério, acolhendo a salvação e se comprometendo com o projeto do Deus da vida; é a compreensão dos sacramentos como celebração do mistério pascal, e não mais como ritual com cheiro de magia para apenas curar e/ou prevenir males.

Resgata-se a dimensão eclesial-comunitária da liturgia, a importância da assembleia litúrgica (povo sacerdotal, corpo de Cristo), toda ministerial, sujeito da celebração: é todo o povo que, presidido por seus pastores, celebra em Cristo a Sagrada Liturgia. Superação do clericalismo, portanto, em que a liturgia era simplesmente vista como monopólio do clero. "Se existe um protagonismo na liturgia, este só pode ser da assembleia, mediante a participação ativa, consciente e frutuosa, cuja base é o sacerdócio batismal vivido no mundo (na vida cotidiana, no trabalho,

---

[17] Cf. LÓPEZ MARTÍN, Julián. Actualidad de la Constitución "Sacrosanctum concilium" del concilio Vaticano II. *Scripta Theologica*, Navarra, 43, pp. 685-699, 2011.

nos movimentos sociais, nas pastorais a serviço da vida) e na ação litúrgica, ápice da vida da Igreja".[18]

Resgatam-se os diferentes ministérios nas ações litúrgicas, e o povo volta a ter contato direto e abundante com a Palavra de Deus proclamada e com o sacramento celebrado.

Resgata-se a todo custo o princípio da participação consciente, ativa, plena, frutuosa, interior e exterior nas celebrações como um direito e obrigação do povo cristão provindo do Batismo (cf. SC 14).[19] Para tanto, que se favoreçam todos os meios possíveis, a começar pela formação litúrgica em todos os níveis, bem como pelo uso da língua vernácula e pela transparência dos ritos. E que a liturgia romana, plenamente resgatada, também se adapte à mentalidade e às tradições dos povos, mas garantindo sempre a evidência do essencial que é o mistério pascal de Cristo.

E para que o essencial, isto é, o mistério de Cristo, pudesse reaparecer na sua pureza absoluta, era preciso limpar toda a "poeira" medieval e pós-tridentina que se foi acumulando sobre as expressões celebrativas próprias do rito romano, que o transformaram num complicadíssimo cerimonial religioso. Era preciso purificar o rito romano de todas as excrescências acumuladas ao longo dos tempos e que comprometiam seriamente a vivência do mistério pascal. Por isso, uma das grandes tarefas da Igreja a serem cumpridas será esta: resgatar a liturgia romana na sua pureza original. Como, na prática, enfatiza o próprio Concílio: "O texto e as cerimônias devem ordenar-se de

---

[18] Da "justificativa" do tema da 27ª Semana de Liturgia citada anteriormente, na nota 1.

[19] Cf. SILVA, José Ariovaldo da; SIVINSKI, Marcelino (org.). *Liturgia: um direito do povo*. Petrópolis: Vozes, 2001.

tal modo que de fato exprimam mais claramente as coisas santas que eles significam e o povo cristão possa compreendê-las facilmente, na medida do possível, e também participar plena e ativamente da celebração comunitária" (SC 21).

E ainda: "As cerimônias resplandeçam de nobre simplicidade, sejam transparentes por sua brevidade e evitem as repetições inúteis, sejam acomodadas à compreensão dos fiéis e, em geral, não careçam de muitas explicações" (SC 34; cf. também SC 50).

Numa palavra, "a grande novidade do Concílio Vaticano II foi devolver à Igreja a consciência de sua identidade de Povo de Deus, povo de batizados, nascido do lado aberto do Cristo (LG), movido pela fé, guiado pelo Espírito para ser no mundo sinal da páscoa de Jesus (GS). Novidade já presente no primeiro documento do Concílio, a *Sacrosanctum Concilium*, quando afirma ser a liturgia lugar onde o mistério da Igreja se manifesta (cf. SC 2). Ao enfatizar que as ações litúrgicas pertencem a todo o corpo da Igreja, sacramento da unidade, estabelece uma clara relação entre Igreja e liturgia; ao mesmo tempo que a liturgia é da Igreja, enquanto Povo de Deus reunido e ordenado tem sobre ela uma força de transformação que a faz progredir na fé e no testemunho, pela ação do Espírito (cf. SC 26)".[20]

---

[20] Da "justificativa" do tema da 27ª Semana de Liturgia citada anteriormente, na nota 1.

7. Um longo, trabalhoso e frutuoso trabalho percorrido e a percorrer

As disposições práticas da reforma litúrgica bem como a ampliação e aprofundamento teológicos para tais disposições foram sendo trazidas pouco a pouco mediante inúmeros documentos posteriores.

Antes de tudo, é bom lembrar que não podemos ler a SC sem uma conexão com os documentos conciliares posteriores. Destacaria a Constituição dogmática *Lumen Gentium* sobre a Igreja, na qual se define a Igreja como Povo de Deus, povo sacerdotal, corpo místico de Cristo, muito importante para a fundamentação da Sagrada Liturgia como celebração protagonizada por este povo guiado pelo Espírito; e a Constituição pastoral *Gaudium et Spes*, sobre a Igreja no mundo de hoje, muito importante também para a vivência da liturgia como celebração da História da Salvação que acontece precisamente no concreto chão da História da humanidade hoje.[21] Mas não podemos esquecer também a Constituição dogmática *Dei Verbum*, sobre a Revelação Divina ou, em outras palavras, sobre o sentido e a importância da Palavra, e esta resgatada na celebração da Sagrada Liturgia (cf. DV 21), bem como o Decreto *Unitatis Redintegratio*, sobre o ecumenismo, cujo sonho é o sonho da divina liturgia em termos de oração em comum (cf. UR 8).

---

[21] Muito significativo como se inicia o documento: "As alegrias e as esperanças, as tristezas e as angústias dos homens de hoje, sobretudo dos pobres e de todos os que sofrem, são também as alegrias e as esperanças, as tristezas e as angústias dos discípulos de Cristo" (GS 1). Isto significa que, na prática, a concreta realidade histórica da humanidade deve estar de alguma maneira sempre presente dentro da celebração.

As diretrizes da reforma com suas respectivas fundamentações teológico-litúrgicas foram sendo emanadas paulatinamente por uma série de documentos posteriores (*motu proprios* papais, "Instruções" da Sagrada Congregação dos Ritos,[22] bem como Instruções Gerais ou introduções aos livros litúrgicos, todos eles revisados), além de inúmeros outros.[23]

---

[22] Principais documentos da Sé Apostólica para a execução da SC, até hoje: *Sacram Liturgiam* (*motu próprio* de Paulo VI, de 25.01.1964, determinando a entrada em vigor de algumas prescrições da SC), *Inter oecumenici* (Primeira instrução da SCR e do conselho para aplicar a SC, de 26.09.1964), *Tres ad hinc annos* (Segunda instrução da SCR e do conselho para aplicar a SC, de 04.05.1967), *Liturgiae instaurationes* (Terceira instrução da Congregação para o Culto Divino para aplicar a SC, de 05.09.1970), *Varietates legitimae* (Quarta instrução da Congregação para o Culto Divino e a Disciplina dos Sacramentos para aplicar a SC, de 25.01.1994), traçando normas para a adaptação e inculturação da liturgia entre os diferentes povos, *Liturgiam authenticam* (Quinta instrução da Congregação para o Culto Divino e a Disciplina dos Sacramentos para aplicar a SC, de 28.03.2001), traçando normas para a tradução dos textos litúrgicos para as línguas vernáculas, *Redemptionis Sacramentum* (Sexta instrução da Congregação para o Culto Divino e a Disciplina dos Sacramentos, de 25.03.2004), tratando "sobre alguns aspectos que se deve observar e evitar acerca da Santíssima Eucaristia" (= documento que foi bastante contestado por causa do seu caráter mais proibitivo do que propositivo, com uma linguagem inibidora do andamento da reforma).

[23] Cf. PAULO VI. *Encíclica "Mysterium Fidei" sobre a Sagrada Eucaristia*, de 03.09.1965 (cf. *AAS* 57, 1965, p. 753-774; Documentos pontifícios 153. Petrópolis: Vozes, 1965); SCR. *Instrução "Eucharisticum Mysterium" sobre o Culto Eucarístico*, de 25.05.1967. Petrópolis: Vozes, 1967 (Documentos pontifícios 168); Id. *Carta Circular "Eucharistiae participationem" acerca das orações eucarísticas e das possibilidades oferecidas no missal para a feitura da celebração*, de 18.04.1973 (cf. *Notitiae*, Cidade do Vaticano, 9, 1973, pp. 193-201; *Sedoc*, Petrópolis, n. 64, 1973, col. 290-296); JOÃO PAULO II. *Carta apostólica "Domicae coenae" sobre o mistério e o culto da Eucaristia*, de 24.02.1980 (cf. *Notitiae*, Cidade do Vaticano, 16, 1980, p. 125-154; *Sedoc*, Petrópolis, n. 130, 1980, col. 897-918); Id. *Carta apostólica "Vicesimus quintus annus" sobre o XXV aniversário da "Sacrosanctum Concilium" sobre a Sagrada Liturgia*. Petrópolis: Vozes, 1989 (Documentos pontifícios 227); Id. *Carta apostólica "Dies Domini" sobre a santificação do domingo*, de 31.05.1998. São Paulo: Paulus, 1998; Id. *Carta Encíclica "Ecclesia de Eucharistia" sobre a Eucaristia e sua relação com a Igreja*, de 17.04.2003. São Paulo: Paulus/ Loyola, 2003; Id. *Carta apostólica "Mane nobiscum, Domine" para o ano da Eucaristia*, de 07.10.2004. 4. ed. São Paulo: Paulinas (A Voz do Papa 187); BENTO XVI. *Exortação apostólica pós-sinodal sobre a Eucaristia, fonte e*

Na América Latina e Caribe, o CELAM, através de suas conferências gerais de Medellín a Aparecida, e fazendo uma releitura do Vaticano II (SC, LG, GS etc.) levando em conta o contexto socioeconômico e cultural latino-americano,[24] busca aproximar a liturgia da vida do povo

---

ápice da vida e da missão da Igreja, de 22.02.2007. São Paulo: Paulinas, 2007 (A Voz do Papa 190); Id. *Carta apostólica "Summorum Pontificum" sobre o uso da liturgia romana anterior à reforma realizada em 1970*, de 07.07.2007. São Paulo: Paulinas, 2007 (A Voz do Papa 191) (documento que de certa maneira veio dificultar enormemente nestes últimos anos o andamento da reforma); Id. *Exortação apostólica "Verbum Domini" sobre a Palavra de Deus na vida e na missão da Igreja*, de 30.09.2010. São Paulo: Paulus, 2010 (A Voz do Papa 194); SCCD. *Diretório para celebrações dominicais na ausência do presbítero*, de 02.06.1988 (cf. *Notitiae*, Cidade do Vaticano, n. 263, 1988, p. 366-378; *Sedoc*, Petrópolis, n. 213, pp. 17-26, 1989); CONGREGAÇÃO PARA O CULTO DIVINO E A DISCIPLINA DOS SACRAMENTOS. *Diretório sobre piedade popular e liturgia. Princípios e orientações*. São Paulo: Paulinas, 2003 (Documentos da Igreja 12). Vale lembrar também os diferentes acordos ecumênicos sobre Batismo, Eucaristia e Ministérios (cf. col. Cuadernos Phase 2, do Centro de Pastoral Litúrgica de Barcelona, pp. 7-11, 12-21, 37-68; 15, pp. 5-72; 54, pp. 41-51). Enfim, para completar toda a documentação: KACZYNSKI, Reiner (org.). *Enchiridion documentorum instaurationis Liturgiae I (1963-1973)*. Turim: Marietti, 1976; Id., v. II (4.12.1973 – 4.12.1983). Roma: Edizioni Liturgiche, 1988; CAL. *Enchiridion liturgico*. Casale Monferrato: Piemme, 1989; PARDO, Andrés (org.). *Documentación litúrgica posconciliar*. Barcelona: Regina, 1995.

Vale lembrar que grande parte dessa documentação, inclusive o *Catecismo da Igreja Católica*, contribuiu também para preencher algumas lacunas teológicas e pastorais presentes na SC, já que este foi o primeiro documento conciliar (cf. GOENAGA, José Antonio. Vazios na constituição de liturgia. In: BOROBIO, op. cit., pp. 144-146; AROCENA, Félix Maria. La pneumatología litúrgica del Catecismo y de J. Corbon. *Phase*, Barcelona, n. 271, pp. 27-54, 2006; BUYST, Ione. O Espírito Santo e nós: "parceria" na liturgia. *Revista de Liturgia*, São Paulo, n. 231, pp. 4-8, 2012; SILVA, José Ariovaldo da. Algumas lacunas no documento. In: Id. *O mistério celebrado ao longo dos tempos. Panorama histórico geral da liturgia...*, cit., pp. 65-66.

24 Cf. CELAM. *A Igreja na atual transformação da América Latina à luz do Concílio. Conclusões de Medellín*. 8. ed. Petrópolis: Vozes, 1969; Id. *Conclusões da Conferência de Puebla. Evangelização no presente e no futuro da América Latina. 27.1 a 13.2 de 1979*. 13. ed. São Paulo: Paulinas, 2004; Id. *Santo Domingo. Nova Evangelização, Cultura Cristã e Inculturação*. Petrópolis: Vozes, 1992; Id. *Documento de Aparecida. Texto conclusivo da V Conferência Geral do Episcopado Latino-Americano e do Caribe. 13-31 de maio de 2007*. Brasília/São Paulo: Edições CNBB/Paulus/Paulinas, 2007.

empobrecido em busca de libertação. Também busca garantir que o povo pobre deste continente sinta-se o grande sujeito da celebração da liturgia, bem como busca resgatar uma liturgia com "a cara" desse povo, com base numa mútua fecundação entre liturgia e religiosidade popular. Igualmente, procura incentivar a inculturação da liturgia no meio de nosso povo latino-americano com sua cultura típica ("catolicismo popular"). Para tanto, insiste-se na necessária e urgente formação litúrgica em todos os níveis.[25]

No Brasil, especificamente, é "impossível negar os frutos do trabalho feito pela Igreja para devolver ao Povo de Deus a liturgia como uma fonte no caminho da fé. Inegável a emergência de ministérios leigos, de homens e mulheres, ampliando o horizonte ministerial da Igreja. São 50 anos de trabalho árduo, nem sempre (ou quase nunca) evidenciado pela mídia. Mas os frutos e as sementes estão aí".[26] Penso que nos podemos orgulhar do imenso volume de trabalho de qualidade já realizado e, consequentemente, dos significativos passos já dados para a constituição de uma liturgia com rosto brasileiro e vivamente participada

---

[25] Cf. SILVA, José Ariovaldo da. A reforma litúrgica pós-conciliar na América Latina e no Caribe. In: BUYST, Ione; SILVA, José Ariovaldo da. *O mistério celebrado: memória e compromisso I*, cit., pp. 68-75 (com bibliografia complementar); Id. A reforma litúrgica do Vaticano II vista pelas Conferências do Celam e perspectivas para o futuro. In: PIVA, op. cit., pp. 50-57 (Reforma litúrgica pós-conciliar na América Latina e no Caribe) e pp. 58-65 (Perspectivas: liturgia, fonte e ápice da vida dos discípulos e missionários de Jesus Cristo); Id. Reforma litúrgica pós-conciliar na América Latina e no Caribe. In: Id. *O mistério celebrado ao longo dos tempos. Panorama histórico geral da liturgia*, cit., pp. 68-73.

[26] Da "justificativa" do tema da 27ª Semana de Liturgia citada anteriormente, na nota 1.

por todos. Enfim, muito já foi feito, mas muito há que se fazer ainda![27]

A título de conclusão

Novo jeito de celebrar – novo jeito de ser Igreja: este foi o desafio proposto pelo Concílio Vaticano II. Desafio nada fácil! Pois, historicamente, no corpo eclesial foram assimilados padrões de compreensão de liturgia e de Igreja, bem como de comportamento "litúrgico" e "espiritual" – padrões medievais e pós-tridentinos que, direta ou indiretamente, dificultam toda busca de renovação. Pois esse material "litúrgico" e "eclesial" sedimentado no inconsciente eclesial católico continua ativo, o que podemos detectar pelos sintomas atuais, como: volta ao passado (missas tridentinas) ou, então, um inconsciente resgate do barroco, agora com tinturas modernas (representado pelas

---

[27] Cf. SILVA, José Ariovaldo da. Reforma litúrgica a partir do Concílio Vaticano II. In: LOPES GONÇALVES; BOMBONATTO, op. cit., pp. 304-313 (Reforma litúrgica pós-conciliar no Brasil); Id. Inculturação e liturgia no Brasil: desafios e perspectivas. In: TAVARES, Sinivaldo (org.). *Inculturação da fé*. Petrópolis: Vozes, 2001, pp. 95-106; Id. A reforma litúrgica do Vaticano II vista pelas Conferências do Celam e perspectivas para o futuro. In: PIVA, op. cit., pp. 58-65 (Perspectivas: liturgia, fonte e ápice da vida dos discípulos e missionários de Jesus Cristo); Id. *"Sacrosanctum Concilium"* e reforma litúrgica pós-conciliar no Brasil. Um panorama histórico no contexto histórico geral da liturgia: dificuldades, realizações, desafios, art. cit., pp. 285-294 (Reforma litúrgica pós-conciliar no Brasil); Id. Reforma litúrgica pós-conciliar no Brasil especificamente (Realizações, dificuldades, perspectivas e desafios futuros). In: Id. *O mistério celebrado ao longo dos tempos. Panorama histórico geral da liturgia*, cit., pp. 73-80; PINTO FARIAS, Hernaldo. *O contributo de D. Clemente Isnard, osb, à implantação da reforma litúrgica no Brasil* [Tese de mestrado]. Pontificium Athenaeum S. Anselmi de Urbe – Pontificium Institutum Liturgicum. Roma, mar. 2006, 177p.; BECKÄUSER, Alberto. A Sagrada Liturgia em reforma e renovação, do Concílio Vaticano II aos nossos dias. *Grande Sinal*, Petrópolis, maio/jun. 2013, pp. 259-275; cf. ainda: LELO, Antonio Francisco (org.). Obras pós-conciliares de liturgia publicadas originalmente no Brasil [Apêndice]. In: LÓPEZ MARTÍN, Julián. *A liturgia da Igreja. Teologia, história, espiritualidade e pastoral*, cit., pp. 557-567.

missas-show e espetaculares adorações e passeios do Santíssimo, superexaltação dos santos com seus milagres, da imagem do Cristo todo ensanguentado, e tudo incrementado com estridentes bandas "metaleiras", cantos melosos, longos sermões apologéticos e moralistas de um catolicismo individualista e de massa...). Penso que num sereno trabalho pós-conciliar de evangelização temos que levar em conta como pano de fundo esse inconsciente coletivo eclesial: atentos a ele, arraigado em cada um nós; e atentos a ele, arraigado em nosso corpo eclesial. Atentos a ele, mas não como "inimigo" a ser combatido ou eliminado, porém como chance provocativa para nos exercitarmos na nova consciência litúrgica e eclesial trazida pelo Concílio Vaticano II há 50 anos e, agora, significativamente despertada pelas palavras e atitudes do Papa Francisco.

5

"Dar frutos na caridade para a vida do mundo"
A teologia moral no Concílio Vaticano II

Eduardo Bonnín Barceló[1]

Alguns disseram que a teologia moral chegou com atraso ao Vaticano II. Em minha opinião, creio que isso seja verdade, mas que não é toda a verdade. Explico-me.

Certamente antes do Concílio não houve, nesta matéria, um movimento bíblico, ou um movimento ecumênico, ou um movimento litúrgico, ou um movimento de apostolado laical ou matrimonial, que foram os que ofereceram aos padres do Concílio um material mais ou menos elaborado no qual os bispos se basearam para a redação

---

[1] Sacerdote da Ordem dos Padres Escolápios. Cursou parte de seus estudos na Academia Alfonsiana de Roma. É doutor em Teologia Moral pela Universidade Pontifícia Comillas, de Madri. Desde 1965, se dedicou ao ensino de Teologia Moral em diversos centros de estudos superiores da Espanha, Itália, Costa Rica, Peru e México. Atualmente é professor emérito da Universidade Pontifícia do México. Publicou 17 livros e outros tantos trabalhos em obras coletivas, além de numerosos artigos científicos.

dos melhores documentos do Vaticano II: Igreja, liturgia, revelação, ecumenismo, apostolado dos leigos, *Gaudium et spes* etc.

O que não nega que já na Alemanha, e depois em Lovaina, não tenham surgido certas experiências renovadoras da teologia moral, mas cuja influência não se fez notar em nível de Igreja universal até depois do Vaticano II. Tenha-se presente, a título de exemplo, a publicação na Alemanha do livro *A lei de Cristo*, de Bernhard Häring, publicado em 1958.

1. A situação pré-conciliar

A teologia moral chegou ao Concílio numa situação de profunda crise. Creio que éramos muitos os que concordávamos com o que disse o cardeal canadense Leger na aula conciliar: "A teologia moral cristã ensinada nos seminários e universidades católicas não é nem teologia, nem moral, nem cristã".

Em que se fundamentavam essas críticas? Como se havia chegado a essa situação? Resumindo, mas muito sinteticamente mesmo, podemos falar de quatro falhas principais:

- Falta de fundamento bíblico (como consequência sobretudo do antirreformismo tridentino). Não é que não se citasse a Bíblia, mas essas citações na maioria das vezes eram apenas um enfeite, sem terem por base uma exegese crítica.

- Excessivo juridicismo: como consequência do divórcio com a teologia dogmática e de uma infeliz confusão entre moral e direito, que desembocou num tipo de moral heterônoma na qual quase tudo se reduzia à obediência à lei positiva. Tenha-se presente que na maioria dos seminários o professor de moral e o de Direito Canônico eram as mesmas pessoas, normalmente um canonista. Era o que o meu professor em Roma, o célebre Pe. Bernhard Häring, chamava de "amasiamento entre a moral e o direito canônico". E vamos deixar claro que se tratava dos antigos canonistas, porque não esqueçamos que depois do Concílio também os canonistas tiveram seu particular *aggiornamento*.

- Moral convertida em "pecatologia" e em receitas casuísticas. Isso como consequência de uma redução da moral a uma "moral para confessores" e do esquecimento do chamado universal à santidade, que depois o Concílio tratou magistralmente no capítulo quinto da Constituição sobre a Igreja.

O medo que essa moral convertida em ciência dos pecados provocava foi muito bem expresso numa célebre frase de Pascal: "Tu, Senhor, podes pedir-nos que te amemos, mas o que não nos podes pedir é que amemos a moral".

E isso não é um exagero. Um discípulo do anteriormente citado B. Häring fez uma tese sobre quantos pecados mortais poderia cometer um sacerdote celebrando o culto divino. E chegou a contar, nos manuais tradicionais, 250 possibilidades.[2] Por exemplo, dizia-se que se a missa fosse celebrada sem casula era pecado mortal; se não fossem colocadas as gotas de água no vinho a ser consagrado, isso também era pecado mortal; o que acontecia também se fossem ditas em voz alta as palavras da consagração; da

---

[2]   Cf. HÄRING, B. *Líneas fundamentales de una teologia moral cristiana*. Madrid, Paulinas, 1969. p. 124.

mesma forma era falta grave se não fosse rezada uma das quatro horas menores do breviário; e assim por diante. Por causa disso muitos dos sacerdotes mais santos acabaram pegando a doença dos escrúpulos. Nós, os moralistas da renovação pós-conciliar, podemos até ter metido os pés pelas mãos (o que se pode entender quando se abrem novos caminhos), mas o que ninguém pode negar-nos é o mérito de ter praticamente acabado com os escrúpulos.

- Excessivo individualismo e falta de inquietação pelo social. Isso como consequência de uma identificação do cristão com os interesses das classes conservadoras burguesas e de uma preocupação absorvente e angustiante pela salvação da alma.

Curiosamente esta falta de sensibilidade social foi acompanhada por uma sensibilidade quase patológica pelos temas ligados à sexualidade, de tal forma que chegou a ser opinião comum a doutrina que afirmava que nos pecados consentidos relacionados com a vida sexual não havia parvidade de matéria, isto é, sempre havia pecado mortal, ao passo que nos demais temas fazia-se distinção entre pecado mortal e pecado venial. A este respeito é interessante o que afirma o moralista espanhol Eduardo López Azpitarte:

> A discriminação efetuada entre o sexo e o restante dos problemas éticos é demasiadamente evidente para que não surjam suspeitas sobre a falta de objetividade. Na melhor das hipóteses, se tivéssemos levado a sério as afirmações tão repetidas de Cristo sobre o perigo das riquezas e a experiência histórica de tantas injustiças elaboradas

com o dinheiro, nossa moral econômica seria hoje muito mais rigorista do que a ética sexual.[3]

Por isso, quando no século XIX sugiram os problemas sociais relacionados com a revolução industrial, os teólogos moralistas não sabiam o que responder, e teve que ser o magistério pontifício com Leão XIII e sua *Rerum Novarum* a correr para "tirar as castanhas do fogo".

Uma análise muito acertada da situação da teologia moral pré-conciliar foi exposta por Jacques Leclerq em seu livro *O ensinamento da moral cristã*, publicado no início dos anos 50 do século passado. A reação do então denominado Santo Ofício foi uma carta proibindo a presença desse livro nas bibliotecas dos seminários e faculdades católicas de teologia.

2. A resposta do Concílio

A essa situação um tanto catastrófica o Vaticano II respondeu com um breve parágrafo do decreto *Optatam totius* sobre a formação sacerdotal. Um parágrafo pequeno, mas do qual se pode afirmar aquilo que da pimenta verde diz a canção *La Llorona*: "Picante, mas saborosa".

Depois de indicar que a Sagrada Escritura deve ser "a alma de toda a teologia", de assinalar como deve ser o ensinamento da teologia dogmática e que "as restantes disciplinas teológicas devem ser renovadas por meio de um contato mais vivo com o mistério de Cristo", acrescenta-se no n. 16d:

> Ponha-se especial cuidado em aperfeiçoar a teologia moral, cuja exposição científica, nutrida com maior

---

[3] AZPITARTE, Eduardo López. *Etica de la sexualidad y del matrimonio*. Madrid, Paulinas, 1992. p. 172.

intensidade pela doutrina da Sagrada Escritura, deverá revelar a excelência da vocação dos fiéis em Cristo e a sua obrigação de dar frutos na caridade para a vida do mundo.[4]

É um parágrafo em que não há nenhum desperdício e no qual cada palavra foi muito bem pensada. Acima de tudo, o ensinamento da teologia moral deve ser "científico". Científico com a cientificidade da ciência teológica e pelo seu contato com as ciências humanas, que nos ajudarão a descobrir quais comportamentos estão mais em concordância com a dignidade da pessoa humana em Cristo e com seus direitos humanos fundamentais. Não se deve, portanto, reduzir a teologia moral à casuística, o que não impede que, por razões pedagógicas, se possa apresentar algum exemplo de vez em quando.

Acrescenta-se que a teologia moral deve ser "nutrida com maior intensidade pela doutrina da Sagrada Escritura". O que não quer dizer que deve haver maior quantidade de citações bíblicas, mas maior "intensidade" do espírito e dos critérios bíblicos na argumentação da teologia moral.

Mas o ponto culminante desse parágrafo é atingido sobretudo quando se fala da missão, da finalidade da teologia moral. Não se trata mais de fornecer uma longa lista de pecados e depois distingui-los entre mortais e veniais. A finalidade da teologia moral é "revelar a excelência da vocação dos fiéis em Cristo e a sua obrigação de dar frutos na caridade para a vida do mundo". Por conseguinte, trata-se de uma moral de diálogo. A iniciativa (a vocação)

---

[4] Cf. um excelente comentário em: FUCHS, J. *Theologia moralis perficienda*. Votum Concilii Vaticani II. Roma, Ed. Pontificia Universitas Gregoriana, 1967. Cf. também MIFSUD, Tony. *Moral fundamental*. Bogotá, CELAM, 1996. pp. 89-90.

vem sempre de Deus, mas a pessoa humana, tanto como indivíduo quanto como membro do Povo de Deus da Nova Aliança, deve responder. A resposta positiva será a conversão. A resposta negativa será o pecado. Essa teologia moral de chamado-resposta, de indicativo-imperativo, está profundamente ancorada na história da salvação. E tudo – superando qualquer tipo de individualismo narcisista – a fim de "produzir frutos na caridade para a vida do mundo". O mais importante não é a salvação escatológica da pessoa (embora isso também deve ser levado em conta), mas o tornar presente o Reino de Deus já neste mundo.

Todo o parágrafo conecta-se muito bem com aquilo que, referindo-se ao Povo de Deus, é afirmado no n. 9 da Constituição *Lumen gentium*: "A condição deste povo é a dignidade e a liberdade dos filhos de Deus, em cujos corações habita o Espírito Santo como num templo. A sua lei é o novo mandamento, o de amar assim como o próprio Cristo nos amou. Por último, tem por fim dilatar sempre mais o Reino de Deus".

Creio que foi possível observar como o n. 16 da *Optatam totius* esteja se referindo, direta ou indiretamente, com uma resposta positiva, às falhas da teologia moral anterior ao Concílio, às quais me referi no começo desta exposição.

Quanto à relação da teologia moral com a teologia dogmática, necessária para a renovação da teologia moral, afirma um documento pós-conciliar da Congregação para a Educação Católica (1976):

> É acima de tudo necessário ter uma consciência viva acerca da conexão existente entre a teologia moral e a dogmática, o que permite considerar e tratar a moral como uma verdadeira e própria matéria teológica, em

conformidade com todas as regras fundamentais epistemológicas e metodológicas, válidas para qualquer teologia. A este respeito convém remeter-se à grande concepção, tão bem posta em destaque por São Tomás de Aquino que, como outros mestres, nunca separou a teologia moral da dogmática, e a inseriu, pelo contrário, no plano unitário da teologia sistemática, como parte concernente ao processo no qual o homem, criado à imagem de Deus e redimido pela graça de Cristo, tende para a plenitude de sua realização segundo as exigências da vocação divina, no contexto da economia de salvação historicamente efetuada na Igreja.[5]

Quanto à relação da teologia moral com o direito canônico, cuja confusão foi uma das causas da decadência da moral, é preciso levar em conta que esta estuda também as leis positivas como mediações para a vivência do amor em toda pessoa que vive em determinadas sociedades. Dentro dessas leis, o católico deve levar em conta as que concernem a ele enquanto membro da Igreja e que em sua maioria estão contidas no Código de Direito Canônico. Como essas leis canônicas carregam consigo uma obrigação de consciência, pois possuem uma conexão com o bem comum, estão relacionadas com a teologia moral. Mas é preciso superar totalmente a quase identificação que se deu em outros tempos, sobretudo nas questões sacramentais, entre moral e Direito Canônico. Entre os dois não deve haver nem matrimônio, nem divórcio, mas boas relações de amizade e de autonomia mútua.

---

[5] Cf. FUCHS, J. Teologia morale e dogmatica. In: Id. *Esiste una morale cristiana?* Roma/Brescia, Herder/Morcelliana, 1970. pp. 77-111.

3. A teologia moral em outros documentos do Concílio

Em outros documentos conciliares não se trata da teologia moral em geral, mas de questões concretas e controvertidas, às quais se dá uma resposta inovadora, às vezes diferente da que se defendia oficialmente nos anos imediatamente anteriores ao Concílio. Vejamos três casos.

A doutrina dos fins do matrimônio: no capítulo sobre a vida matrimonial da segunda parte da *Gaudium et spes* o Concílio mudou radicalmente a doutrina sobre os fins do matrimônio, expressa no Código de Direito Canônico de 1917. Neste dizia-se que o fim primário do matrimônio era a fecundação dos filhos e acrescentavam-se outros fins, secundários, que eram a ajuda mútua e o remédio da concupiscência. O Concílio, sem falar muito dos fins, fala do amor conjugal e da fecundidade como dos dois objetivos da união matrimonial. Ambos devem estar intimamente unidos e devem expressar-se na vida e nos atos sexuais dos esposos. Creio que é fácil deduzir as consequências éticas que isso teve e ainda deve ter sobre a moral matrimonial. Cf. especialmente os n. 49-51 da *Gaudium et spes*.

A superação da ética individualista e das leis meramente penais. No n. 30 da *Gaudium et spes* afirma-se que: "A aceitação das relações sociais e sua observância devem ser consideradas por todos como um dos principais deveres do homem contemporâneo". Pelos exemplos do texto e pelos debates da aula conciliar sabe-se que a intenção dos bispos era, sobretudo, eliminar uma teoria chamada "das leis meramente penais", praticamente aceita por todos durante muitos séculos, pela qual muitos católicos (ao contrário do que dizem Jesus e São Paulo no Novo Testamento) consideravam-se dispensados em consciência de pagar os impostos justos, com toda a pobreza que isso trouxe e traz consigo para os países majoritariamente católicos.

A regra da inteira liberdade na sociedade. No n. 7 da declaração sobre a liberdade religiosa (DH) afirma-se: "Deve manter-se o princípio de assegurar a liberdade integral na sociedade, segundo o qual se há de reconhecer ao homem o maior grau possível de liberdade, só restringindo esta quando e na medida em que for necessário". Ou seja, quanto mais liberdade, melhor. Creio que isso ia contra certa mentalidade católica tradicional, que ainda persiste em muitos. É claro que, para que a liberdade não se transforme em libertinagem, será preciso levar em conta as relações entre a liberdade e a busca da verdade (cf. *Veritatis Splendor* 96) e que o meu direito à liberdade não pode ser usado para ir contra a liberdade dos outros. Por outro lado será preciso dizer, parafraseando São Paulo, que, embora eu tenha muita liberdade, se não tiver amor, esta de nada me servirá (cf. 1Cor 13,1-3).

Precisamente para que não se abuse de tal princípio, a declaração conciliar afirma a seguir: "Este Concílio Vaticano exorta a todos, mas sobretudo aos que têm a seu cargo educar outros, a que se esforcem por formar homens que, fiéis à ordem moral, obedeçam à autoridade legítima e amem a autêntica liberdade; isto é, homens que julguem as coisas por si mesmos e à luz da verdade, procedam com sentido de responsabilidade, e aspirem a tudo o que é verdadeiro e justo, sempre prontos para colaborar com os demais" (n. 8).

Entristece-me concluir dizendo que a este n. 7 da declaração sobre o direito à liberdade religiosa, ao qual fiz referência, eu o chamo de "o parágrafo maldito do Vaticano II". Isso porque nos quase 50 anos que se vão desde a sua promulgação eu não o vi citado em nenhum documento do Magistério.[6] Seria bom voltar ao espírito do Concílio e ter menos medo da liberdade, porque "para ser livres é que Cristo nos libertou" (Gl 5,1).

---

[6] O texto conciliar de que falamos sequer foi citado no *Compêndio da Doutrina Social da Igreja*, publicado pelo Pontifício Conselho de Justiça e Paz, que tem um amplo parágrafo de várias páginas dedicado ao tema da liberdade (cf. Ed. CEM, México, 2005, pp. 73-77).

Parte III

Missão evangelizadora
num mundo pluralista

1

Missiologia como teologia fundamental

Paulo Suess[1]

O Vaticano II deu ênfase particular à "natureza missionária" da Igreja, Povo de Deus, que tem sua origem na missão da Santíssima Trindade (cf. AG 2,1; 6,6; LG 1,1; DAp 347). A articulação da natureza primordial do Povo de Deus com sua missão histórica nos permite compreender a missiologia como Teologia Fundamental. Seus "horizontes e eixos" (1) perpassem os contextos históricos e vivenciais dos povos, seus desafios e esperanças. No "canteiro de obra" (2) do Vaticano II, a missiologia se deu conta de que o monopólio salvífico da Igreja Católica produziu certa distância entre o mundo moderno, ao mesmo tempo secular, multicultural e plurirreligioso. Para superar essas múltiplas distâncias, os padres

---

[1] Presbítero diocesano, doutor em Teologia Fundamental. Trabalhou na Amazônia e, a partir de 1979, exerceu o cargo de secretário-geral do Conselho Indigenista Missionário (CIMI). Em 1987, fundou o Departamento de Pós-Graduação em Missiologia em São Paulo. Foi presidente da Associação Internacional de Missões (IAM). Atualmente, é assessor teológico do CIMI e professor de pós-graduação no Instituto de Estudos Superiores de São Paulo (Itesp).

conciliares escolheram dois eixos que permitiram novas aproximações entre Igreja, povos, sociedades e mundo moderno: "encarnação (inculturação)" e *aggiornamento* (3). O horizonte de uma Igreja voltada ao povo exigiu "novos acentos e acertos missiológicos" (4) que no "caminhar pós-conciliar" (5) foram forjados, testados e contestados. Finalmente, um *vade-mécum* (6) missiológico voltado à prática missionária procura amarrar o conjunto essencial da nova missiologia.

1. Horizontes e eixos

A Igreja Católica, como sistema social, não foi isenta de influências de aliados convenientes ou adversários declarados. Na passagem pela história de dois milênios e na convivência com sistemas patriarcais e feudais, imperiais e coloniais, democráticos e ditatoriais, resistência e alinhamentos políticos sempre deixam marcas entre adversários e aliados. Para a América Latina e Caribenha, missão hoje significa memória de um passado colonial que afetou as práticas missionárias, mas significa também memória de resistência e de solidariedade com as vítimas.

O passado colonial continua presente no sofrimento histórico e contemporâneo de sujeitos emergentes (povos indígenas, afrodescendentes, mulheres, minorias, pobres). Estes lutam para dar ouvido à sua palavra e por seu projeto de vida, por um novo contrato social e por um conceito dialogal, pluricultural e transnacional de universalidade. Da memória e do projeto são feitos os bastões da caminhada missionária. Ambos abrem horizontes de luta pelo bem viver de toda a humanidade, pela preservação da vida e pela redução do sofrimento. A missão como memória do sofrimento rompe com o esquecimento do passado; como proposta e projeto do Reino é a consciência de que algo falta no próprio projeto da modernidade e na sua assunção eclesial.

A missão lembra e celebra a memória da morte e ressurreição de Jesus Cristo e de seu projeto, o Reino de Deus anunciado aos pobres (Lc 4,18.43). Projeto e horizonte do Reino dão sentido ao caminhar histórico dos cristãos. Os peregrinos da América Latina contemplam nos crucificados da história o Filho de Deus crucificado e ressuscitado. Seguir a Jesus significa reconhecer as "feições sofredoras de Cristo" (DP 31) nos que sofrem, restaurar o "rosto desfigurado do mundo" (DSD 13) na prática da justiça e da generosidade (cf. DAp 31).

A memória da paixão de Cristo nos lembra da criação do mundo, de projetos de vida interrompidos e de toda a história, que precedeu à conquista e à colonização. Quem vive nas Américas tem uma longa história para contar. Basta visitar os sítios arqueológicos de Pedra Pintada, na Amazônia, de Lagoa Santa, as pirâmides do México e Guatemala, onde se encontram vestígios milenários dos primeiros habitantes deste continente. O projeto do Reino não se sobrepõe aos projetos interrompidos e reduzidos no solo americano, antes os acolhe e assume numa história de salvação sem fronteiras temporais e geográficas.

Edificado sobre o fundamento do Evangelho como prática do amor maior e anúncio do Reino, a missão é um sinal de contradição à colonização cultural, à exclusão social, à perda do sentido da vida e à destruição do planeta Terra. Como tal, produz sinais de justiça e cria imagens de esperança. A missiologia sustenta o querigma missionário elementar, que é a esperança.

2. O canteiro de obra do Vaticano II

No rastro desses horizontes fundamentais, da percepção do "divórcio entre a fé professada e a vida cotidiana" (GS 43,1) e da incapacidade de assumir com espírito crítico a modernidade como autêntica "preparação evangélica", o Vaticano II caminhou com certa lógica histórica aos campos da reforma, ruptura e missão.

As práticas missionárias com seus pressupostos missiológicos podem ser mostradas através da vasta correspondência missionária e dos documentos oficiais da Igreja. Num texto programático de Francisco Xavier (1506-1552), que, em 1927, junto com Teresinha do Menino Jesus, foi declarado padroeiro das missões católicas, escutamos uma voz autorizada, não só do século XVI, mas até da época do Concílio (1962-1965).[2] A situação missionária de Francisco Xavier era diferente da situação de José de Anchieta (1491-1556), no Brasil, ou, de José de Acosta (1540-1600), no Peru, cuja missão era integrada ao sistema colonial do padroado. Francisco veio do contexto da expansão ibérica, porém sem possibilidade de impor seu Evangelho com a ajuda do braço político. O único caminho aberto era o convencimento do outro. Mas o exclusivismo salvífico da Igreja Católica era um grande impedimento para a missão. Os neófitos do Japão perguntavam muitas vezes ao missionário: "Onde estão nossos pais e parentes falecidos?". E Francisco não tinha nenhum consolo. De Cochin, escreve em 29 de janeiro de 1552 a seus companheiros da Europa:

> Uma desconsolação têm os cristãos do Japão, e é que sentem em grande maneira dizermos que os que vão para

---

[2] Vale lembrar neste contexto a Bula *Cantate Domino*, do Concilium Florentinum, de 1442. Cf. DENZINGER-SCHÖNMETZLER, n. 1351.

o inferno não têm nenhum remédio. Sentem isso por amor dos seus pais e mães, mulheres, filhos e os outros mortos passados, tendo deles piedade. Muitos choram os mortos e perguntam-me se podem ter algum remédio por via de esmolas e orações. Eu digo-lhes que não têm nenhum remédio (Doc. 96,48).[3]

A afirmação da hegemonia salvífica da Igreja Católica valeu praticamente até o início do Concílio. Além de doutrinas da cristandade, o tempo pré-conciliar foi marcado por censuras antimodernistas, que desviaram o olhar da Igreja da realidade das pessoas e dos desafios da época. O Decreto do Santo Ofício *Lamentabili sane exitu* (3.7.1907), a Encíclica *Pascendi dominici gregis* (8.9.1907) e seguidas proibições de adaptações pastorais engessaram o trabalho missionário até a eleição de João XXIII (1958-1963) e estabeleceram um fosso entre Igreja Católica, o mundo moderno e religiões não cristãs. Esse mundo não queria escutar lamentações de uma instituição que perdeu seus privilégios nem aceitar bons conselhos de um regime pré-moderno.

Na hora do Concílio, três tarefas gigantes esperavam um novo encaminhamento missiológico:

- primeiro, era necessário fazer a Igreja amiga contemporânea da humanidade, conhecedora de sua história e reconhecedora amável de suas culturas (*aggiornamento* e inculturação);
- segundo, era indispensável repensar o monopólio salvífico exclusivo;

---

[3] Cartas y escritos de San Francisco Javier. Madrid: Biblioteca de Autores Cristianos (BAC), 1979, p. 401.

- terceiro, era preciso tirar as consequências das primeiras duas tarefas e admitir a passagem do método dedutivo ao método indutivo. Era preciso ver os princípios no contexto de sua gênese e atualização hoje.

A bandeira do *aggiornamento*, agitada por João XXIII, revelou, além da distância entre Igreja e mundo moderno, ainda outras distâncias: a distância entre povo e Igreja, entre Igreja e os pobres; entre a maneira de viver e celebrar a vida não só "no mundo moderno", mas também no mundo tradicional; entre pensamento teológico e imaginário popular. A proposta do *aggiornamento* macrocultural, crítico à modernidade, o Concílio o traduziu na microestrutura como inculturação nos diferentes mundos vivenciais e como construção de uma Igreja voltada ao povo (*versus populum*), como virada popular das práticas pastorais, litúrgicas, institucionais e teológicas.

"Ir ao encontro" e "ser atraente" – eis as duas tarefas eclesiológicas e pastorais do Vaticano II. A missiologia, que até o início do Vaticano II era um anexo optativo ao campo da pastoral, tornou-se teologia fundamental e núcleo central da teologia do Vaticano II. Impulsos elementares para a teologia da missão e a pastoral missionária vieram das Constituições sobre a Igreja (LG; GS) e a liturgia (SC), nos decretos sobre o ecumenismo (UR) e a vocação dos leigos (AA), e nas declarações sobre a liberdade religiosa (DH) e as religiões não cristãs (NA). O "Decreto *Ad gentes* sobre a atividade missionária da Igreja" apenas sintetizou essas dimensões que ganham a sua força radical pelas constituições sobre a Igreja (LG; GS).

3. Em busca de proximidade: encarnação e *aggiornamento*

A tentativa de definir o povo, adulto e autônomo, como sujeito da missão, sacudiu a instituição e a pastoral da Igreja Católica. Uma Igreja que olhou na sua liturgia para a parede, na sua teologia para o catecismo romano e em sua pastoral para as elites, deu no Concílio uma meia--volta *versus populum*. Essa "virada popular" exigiu que a Igreja estendesse seus braços em direção à macroestrutura da modernidade e das microestruturas dos contextos vivenciais dos povos. Nos contextos vivenciais encontrou os que foram vítimas de elementos dessa modernidade: os pobres e suas lutas pela redistribuição dos bens; e os outros, em busca do reconhecimento de sua alteridade.

O Concílio nomeou essa busca de proximidade com algumas palavras balbuciantes, como *"aggiornamento"* e "adaptação" (SC 37s; GS 514), "autonomia da realidade terrestre" (GS 36; 56) e da cultura, "sinais do tempo" (GS 4, 11), e "diálogo" (CD 13; UR 4), "encarnação" e "solidariedade" (GS 32). Mais tarde, sobretudo na América Latina, essas palavras foram traduzidas como "opção pelos pobres" e "libertação" (Medellín, 1968), "participação", "assunção" e "comunidades de base" (Puebla, 1979), "inserção" e "inculturação" (Santo Domingo, 1992), "missão", "testemunho" e "serviço" de uma Igreja samaritana e advogada da justiça dos pobres (Aparecida, 2007). Nenhuma dessas palavras descreve a totalidade do projeto missiológico e pastoral do Vaticano II.

O *aggiornamento* macroestrutural ao mundo moderno não afasta a Igreja dos contextos microestruturais dos pobres e dos outros. Pelo contrário, a modernidade disponibiliza os instrumentos em defesa da causa dos pobres e dos outros: autonomia e autodeterminação, universalidade de causas e subjetividade das pessoas, organização de lutas sociais e participação democrática, tolerância diante do outro e reconhecimento de sua alteridade.

Como inserir a herança da fé na dinâmica histórica da cultura contemporânea e nas culturas tradicionais? Ao definir-se como concílio pastoral, o Vaticano II procurou responder a essa pergunta. Procurou – através de uma metodologia indutiva partindo da realidade concreta das pessoas. À luz da fé, buscou com essa realidade estabelecer uma comunicação em linguagens contemporâneas, "porque uma coisa é o próprio depósito da fé [...] e outra é o modo de enunciá-las" (GS 62,2).

As linguagens da fé são linguagens analógicas, forjadas em contextos vivenciais do passado. Na origem dessas linguagens estão experiências da humanidade vividas com Deus e não conceitos dogmáticos. Ao contrário do conceito científico, a linguagem da fé não descreve, não denota fatos culturais ou científicos, mas aponta (conota) para outro nível da realidade, que é espiritual. A denotação sem conotação, o conceito dogmático sem experiência da fé é letra morta.

Os anúncios da fé se aproximam da realidade por meio de analogias históricas, culturalmente construídas. As representações de Deus e as fórmulas da fé são indicadores da verdade que não devem ser confundidos com a própria verdade. O Vaticano II procurou estabelecer uma nova comunicação com a humanidade em sua condição contemporânea e advertir para a fragilidade de uma definição dogmática sem experiência religiosa ou congelada em contextos culturais do passado.

A proximidade do mundo, e dos reais problemas da humanidade, e o reconhecimento da autonomia da realidade terrestre e da pessoa são aprendizados históricos; são buscas permanentes para escapar da conformação alienante e adaptação superficial ao mundo, bem como do distanciamento deste mundo em nichos de bem-estar espiritual.

O Concílio distinguiu e unificou, pastoralmente, os dois níveis e as duas dimensões da realidade: o natural e o sobrenatural, a encarnação na microrrealidade e a autonomia na realidade do mundo moderno. Ambas as realidades têm dignidade própria, "sem separação" e "sem confusão" (Calcedônia: *indivise, inconfuse*). Palavras como "encarnação", "inserção" e "inculturação" na microrrealidade dos pobres são acopladas à macrorrealidade, e ambas as dimensões da realidade são amparadas por autonomia e subjetividade que têm sua raiz profunda no mistério da criação, na "realidade fundante" de Deus.

Autonomia significa rejeição a qualquer forma de tutela, submissão ou colonização. A proximidade do pastor significa proteção às "ovelhas", opção pelos pobres e pelos outros; não suspensão de sua liberdade. A tarefa fundamental da missão é o favorecimento de um processo que torne as pessoas adultas sem as abandonar à liberdade do mercado e sem suspender a solidariedade, numa sociedade marcada por desigualdade estrutural e negação de solidariedade.

O *aggionamento* pastoral visa à assunção dos múltiplos contextos socioculturais com responsabilidade adulta.

A proximidade ao Evangelho e a autonomia das realidades terrestres são o canto firme que une os documentos conciliares. A partir desse olhar indutivo e bifocal, o Vaticano II constrói seu discurso teológico.

4. Novos acentos e acertos missiológicos

Ao colocar a tradição da Igreja Católica em novos contextos vivenciais, os documentos do Vaticano II tiveram que costurar elementos de tradição milenar com contextos da era moderna. No dia 22 de dezembro de 2005, o Papa Bento XVI admitiu, em discurso a seus colaboradores da Cúria Romana, que a verdadeira reforma do Concílio se mostra no "conjunto de continuidade e descontinuidade a diversos níveis". O entrelaçamento entre continuidade, novos acentos e descontinuidade, respaldado nos documentos conciliares, exige uma compreensão histórica e relacional das verdades da fé, sem ceder ao relativismo.

A seguir algumas inspirações do Vaticano II e das Conferências Episcopais Latino-americanas que, em seu conjunto, representam o fio condutor para uma nova missiologia:

1) A centralidade de Deus Uno e Trino é o ponto de partida da reflexão teológica. Por ser amor, Deus é origem e fim da missão da Igreja. Reconhecer Deus como sujeito e ator da história e da missão alivia o peso do labor missionário. Portanto, devemos pedir a Deus não isso ou aquilo, mas o dom que ele mesmo é. Pedir a Deus significa pedir ouvidos abertos, mãos estendidas, uma vida que se doa, e voz profética que não se cala.

2) Deus se revela de muitas maneiras e dirige a sua Palavra (*Dei verbum*) aos povos (*Ad gentes*). Esses povos

são convocados a seguir Jesus Cristo, que é a "luz dos povos", e a constituir a Igreja Povo de Deus (*Lumen gentium*). "Bispos e fiéis colaboram estreitamente na conservação, exercício e profissão da fé transmitida" (DV 10). Deus "que outrora falou mantém um permanente diálogo" (DV 8,3) com a Igreja. A Tradição, oriunda dos apóstolos, progride sob a assistência do Espírito Santo: cresce e aponta para a plenitude num horizonte escatológico (cf. DV 8,1-2).

3) O Povo de Deus tem uma missão pública, histórica e profética, a serviço dos pobres. A missão histórica é, ao mesmo tempo, uma missão escatológica. Ela se desdobra no serviço à unidade dos cristãos (*Unitatis redintegratio*), à liberdade religiosa (*Dignitatis humanae*), ao cultivo das relações com religiões não cristãs (*Nostra aetate*).

4) A Igreja é, antes de qualquer estruturação hierárquica, Povo de Deus. Como tal, todos os fiéis participam do sacerdócio comum (cf. LG 10) e da infalibilidade "no ato de fé". "O conjunto dos fiéis, ungidos que são pela unção do Espírito Santo (cf. 1Jo 2,20 e 27), não pode enganar-se no ato de fé" (LG 12). Existe uma responsabilidade colegiada entre todos os batizados que têm um papel ativo na articulação, no desdobramento concreto e na propagação da fé (cf. LG 17).

5) O Povo de Deus tem por "condição a dignidade e a liberdade dos filhos de Deus", por "lei" o mandamento novo e por "meta" o Reino de Deus (LG 9b). O Povo de Deus se constitui a partir dos pequenos que, na lógica do Reino, são caminhos da Verdade e porta para a Vida.

6) A Igreja Povo de Deus celebra a sua fé (SC). Sua liturgia é missionária porque mostra o fim último da

missão: Que Deus seja louvado em tudo e em todos!" "A Constituição sobre a Sagrada Liturgia" abriu, através das discussões sobre a língua vernácula (SC 54) e a integração de elementos culturais da tradição dos povos na liturgia (SC 65), caminhos para as discussões posteriores sobre o paradigma da inculturação.

7) Deus está no mundo e envia ao mundo. O Concílio traduziu essa presença de Deus através da palavra *aggiornamento* como duas tarefas: fazer-se presente e ir ao encontro. O fazer-se presente no mundo contemporâneo é tarefa eminentemente pastoral e eclesial, portanto, missionária.

8) Essa presença de Deus encontrou sua expressão nos textos que falam da inserção, da inculturação, da assunção da humanidade e do seu mundo cultural diversificado (AG 3b, DP 400), e da opção pelos pobres (GS 88; AA 8c.d; CD 13a; DM XIV 3,9; DAp 391). A metodologia do *ver, julgar, agir* tem a conotação trinitária do *aggiornamento*: *ver* com o olhar de Deus, *julgar* segundo o discernimento do Espírito e *agir* segundo o exemplo de Jesus.

9) A "Igreja Povo de Deus" vive o envio trinitário no seguimento de Jesus, anunciando o Reino como meta historicamente relevante e escatologicamente significativa.

10) "O Salvador quer que todos os homens se salvem" (LG 16; cf. 1 Tm 2,4). A partir da universalidade, a ação evangelizadora se reveste de formas múltiplas, mas nunca isoladas ou individualistas (cf. GS 32; PO 7). No interior da "Igreja-Povo de Deus" haverá, na unidade plural do Espírito Santo, certa comunhão e diversidade de bens, dons e metas.

11) Por sua íntima ligação com a cruz e a Eucaristia, o Povo de Deus é despojado no seu caminhar e convidativo no seu anúncio. "A Igreja cresce, não por proselitismo, mas 'por atração: como Cristo atrai tudo para si com a força do seu amor'" (DAp 159).

12) "A Divina Providência não nega os auxílios necessários à salvação àqueles que sem culpa ainda não chegaram ao conhecimento expresso de Deus e se esforçam, não sem a divina graça, por levar uma vida reta. Tudo o que de bom e verdadeiro se encontra entre eles, a Igreja julga-o como uma preparação evangélica, dada por aquele que ilumina todo homem, para que enfim tenha a vida" (LG 16; cf. AG 7,1).

13) "Os que ainda não receberam o Evangelho se ordenam por diversos modos ao Povo de Deus" (LG 16). O Vaticano II respalda a possibilidade da salvação aos seguidores de outras religiões (LG 16; AG 7a). "O plano da salvação abrange também aqueles que reconhecem o Criador" (LG 16). "A Igreja Católica nada rejeita do que há de verdadeiro e santo nas [nestas] religiões [...]. Se bem que em muitos pontos estejam em desacordo com os que ela mesma tem e anuncia, não raro, contudo, refletem lampejos daquela Verdade que ilumina a todos os homens" (NA 2,2). Nessa abertura, o diálogo faz sentido. É um pressuposto da missão e uma categoria transcendental de liberdade e libertação (DAp 239).

14) Enfim, o Concílio articula a liberdade religiosa com a "dignidade da pessoa humana" e os direitos humanos e estabelece a prerrogativa da liberdade diante da verdade: "O direito à liberdade religiosa se funda realmente na própria dignidade da pessoa humana [...] e deve ser de tal forma reconhecido, que chegue a converter-se em

direito civil" (DH 2,1). A convivência harmoniosa das diferentes religiões é a prova de que essa liberdade de fato existe: "Ninguém seja obrigado a agir contra a própria consciência, nem se impeça de agir de acordo com ela" (DH 2,1).

Destes novos acentos emergem cinco passos ou imperativos que se aproximam a rupturas em comparação com doutrinas ou comportamentos anteriores:

1º Do eclesiocentrismo à centralidade do Reino: a meta da Igreja e da missão é o Reino de Deus (cf. LG 9; DAp 33, 190, 223) como Reino da vida; seu anúncio é historicamente relevante para além da história.

2º Do território missionário à natureza missionária da Igreja Povo de Deus, que vive em "estado de missão" (DAp 213, cf. AG 2).

3º Da missão *ad gentes* à missão *inter gentes*.[4]

4º Da supervisão administrativa ou alienação cultural à inculturação: significa lutar na proximidade aos pobres e outros pela redistribuição dos bens e pelo reconhecimento da alteridade; significa assumir de perto a opção pelos e com os pobres e outros, com o cultural e o materialmente disponível para construir um mundo para todos (DAp 8, 257, 393, 395, 398).

5º Do monopólio salvífico à partilha da graça da salvação: se os missionários e as missionárias até a primeira metade o século XX eram obrigados, em nome da Igreja, a negar a possibilidade de salvação

---

[4] SUESS, Paulo. *Introdução à teologia da missão*. Convocar e enviar: servos e testemunhas do Reino. 3. ed. Petrópolis, Vozes, 2007, cf. pp. 217s.

para os não cristãos, o Vaticano II rompeu com a reivindicação desse monopólio.[5]

5. Caminhar pós-conciliar

O tempo pós-conciliar é marcado por grandes mudanças sociopolíticas e culturais. O *aggiornamento* dos anos 1960, com suas respostas para aquele tempo, já a partir de 1968 foi radicalmente questionado. No âmbito eclesial, o tempo pós-conciliar sofreu grandes polarizações. Por um lado, está marcado por ajustes teológicos fiéis às intenções básicas do Vaticano II e, por outro, por tendências pré--modernas, cristalizadas no tempo antes do Concílio, bem como pelo pensamento pós-moderno relativizante.

Passaram-se 50 anos desde o início daquela "virada popular", que tinha como objetivo "continuar a obra do próprio Cristo que veio ao mundo para dar testemunho de verdade (cf. Jo 18,17), para salvar e não para condenar, para servir e não para ser servido" (cf. Jo 3,17; Mt 20,28; Mc 10,45). Nesse conjunto de "testemunho", de "salvação/libertação" e "serviço", a Igreja procurou novas orientações para sua missão de "anunciar o Reino de Cristo e de Deus" (LG 5,2).

Em sua Encíclica *Ecclesiam suam* (n. 27), Paulo VI assume o discurso do *aggiornamento* de João XXIII e justifica o método indutivo "como orientação programática". Na última sessão do Concílio, no dia 7 de dezembro de 1965, o Papa respondeu ao setor que acusou o método indutivo do Concílio de ter desviado o foco teológico das matérias tratadas para um foco meramente antropológico, afirmando que os valores humanos e temporais não estão separados do interesse religioso mais autêntico (ES 27).

---

[5] Ibid., cf. pp. 188ss; 212s.

Sinteticamente se poderia dizer: o método dedutivo aplica princípios gerais aos contextos e sua realidade concreta. O método indutivo procura, a partir da realidade concreta em que o povo vive, a partir da realidade contextual e histórica, anunciar a Boa-Nova. A Conferência de Aparecida (2007) reconheceu a necessidade de a Igreja "repensar profundamente e relançar com fidelidade e audácia sua missão nas novas circunstâncias latino-americanas e mundiais" (DAp 11). Repensar a missão no contexto do cinquentenário do Concílio Vaticano II (1962-1965) significa aprofundar origem e alcance da "natureza missionária" (cf. AG 2) de todos os batizados. Cabe-nos seguir os rastros dessa "natureza missionária" no tempo pós-conciliar. "Fidelidade", nessa reconstrução, só faz sentido se houver "audácia" na recepção, nos *aggiornamentos* contínuos e na projeção do Vaticano II.

A "fidelidade" remete-nos não só às origens do Cristianismo, à revelação e tradição apostólica, mas também à relatividade de costumes e à necessidade de acréscimos históricos e culturais, que se podem configurar pontes e prisões. Cada época precisa discernir entre tradição e tradicionalismo para ser fiel às intenções do *aggiornamento*, que deram origem ao Vaticano II.

"Audácia" é a outra componente do *aggiornamento* que forja tradução, encarnação e comunicabilidade do Cristianismo em novos contextos micro e macroculturais. A urbanização que impulsionou as transformações culturais da América Latina nesses anos pós-conciliares afetou a presença pastoral das Igrejas em todos os contextos socioculturais. Exige-se hoje um discernimento audaz tanto na assunção dos múltiplos projetos de vida, que culturas regionais representam, como na avaliação de conquistas da modernidade que, com sua dupla face de progresso e violência, beneficiam e ameaçam a sobrevivência da humanidade.

Assunção crítica da modernidade e diálogo aberto com ela devem ser rigorosamente diferenciados de adaptações modernizantes de meios e linguagens ("modernização conservadora"). Missas e ministros midiáticos, alinhados a padrões de marketing, destroem o sagrado e não representam contribuições para *aggiornamentos* ou inculturação. "Fidelidade" e "audácia" na assunção do passado e no *aggiornamento* do mundo moderno estão rodeadas de perigos.

A fidelidade está ameaçada por cristalizações de um tradicionalismo fundamentalista sem consciência histórica e pela resistência do patriarcalismo contra uma humanidade adulta e sociedade leiga, que não aceita qualquer tipo de tutela eclesiástica. A audácia pode ser confundida com adaptações apressadas, com modernizações meramente técnicas, com a corrida atrás de modas e do sempre novo, igualmente sem consciência histórica. Continuísmo a-histórico e esquecimento das próprias raízes são perigos reais.

6. *Vade-mécum* missiológico

Este *vade-mécum* resume lembretes pós-conciliares para a vida missionária cotidiana que, de manhã, podem servir para animar a jornada missionária e, de noite, como exame de consciência.

1) Da origem

A Igreja Povo de Deus nasceu do amor de Deus que no envio trinitário transborda para toda a humanidade. O Povo de Deus vive o envio trinitário no seguimento de

Jesus, anunciando o Reino e convocando a humanidade para o encontro definitivo com Deus. A missão vem de Deus e volta para Deus.

2) Do objetivo

Jesus enviou os seus discípulos para anunciar a boa notícia da assunção, da recapitulação e da reintegração da humanidade e do mundo no projeto de Deus (cf. Jo 17,21). Jesus coloca os discípulos na linhagem da missão divina: "Como tu me enviaste ao mundo, também eu os enviei ao mundo" (Jo 17,18).

3) Dos protagonistas

Em seus discursos axiais da sinagoga de Nazaré (Lc 4), das bem-aventuranças (Mt 5) e do último juízo (Mt 25), Jesus de Nazaré é muito claro. Os protagonistas de seu projeto que é o Reino são, sobretudo, as vítimas, os pobres, contritos, cativos, cegos, famintos, sedentos, oprimidos, odiados, peregrinos, estranhos, maltrapilhos, enfermos. Mas estes não são apenas protagonistas ou destinatários do projeto missionário, são também representantes de Deus no mundo, são caminhos da verdade e porta da vida. Como tais, apontam para um outro mundo que é necessário, possível e real.

4) Dos conflitos

O Projeto de Deus que é o Reino coloca o Povo de Deus não só no meio dos pequenos, dos pobres, dos excluídos como um grupo exterior a eles. O Povo de Deus se constitui a partir dos pequenos, pobres e excluídos. O Povo de Deus denuncia o antiprojeto que se manifesta no início da vida pública de Jesus através das tentações (Lc 4,1). O antiprojeto é o reino do pão não partilhado, do poder que não se configura como serviço, do privilégio que favorece a acumulação e do prestígio que organiza eventos em vez de articular processos de transformação.

5) Da missão

A partir dos conflitos que envolvem os pobres e os outros, os excluídos e os que sofrem, compreende-se a missão como militância por um mundo melhor e por transformações históricas concretas. A missão é integral (abrange a pessoa em sua totalidade), específica (geográfica e socialmente situada) e universal (articulação dos diferentes segmentos sociais numa causa comum). A missão é universalmente contextualizada e aponta a partir de contextos concretos até os confins do mundo.

6) Do anúncio

O anúncio missionário central é a justiça da ressurreição. Através da ressurreição de Jesus, Deus rasgou a sentença da morte do justo. O anúncio missionário é um anúncio em defesa da vida em todas as suas dimensões (desde a não manipulação de embriões até as questões ecológicas). A operacionalização deste anúncio acontece através de sinais de justiça e imagens de esperança.

7) Do método

Cultivamos o trigo, não o joio (cf. Mt 13,24-30). Sabemos, porém, que o joio faz parte da realidade histórica. O mundo dos "puros" seria um mundo do terror e da intolerância. O fim almejado pela missão há de estar presente nos passos do cotidiano. A ternura do amor e a visão indutiva da realidade norteiam a ação missionária.

8) Dos meios

Trabalhamos com o culturalmente disponível. A solidariedade missionária se realiza através da inculturação concreta nos contextos (cf. GS 32). Meios sofisticados são um contratestemunho para a missão. A eficácia missionária não está nos instrumentos utilizados, mas na coerência entre a mensagem do Reino, sua contextualização e no nosso estilo de vida. Entre todos os meios, porém, a partilha, simbolicamente celebrada na Eucaristia, é o "instrumento" mais importante da missão. Ao repartir o pão que sacia a fome do povo, os discípulos de Emaús reconheceram Jesus ressuscitado.

9) Da identidade

A identidade missionária é a identidade do caminho. Peregrinamos no mundo sem ser do mundo. Somos esperança da água em tempo de seca, esperança do pão em tempo de fome, esperança de sentido num mundo absurdo. Somos esperança pela presença, pelo testemunho, pelo serviço e pelo anúncio do Reino. Somos cidadãos do Reino, não funcionários de instituições ou sistemas. O caminhar na utopia do Reino produz formas radicais da partilha.

10) Da gratuidade

A gratuidade e a fundação da Igreja nos ligam de um modo especial ao Espírito Santo. Como dom de Deus, ele é pai dos pobres e protagonista da missão. Na gratuidade se concretiza a nossa resistência contra a lógica do custo-benefício. A gratuidade é condição da não violência e da paz. A gratuidade não permite desigualdades por causa da apropriação particular dos bens deste mundo. A gratuidade aponta para a possibilidade de um mundo para todos na unidade do Espírito Santo: "É gratuitamente que fostes salvos, por meio da fé. Isto não provém de nossos méritos, mas é puro dom de Deus. Não provém das obras, para que ninguém se glorie" (Ef 2,8s).

2

O ensino ecumênico
do Concílio Vaticano II

Elias Wolff[1]

O Concílio Vaticano II (1962-1965) foi decisivo para que a Igreja Católica superasse as resistências ao movimento ecumênico, nascido no meio protestante nos inícios do século XX. Tendo colocado o ecumenismo como "um dos principais objetivos do sagrado Sínodo Ecumênico Vaticano II" (UR 1), o Concílio impulsionou a Igreja Católica para construir com outras Igrejas um diálogo bilateral e multilateral, integrar organismos ecumênicos em diferentes países e continentes, realizar projetos de cooperação na evangelização e na ação social. Essa postura tem sustento em uma reflexão teológica, pastoral e espiritual que favorece um modo de ser Igreja que se caracteriza pelo diálogo, o respeito e a acolhida às

---

[1] Presbítero da diocese de Lages/SC. Bacharel em Filosofia pela PUC de Curitiba, em Teologia pelo Instituto Teológico de Santa Catarina, e doutor pela Universidade Gregoriana, Roma. Professor do Programa de Pós-graduação em Teologia na PUC, em Curitiba, e assessor da Comissão Episcopal Pastoral para o Ecumenismo e o Diálogo Inter-religiosoda CNBB.

diferenças, a parceria. A Igreja, com o Vaticano II, "integrou-se de modo irreversível nos caminhos da busca ecumênica" (*Ut unum sint*, n. 13).

As celebrações do cinquentenário do Vaticano II oferecem oportunidades privilegiadas para uma revisitação do Concílio que concentre a atenção em sua dimensão ecumênica. Passados 50 anos de participação da Igreja Católica no movimento ecumênico, emergem algumas questões, entre outras: como as orientações ecumênicas do Vaticano II são, atualmente, recebidas e observadas nas diferentes Igrejas locais? Que estruturas favorecem para dar à Igreja Católica solidez e estabilidade no diálogo ecumênico que ela se propõe realizar? Quais os principais desafios e quais os frutos do diálogo já realizado?

Propomo-nos, aqui, apontar caminhos de respostas a essas questões, retomando o ensino ecumênico do Vaticano II com o intento de mostrar que o ecumenismo não é apenas um tema, mas um horizonte teológico, pastoral e espiritual do Concílio. Ele é um elemento transversal no programa de *aggiornamento* da Igreja conciliar. No Vaticano II há uma relação identitária entre Igreja e ecumenismo, de modo que a fragilidade ou a força da convicção ecumênica dos cristãos católicos de nossos dias explicitam a fragilidade ou a força na convicção da recepção do próprio Vaticano II.

1. O Concílio Vaticano II, fato ecumênico

O movimento ecumênico, nascido no meio protestante no final do século XIX e início do século XX, por muito tempo encontrou resistência da parte do magistério católico, que chegou a proibir tacitamente os cristãos católicos de nele participarem.[2] Mas os muros que impossibilitavam as relações dos católicos com outros cristãos foram paulatinamente se rompendo. As primeiras frestas foram abertas pelos esforços de teólogos ainda do século XIX, como Johann Adam Möhler (1796-1838) e John Henry Newmann (1801-1890), que podem ser considerados precursores e pioneiros do ecumenismo na Igreja Católica, ao proporem uma concepção de unidade eclesial que supera a perspectiva institucionalista, juridicista e visibilista, própria da eclesiologia da "sociedade perfeita".[3] Outro passo significativo foi a acolhida na Igreja Católica da Semana de Oração pela Unidade dos Cristãos,[4] bem como a aprovação

---

[2]   Em 1928, em sua encíclica *Mortalium animos*, Pio XI escrevia sobre os encontros ecumênicos no meio protestante: "a Sé Apostólica não pode de modo algum participar das suas reuniões, e de nenhum modo os católicos podem aderir ou ajudar tais tentativas". O Santo Ofício, em decreto de 8 de julho de 1928, respondeu *non licet* à consulta: "se é permitido aos católicos assistirem, ou interessarem-se por reuniões, agrupamentos, conferências, ou sociedades de não católicos, que tenham por objetivo reunir sob um só pacto religioso (*uno religionis foedere*) todos aqueles que de alguma forma reivindicam o nome de cristãos" (DH 2199) (ROCHA, Z. B., Ecumenismo: avanços e recuos. *Revista Eclesiástica Brasileira*, 241 (2001), pp. 85-100. Aqui, p. 87).

[3]   Mohler contribuiu muito para que os temas da unidade e do aspecto místico da Igreja entrassem na eclesiologia. Valorizou a interioridade nas estruturas visíveis da Igreja e a abertura aos padres, o que favorece o diálogo ecumênico (*A Unidade*, Tubinga, 1825; *Symbolica*, Mainz, 1832). Newmann viu a Igreja em sua estrutura sacramental, como continuadora da vida da graça, valorizando sua vitalidade e concreção mística. Sua compreensão da Igreja se baseia na noção de santidade, e a afirmação de sua dimensão histórica não tem o tom apologético como era normal em seu tempo (NEWMAN, J. H. *Apologia pro vita sua*. London, 1864; *Parochial and Plain Sermons*, London, 1869).

[4]   Em 1865 o Papa Leão XIII, no seu Breve *Providae Matris*, recomendou uma Semana de Oração pela Unidade dos Cristãos na primeira semana de Pentecostes: "Trata-se de rezar por uma obra comparável à renovação do primeiro Pentecostes, onde, no Cenáculo, todos os fiéis estavam congregados em redor da Mãe de Jesus, unânimes no pensamento e na oração". Em 1867, escreve a Carta encíclica *Divinum illud múnus* sobre o valor da oração, em que se pede que o bem da unidade dos cristãos possa amadurecer. Quando a Society of the Atonement se tornou corporativamente membro da Igreja

pelo Papa Pio XI do diálogo católico-anglicano, conhecido como "Conversações de Malinas" (1921-1926). Esses elementos são catalizados na teologia de Yves Congar, primeiro teólogo católico a sistematizar uma eclesiologia em perspectiva ecumênica.[5] Está, então, preparado o caminho para, pela primeira vez, o magistério católico reconhecer o movimento ecumênico como fruto da ação do Espírito Santo – Pio XII, *De motione oecumenica* (1949).

Contudo, nenhuma dessas iniciativas se igualam ao que aconteceu no Concílio Vaticano II. Esse Concílio não apenas reconhece o valor do movimento ecumênico, mas o acolhe como algo próprio da Igreja Católica, integrando-a definitivamente nas iniciativas de diálogo em busca da unidade dos cristãos. Para isso, o próprio Concílio foi um "fato ecumênico", o que se constata em quatro principais elementos:

a) A intenção ecumênica do Concílio

Ao propor o Concílio como um *aggiornamento* da doutrina católica com a finalidade de ajudar a Igreja Católica a melhor compreender a sua natureza, sua identidade e missão, João XXIII entendeu que isso só seria possível

---

Católica, o Papa Pio X concedeu em 1909 a sua bênção oficial à Semana de Oração pela Unidade dos Cristãos no mês de janeiro. Mas foi Bento XV que a introduziu de maneira definitiva na Igreja Católica. Também Pio XII, na sua Carta encíclica *Mystici corporis* (1943), reiterava que, seguindo o exemplo de Jesus Cristo, teria rezado pela unidade da Igreja. É significativo o fato de o Papa João XXIII ter anunciado o Concílio no dia 25 de janeiro de 1959, encerramento da Semana de Oração pela Unidade dos Cristãos (KASPER, W. *Caminho e significado do movimento ecumênico*. Disponível em: < http:// www.vatican.va/roman_curia/pontifical_councils/chrstuni/card-KASPER--docs/rc_pc_chrstuni_doc_20080117_KASPER-ecumenismo_po.html > (Acesso em: 27 ago. 2013).

[5] CONGAR, Y. *Chrétiens désunis. Principes d'un oecuménisme catholique*. Paris: Cerf, 1937.

refletindo também sobre sua condição na relação com as demais Igrejas. No dia 25/12/1961, João XXIII anunciou que o Concílio iniciaria em 1962, e que seria um convite às comunidades separadas para a procura da unidade.[6] O ecumenismo tornou-se "um dos principais propósitos do sagrado Concílio Ecumênico Vaticano II" (UR 1). Isso surpreendeu a todos e precisava superar muitos desafios. Primeiro, a resistência ao ecumenismo, visto como coisa de protestantes. Segundo, o pluralismo eclesial precisaria ser visto com um novo olhar, não mais na ótica da apologética combativa e conflitiva, mas na perspectiva do diálogo, da convivência e da cooperação. Terceiro, era necessário conciliar dois sentidos de unidade/comunhão: um como a reunião das Igrejas separadas em torno de um centro, Roma; outro como uma associação das Igrejas, nenhuma das quais pode pretender-se herdeira formal da Igreja dos apóstolos. Como propor o ecumenismo sem que a ideia do "centro" indique "retorno" e uniformidade, mas real abertura para uma nova condição da Igreja, reconciliada em suas diferentes tradições históricas? Eis o principal desafio a ser enfrentado.

Os bispos esforçam-se para fugir da ideia de retorno, mas não imaginam uma Igreja única que não esteja ligada ao primado pontifício. Avançam na reflexão na medida em que renovam sua eclesiologia, considerando a Igreja Católica no seu devir histórico. Assim, concebem a unidade como uma recuperação, um movimento para a frente, imprevisível quanto às suas modalidades. Isso supõe uma

---

[6] JOÃO XXIII. Constituição apostólica com a qual é convocado o Concílio Ecumênico Vaticano II. Discurso de abertura do Concílio Ecumênico Vaticano II. In: Id. *Documentos do Concílio Ecumênico Vaticano II*. São Paulo: Paulus, 2007, p. 16.

autocrítica, um aprofundamento doutrinal, uma ascese teológica e espiritual. Tal esforço é o que dá condições para entender o ecumenismo (como já intuiu o documento *De motione oecumenica*, de Pio XII), como fruto da "moção da graça do Espírito" (UR 1), algo que condiz com a renovação da Igreja (UR 6) e que diz respeito a todos os cristãos, de modo que também os católicos precisam nele se empenhar (UR 5.24).

O objetivo ecumênico fez do Concílio uma verdadeira escola de ecumenismo para os bispos, pois, não estando a Igreja Católica integrada no movimento ecumênico de então, muitos deles desconheciam as questões relativas ao ecumenismo. Entendiam-no como um fenômeno generalizado de consciência coletiva que vê na divisão dos cristãos um mal a ser superado de alguma forma.[7] Como consequência, mudou-se a compreensão dos cristãos não católicos, sobretudo evangélicos e anglicanos. Não se poderia continuar considerando-os hereges, traidores da Igreja, únicos responsáveis pela divisão. O Vaticano II possibilita três afirmações de profundo valor ecumênico: a) a identidade cristã de todos os batizados e, por isso, sua pertença à Igreja una e única; b) o reconhecimento da eclesialidade de suas comunidades; c) uma real, embora não plena, comunhão com a Igreja Católica (UR 3; LG 8.15).

A intenção ecumênica do Concílio e seus desdobramentos nas discussões e nos documentos conciliares surpreendeu todo o mundo cristão. O secretário-geral do Conselho Mundial das Igrejas, Visser't Hoof, declarou "*Nostra res agitur*". A partir de então, a Igreja Católica terá

---

[7] FESQUET, H. *O Diário do Concílio*. Portugal: Publicações Europa-América, 1967, p. 231. v. I.

uma nova forma de se relacionar com as demais tradições eclesiais, tendo o ecumenismo como um eixo orientador do seu ser e agir.

b) Os observadores

O segundo elemento que caracteriza a ecumenicidade do Vaticano II é a presença dos observadores cristãos não católicos. Sob a direção do Cardeal Bea, coube ao Secretariado para a Unidade dos Cristãos, criado em 5 de junho de 1960 com a finalidade de ajudar o Vaticano II a viver sua dimensão ecumênica, formalizar o convite às Igrejas para que enviassem delegados-observadores do Concílio. Mais de 100 observadores de diferentes Igrejas, famílias confessionais e do Conselho Mundial de Igrejas responderam ao convite. Inédito! Após séculos de separação, hostilidades e inclusive guerras de religião, cristãos de diferentes Igrejas se encontram com os bispos católicos na basílica de São Pedro para acompanharem seus trabalhos e oferecerem colaboração. Em audiência especial em 16 de outubro, durante a primeira sessão do Concílio, o Papa João XXIII disse aos observadores: "Procurais ler no meu coração, encontrareis aí muito mais que nas minhas palavras. A vossa presença aqui enche de emoção a minha alma de padre e de bispo".[8]

O papel dos observadores no Concílio foi se definindo no desenvolver dos trabalhos. A intervenção de João XXIII, mesmo contra a maioria da Cúria, foi fundamental para vencer as resistências dos que "continuam a raciocinar como se o Catolicismo e o Cristianismo se sobrepusessem e vem sobretudo nos 'irmãos separados' suspeitos

---

[8]   FESQUET, op. cit., p. 48.

ou perturbadores".[9] Alguns temiam que os bispos ficassem constrangidos em tocar nos assuntos delicados da Igreja Católica diante dos observadores. Mas, "graças não apenas à lucidez e à prudência, como também à coragem dos membros do secretariado, o grupo dos observadores foi aceito, tomou consistência e sua presença tornou-se realmente significativa".[10] Os representantes das Igrejas não estavam acantonados num papel passivo. Foram colocados nas primeiras filas, numa tribuna que fazia face à dos cardeais, com um tradutor do latim, e receberam os mesmos documentos de trabalho dados aos bispos – prova de confiança de que seguiriam o regulamento de sigilo exigido, o que causou impressão.[11] Além de assistirem às sessões e participarem das congregações gerais, podiam comunicar suas impressões nas reuniões semanais que realizavam, sendo também consultados por algumas comissões, bispos e teólogos sobre os temas em discussão. Houve quem propusesse de ouvir os observadores nas próprias aulas conciliares.[12] Era de fato uma novidade e um desafio o encontro face a face entre bispos e protestantes... Mas nada impediu o convívio e o trabalho conjunto,

---

[9] Ibid., p. 304.

[10] AUBERT, R. O meio século que preparou o Vaticano II. In: AUBERT, R.; HAJJAR, J. Nova História da Igreja. Petrópolis: Vozes, 1976, v. 3, p. 181.

[11] "A verdade obriga a dizer que o segredo do Concílio é muito melhor guardado pelos observadores, que se mostram perfeitamente discretos, do que pelos bispos" (FESQUET, op. cit., p. 80).

[12] Tal foi a opinião de S. B. Paulo II Cheiko, patriarca de Babilônia dos Caldeus, dizendo que os observadores não católicos sujeitaram-se a ouvir os bispos cinco dias por semana. Por que não ouvi-los ao menos uma vez por semana na assembleia conciliar? (FESQUET, op. cit., p. 240).

real antecipação da fraternidade ecumênica desejada para as Igrejas.[13]

c) O Decreto *Unitatis redintegratio*

Esse decreto é a principal expressão da convicção ecumênica do Vaticano II e da integração definitiva da Igreja Católica no movimento ecumênico. Ele "quer propor a todos os católicos os meios, os caminhos e as formas com que eles possam corresponder a essa divina vocação e a esta graça" (UR 1). Pensado inicialmente como um capítulo da constituição sobre a Igreja, e tratando originalmente também dos judeus e da liberdade religiosa, o esquema *De oecumenismo* foi se definindo aos poucos até ganhar status de documento que tratava especificamente da unidade dos cristãos.[14] No início da terceira seção esse esquema já era realmente propositivo e até mesmo desconcertante para alguns, dado o afastamento das posições negativas em relação aos cristãos não romanos: não fala de "irmãos separados", mas de "irmãos desunidos"; chama as comunidades orientais de "Igrejas" e as que saíram da reforma de "comunidades eclesiais"; não sugere um "ecumenismo católico", mas "princípios católicos do ecumenismo". Além disso, "sugere-se que os cristãos não

---

[13] Assim se pronunciou O. Cullmann, em homenagem prestada ao Secretariado para a Unidade dos Cristãos, em 2 de dezembro (2ª sessão): "O vosso secretariado é a porta aberta da Igreja Católica sobre as Igrejas não romanas. No que concerne ao Concílio, vós não nos ocultais absolutamente nada. Não há cortina de ferro. Vós nos permitis não só observar a face *triunfante* da vossa Igreja, que nos habituamos a ver, mas também as *dificuldades* com que vos sentis embaraçados. Podemos certificar-vos de que é precisamente por este aspecto que nós nos sentimos particularmente perto de vós" (FESQUET, op. cit., p. 344).

[14] Para compreender o histórico da formação desse decreto, ver: WOLFF, E. *Unitatis Redintegratio, Dignitais Humanae, Nostra Aetate – textos e comentários*. São Paulo: Paulinas, 2012, pp. 23-42.

romanos poderiam ser admitidos à mesa eucarística católica; recomendam-se as reuniões interconfessionais num pé de igualdade... tenta-se julgar as Igrejas não romanas do interior e não em relação à Igreja Católica etc.".[15] A perspectiva ecumênica do Concílio surpreendia os bispos, alguns resistiam e outros viam nela suas expectativas realizadas. Para todos era consequente e exigente.

2) O ensino ecumênico do Decreto UR

O esquema *De oecumenismo* foi tratado nos três períodos do Concílio, o que serviu como *aggiornamento* ecumênico dos padres conciliares, criando uma nova mentalidade da Igreja Católica em relação às outras Igrejas e, consequentemente, a disponibilidade para com elas de participar de iniciativas de diálogo, convivência e cooperação. Essa mentalidade foi condensada nos três capítulos do Decreto *Unitatis redintegratio*: princípios católicos do ecumenismo (cap. I), a prática do ecumenismo (cap. II) e a relação com as tradições eclesiais do Oriente e do Ocidente, considerando as especificidades de cada uma (cap. III).

O ensinamento conciliar incentiva todo tipo de iniciativa que favoreça à unidade, fortalecendo quatro elementos: a) *o ecumenismo como uma atitude*, com um comportamento dialogante diante das diferentes Igrejas, eliminando palavras, juízos e ações que não correspondam à condição dos irmãos separados (UR 4); b) *o diálogo teológico*, para aprofundar a doutrina cristã nas várias confissões, distinguindo o "conteúdo" e as "formas" de explicitação das verdades da fé e compreendendo que existe

---

[15] FESQUET, op. cit., v. II, p. 13.

uma "hierarquia das verdades" católicas que mostra "o diverso nexo com o fundamento da fé cristã" (UR 9.11); c) *a cooperação prática*, que favorece a corresponsabilidade das Igrejas em iniciativas pastorais e sociais concretas (UR 12); d) o *ecumenismo espiritual*, considerando a oração "a alma de todo o movimento ecumênico" (UR 8).

É importante destacar a compreensão que o decreto tem de que "O Cristo Senhor fundou uma só e única Igreja" (UR 1), e que esta unidade é constitutiva da essência da Igreja, de modo que ela não pode ser perdida.[16] Tal unidade é, antes de tudo, interna, invisível, sacramental e sobrenatural na Igreja Corpo Místico de Cristo, e "esperamos que cresça de dia para dia, até a consumação dos séculos (UR 4). O que o movimento ecumênico propõe é *recuperar a visibilidade histórica* da unidade, que foi perdida pela divisão dos cristãos. Em tempos de indiferentismo e de conformismo com a constante fragmentação do Cristianismo, o decreto é profético: denuncia a divisão cristã como algo que não condiz com a fé em Cristo e o modo de vida dos seus discípulos. A divisão "contradiz abertamente a vontade de Cristo", é um "escândalo para o mundo" e um "obstáculo à pregação do Evangelho" (UR 1).[17] Esse fato

---

[16] Ensina o Vaticano II que a Igreja de Cristo é "única" (LG 8), "una e única" (LG 23; UR 3.24), que o Povo de Deus é "uno e único" (LG 13.32; AG 1.7), que há um único rebanho de Cristo (LG 15; UR 2; AG 6), um só Corpo de Cristo (LG 7; UR 3; AG 7).

[17] É importante observar a sintonia na compreensão da divisão dos cristãos entre o Concílio e o Conselho Mundial de Igrejas. A declaração de Toronto (1950) reconhece "que as divisões que se dão entre as Igrejas estão em contradição com a própria natureza da Igreja de Cristo". O Departamento de Fé e Constituição, em Lund (1952), afirma que a divisão das Igrejas é irreconciliável com a unidade em Cristo. A II Assembleia do Conselho, em Evaston (1954), confirma o que se falou em Lund, afirmando que não estão unidas em Cristo as Igrejas que se encontram divididas entre si. A III Assembleia realizada em Nova Délhi (1961) coloca as bases teológicas comuns para a

acontece "não sem culpa dos homens dum e doutro lado" (UR 3). Isso exige, por um lado, aprofundar a consciência de que a comunhão é a verdadeira natureza da fé cristã e eclesial, e que esta deve ser vivida com todos os que professam a fé em Cristo e na Igreja una. Por outro lado, impele a uma reinterpretação dos pressupostos da separação dos cristãos, buscando compreender se as causas de divisão no passado são válidas ainda hoje. Em ambos os casos, é preciso que todos estejam atentos para "que não se ponham obstáculos aos caminhos da Providência; e que não se prejudiquem os futuros impulsos do Espírito Santo" (UR 24) a favor da unidade dos cristãos e da Igreja.

Isso será possível na medida em que o ecumenismo for compreendido como algo condizente com o ser mais profundo da Igreja. Ele não é "apêndice" ou "paralelo" à Igreja, mas constitutivo da sua "essência" (UUS 9.20). O ser eclesial é ecumênico e vice-versa. Por isso, o decreto entende que o ecumenismo contribui para suprir a necessidade que a Igreja possui de uma "reforma perene", condição para ser fiel à sua própria vocação (UR 6). O ecumenismo entra, assim, no programa de *aggiornamento* da Igreja conciliar como um apelo permanente de todos à unidade: "A solicitude na restauração da união vale para toda a Igreja, tanto para os fiéis como para os pastores" (UR 5), ninguém dela está excluído.

Para colocar em prática esse ensinamento, é necessária uma nova leitura do pluralismo eclesial no qual vivemos, buscando identificar nele o que é expressão de divisão e contradição, e o que é legítima expressão de um

---

unidade, retomadas na IV Assembleia, em Uppsala (1968). Ver: *Enchiridion Oecumenicum*, Brasília: EDB, 2001, v. V, pp. 87-320.

pluralismo sadio na compreensão e vivência do Evangelho. Com isso, a Igreja romana conscientiza-se de que é *em Deus* que deve acontecer a "íntima comunhão", e é na condição de "instrumento" e "sacramento" que ela contribui para isso (LG 1). A Igreja Católica não se identifica com a Igreja de Cristo (LG 8), mesmo sendo uma concretização legítima e verdadeira dela. Portanto, a comunhão vai além do caráter histórico das estruturas da Igreja e através delas, impedindo absolutizações. Na perspectiva da salvação do mundo, a Igreja não pode sentir-se como uma realidade voltada para si mesma, mas aberta ao Reino de Deus (LG 5.48). Afinal, o mistério da redenção envolve todas as tradições cristãs e a humanidade como um todo.

Esperava-se mais? Certamente. Mas não se pode negar o avanço que o Decreto UR expressa para a renovação da Igreja, em sua eclesiologia e ação pastoral sintonizadas com a inserção dos cristãos católicos no movimento ecumênico. E, na medida em que as Igrejas particulares assumem o Vaticano II em sua totalidade, novos caminhos serão abertos para responderem às exigências ecumênicas do nosso tempo.

a) A recepção do Decreto UR

Entre as discussões sobre a recepção desse decreto, está a questão do seu valor doutrinal. Para alguns, ele é "apenas um decreto", sem o peso teológico-doutrinal das constituições dogmáticas conciliares, como uma orientação que não atinge a essência da Igreja, em sua identidade, natureza e missão. Tal crítica não considera o valor de "um dos principais objetivos do Concílio" – promover a unidade dos cristãos (UR 1).

Essa postura assenta-se numa resistência ao movimento ecumênico como tal, por temores infundados de que ele causaria o relativismo dogmático ou o indiferentismo na fé, não contribuindo para a compreensão e vivência do Evangelho e, portanto, da Igreja.[18] São posturas distanciadas do contexto plural em que vivemos, não dispostas para o encontro com a alteridade, o diálogo, a cooperação, a comunhão.

A verdade é que o Decreto UR está em sintonia estreita com a doutrina da Igreja – era para ser um capítulo da *Lumen gentium*. Todo o primeiro capítulo do decreto é doutrinal, de modo que esse documento tem força unificadora do conjunto doutrinal do Vaticano II, aborda questões desenvolvidas em outros documentos conciliares, e estes também remetem o leitor ao decreto. Ele torna-se um paradigma teológico, eclesiológico e pastoral para a Igreja do Vaticano II, todo o Concílio precisa ser entendido na ótica de *Unitatis redintegratio*.

Para bem entender o Decreto UR é preciso distinguir no seu conteúdo o que é doutrina e o que é pastoral, com as especificidades de cada uma, sabendo que doutrina e pastoral não se opõem. Pelo contrário, não há doutrina válida por si mesma, sem aplicação concreta no agir e na organização da Igreja; e também não há ação pastoral que

---

[18] O próprio Concílio teve que enfrentar essa postura. O Cardeal Benjamim de Arriba y Castro, arcebispo de Tarragona, na Espanha, assim se pronunciou sobre o esquema *De oecumenismo*: "*Schema non placet*. O esquema aconselha o diálogo com os irmãos separados como meio para fomentar a união dos cristãos. Afirma até a liceidade e a oportunidade da oração em comum. Esta atitude, porém, não está em harmonia com as leis da Igreja a respeito desta questão e, além disso, expõe os fiéis, principalmente os que não possuem uma sólida cultura religiosa, ao perigo de perder a fé" (KLOPPENBURG, B. *Concílio Vaticano II*. Petrópolis: Vozes, 1964, p. 307 [v. III: Segunda Sessão]).

não esteja fundamentada no ensinamento doutrinal.[19] Tal como doutrina e pastoral não se excluem, o ecumenismo é um ensinamento doutrinal e pastoral a um só tempo, com incidências no ser, na organização e no agir da Igreja.[20]

Não é apenas uma questão de hermenêutica, mas de opção na recepção do Vaticano II.[21] As orientações ecumênicas não estão isoladas do conjunto da doutrina conciliar, como se pudessem ser descartadas ou recebidas independentemente das demais orientações do Vaticano II. O ecumenismo é uma das propostas abrangentes do Concílio, e suas orientações devem ser entendidas em conexão com o mistério da fé (DS 2016), o mistério da Igreja (LG) e na ótica da missão (AG). Na terceira sessão do Concílio, por 2.099 votos contra 62, os padres conciliares "pediram que o ensino dos católicos seja revisto, se necessário, para ser conforme aos princípios da unidade".[22]

b) A transversalidade do ecumenismo

Na intenção do Papa João XXIII, o ecumenismo deveria configurar o espírito, o método e a finalidade do

---

[19] No discurso de encerramento do Concílio, em 08/12/1965, o Papa Paulo VI afirmou que o Vaticano II como um todo tem uma perspectiva pastoral, o que, evidentemente, não dispensa a doutrina.

[20] Tal foi o que disse o Papa Paulo VI na ocasião da promulgação do decreto, afirmando que ele explicava e completava a Constituição sobre a Igreja: "e a doctrina, explicationibus completa in Schemate 'De Oecumenismo' comprehensis...". In: KASPER, W. *Que todas sejam uma*. São Paulo: Loyola, 2008, p. 15.

[21] Quanto à hermenêutica, a LG 25 orienta a justa distinção dos documentos conciliares "pelo caráter dos documentos em questão, pela regularidade com que certo documento é proposto ou pela maneira pela qual a doutrina é formulada". Kasper orienta que "uma distinção deve ser estabelecida no texto mesmo dos documentos entre as diferentes formas e graus de obrigação, e a pertinência de tal distinção deve ser enfatizada" (*Que todas sejam uma*, cit., p. 18).

[22] FESQUET, op. cit., v. II, p. 139.

Vaticano II. Assim, praticamente todos os temas tratados nas aulas conciliares têm alguma relação com o ecumenismo. Dois elementos metodológicos foram fundamentais para isso: a distinção entre o conteúdo da fé e a sua formulação,[23] e a existência de uma hierarquia das verdades nas doutrinas católicas (UR 11). Assim, a afirmação das doutrinas católicas "de forma alguma devem transformar-se em obstáculo para o diálogo com os irmãos" (UR 11). Paulo VI, na abertura da segunda sessão do Concílio, afirma a necessidade de firmeza na convicção da fé, mas deixa claro que "Não queremos fazer da nossa fé um motivo de polêmica".[24] Esse método de reflexão provocou profundo redimensionamento de muitos aspectos doutrinais: na compreensão da Bíblia como norma primeira da fé e sua justa relação com a Tradição (DV); na revolução eclesiológica pela distinção entre a Igreja de Cristo e a Igreja Católica, equilibrando a relação entre a Igreja mistérica e a Igreja visível (LG 8.14); no valor do sacerdócio de todos os batizados como expressão da dignidade sacramental comum e na colaboração dos leigos com o ministério ordenado (LG 10-11; cap. II; AA); na indefectibilidade na fé de toda a comunidade (LG 12); na superação da consciência ritualística dos sacramentos (LG 7; SC); na afirmação dos ministérios como serviço (CD 16; PO); na compreensão do diálogo como elemento integrante da ação evangelizadora (AG)..., entre outros.[25]

---

[23] JOÃO XXIII. Discurso de abertura... In: Id. *Documentos do Concílio...*, 28.

[24] FESQUET, op. cit., p. 165.

[25] O redimensionamento do pensar teológico se manifesta em todos os temas tratados pelo Concílio. O. Cullmann observou durante a terceira sessão: "Todos os textos são formulados de tal sorte que não se feche porta alguma, nem sejam um obstáculo à futura discussão entre católicos nem ao diálogo com os não católicos, como o são as decisões dogmáticas dos concílios

Duas consequências imediatas, práticas e inéditas da ecumenicidade do Vaticano II: no dia 04/12/1965, o Papa realizou na basílica de São Paulo Fora dos Muros sua primeira celebração com os observadores das outras Igrejas, como despedida e agradecimento da sua presença e colaboração; em 07/12/1965, proclamava-se a "anulação da excomunhão" entre Roma e Constantinopla. Esses dois fatos, extraordinários para a época, confirmavam que a intenção ecumênica do Vaticano II foi consequente. O que gerou um clima de esperança em relação ao futuro, de reais relações com o Conselho Mundial de Igrejas,[26] de início das relações oficiais com muitas Igrejas,[27] de acordos teológicos,[28] de perspectiva ecumênica na espiritualidade e na pastoral, que dá hoje aos católicos a consciência de

---

anteriores. Pelo contrário, serão um ponto de partida e um estimulante para as futuras reformas, se a vontade de renovação permanecer viva na Igreja Católica" (FESQUET, op. cit., v. II, p. 114).

[26] Em 1965, formou-se o grupo misto de trabalho entre a Igreja Católica e O Concílio Mundial de Igrejas. A primeira vez que a Igreja Católica enviou delegados para uma Assembleia do Conselho Mundial de Igrejas foi em Uppsala (1968). O Papa Paulo VI visitou o Conselho Mundial em 1969, e o Papa João Paulo II em 1984.

[27] Logo após o término do Concílio, iniciaram-se os diálogos bilaterais oficiais católico-anglicano (1966), católico-luterano (1967), católico-metodista (1967), e o diálogo trilateral católico-luterano-reformados (1970). Em 1979, formou-se uma comissão de diálogo entre a Igreja Católica e a Igreja ortodoxa no seu conjunto. Atualmente, a Igreja Católica participa de 70 dos 120 Conselhos de Igrejas existentes no mundo; em 14 Conselhos Nacionais e em 3 dos 7 Conselhos Regionais. Além disso, ela compõe 16 comissões de diálogo tratando das mais variadas questões, como autoridade na Igreja, Eucaristia, ministérios, eclesiologia, entre outros.

[28] Entre a Igreja Católica e as Igrejas Orientais, o Papa Paulo VI assinou declarações cristológicas comuns com o Patriarca siro ortodoxo de Antioquia, Jacoub III (1971); com o Patriarca copto ortodoxo, Shenouda III (1973). O Papa João Paulo II também assinou uma declaração cristológica comum com o Patriarca siro de Antioquia Mar Ignazio Zakka I Iwas (1984) – com este e neste mesmo ano assinou também uma declaração para a colaboração pastoral; com o Patriarca assírio do Oriente, Mar Dinkha IV (1994). Com o patriarca armênio, Karekin I, assinou uma declaração de paz entre a Igreja Católica e a Igreja Armênia (1996). Fundamental é também a Declaração

que "a Igreja Católica empenhou-se, de modo irreversível, a percorrer o caminho da busca ecumênica" (UUS 3).

2. Pilares do ecumenismo no Vaticano II

O Vaticano II aconteceu num esforço por mudanças, há séculos exigidas na Igreja, que ganham impulso a partir do século XIX na renovação teológica e nos movimentos bíblico, litúrgico e ecumênico. Pela primeira vez em sua história a Igreja se propõe a realizar uma convicta, global e consequente revisão de si mesma, no que respeita a sua organização, seu ensino e sua ação pastoral. Não muda o essencial, mas busca viver na essência. A chave foi o "retorno às fontes" bíblicas e patrísticas, não como recuperação de valores anacrônicos, mas como um reencontro da Igreja consigo mesma, em sua identidade, natureza e missão. Tal foi o programa de *aggiornamento* proposto por João XXIII. E este esforço constrói os pilares para a ponte que une os cristãos e suas igrejas.

a) O redimensionamento do pensamento dogmático

A opção metodológica dos trabalhos do Concílio que distingue a verdade de fé e a sua enunciação dá à mensagem da Igreja mais plausibilidade de acolhida nos diferentes contextos: "... que a Igreja não se aparte do patrimônio sagrado da verdade...; e, ao mesmo tempo, deve também olhar para o presente, para as novas condições e formas de vida introduzidas no mundo hodierno, que abriram novos caminhos ao apostolado".[29] O alcance ecumênico

---

Comum sobre a Doutrina da Justificação, entre a Igreja Católica e a Federação Luterana Mundial (1999), com a adesão dos Metodistas (2006).

[29] JOÃO XXIII. "Discurso de abertura...". In: Id. *Documentos do Concílio...*, cit. p. 26.

disso está na superação do imobilismo dogmático e da rigidez linguística de outrora. Na compreensão e expressão das verdades de fé, sem qualquer tendência minimalista, importa o essencial, apreendido segundo uma hierarquia entre elas existente. Nem todas as doutrinas, mesmo normativas, têm o mesmo nexo com o centro trinitário e cristológico da fé cristã. O método faz a diferença para perceber o que é essencial e, portanto, comum a todos os cristãos. O seu ganho ecumênico é visível, sendo mais tarde estudado em comparação com o que outras Igrejas chamam de "núcleo da fé".[30]

O redimensionamento do pensamento dogmático possibilitado (e exigido!) pelo Vaticano II expressa a consciência de que os dogmas têm uma história processual, e assim como ele se desenvolve no tempo também a sua recepção é dinâmica em cada etapa da história. Isso tira da Igreja Católica a imagem de estaticidade, rigidez, imutabilidade. Explicita a sua condição de peregrina na verdade e a consequente relatividade, limitação e precariedade inerente à essa condição. O mistério da fé, que não se exaure na visibilidade institucional, evolui em sua compreensão exigindo mudanças para tal. Essa é uma das fortes expressões da ecumenicidade do Concílio. Possibilita uma nova linguagem teológica e doutrinal que dá impulso para o diálogo com outras Igrejas, explorando a sintonia entre as diferentes doutrinas como afirmações da Reforma sobre a Igreja como evento (acontecimento da Palavra e dos sacramentos),[31] da sua dimensão mistérica e invisível,

---

[30] Ver o documento do grupo misto de trabalho católico – Conselho Mundial de Igrejas sobre "A noção de 'hierarquia das verdades': uma interpretação ecumênica". In: *Enchiridion Oecumenicum*, cit., v. III, pp. 419-432.

[31] *Confessio augustana*, art. 7.

semper reformanda, e da eclesiologia conciliar que supera o institucionalismo visibilista de outrora.

Recepção ecumênica do Vaticano II

É necessário fazer uma acolhida do Vaticano II de um modo novo, em um novo contexto, considerando as exigências do século XXI para a pregação do Evangelho. E aqui tem lugar o ecumenismo como critério de "re-recepção"[32] do Concílio. Internamente, isso exige compreender a doutrina da Igreja na perspectiva dialógica e processual. Os dogmas não caíram prontos do céu, possuem uma evolução, condicionamentos históricos, culturais e sociológicos, foram definidos por um processo relacional com atores internos e externos à comunidade católica. Externamente, isso mostra que os católicos podem acolher a contribuição dos outros para a compreensão de suas próprias verdades (a exemplo da relação entre os bispos e os observadores do Vaticano II). Contribui para tanto uma releitura dos ensinamentos do Vaticano II em sintonia com os resultados obtidos pelos diálogos teológicos realizados no período pós-conciliar. O Concílio não é o ponto de chegada do ecumenismo. É ponto de partida, ao menos para os católicos. A compreensão da fé ganhou novas luzes pelas relações ecumênicas favorecidas pelo Concílio, relativizando contrastes e contraposições do passado, de modo que não podemos recebê-lo hoje sem considerar as sintonias, as convergências e os consensos obtidos sobre o núcleo essencial e decisivo para o ser cristão e ser Igreja, apresentados pelo diálogo ecumênico.

---

[32] CONGAR, Y. *Diversités et communion*. Paris: Cerf, 1982, p. 249.

Nesse esforço de "re-recepção" do Concílio, não se pode eliminar a possibilidade de que a inteligência do dogma católico receba contribuições da inteligência da fé manifestada nas outras Igrejas. Também elas vivem numa verdade evangélica que lhes garante identidade e eclesialidade cristãs. As Igrejas não são iguais, mas toda real experiência do Evangelho é eclesial. E onde há "verdade" existe a ação do Espírito que conduz à Verdade (Jo 16,13), que não inspira apenas o conjunto dogmático da tradição católica. A verdade é salvífica onde ela se manifesta e é acolhida. Ora, se algo contribui para a salvação, é porque possui uma perfeição na verdade que lhe torna salvífica. Portanto, se as tradições não católicas possuem formas diferentes de compreender e expressar a verdade (como, por exemplo, não definir formulações dogmáticas), não significa que suas doutrinas não tenham esse valor se olhadas na ótica de cada Igreja. Em suas ricas tradições possuem verdades concedidas pela ação multiforme do Espírito. E se é o Espírito quem lhes concede, elas não são efêmeras, circunstanciais, mas têm valor perene. Não é exatamente essa a concepção do dogma católico? Então o diálogo ecumênico também não pode exigir nenhuma alteração do conteúdo essencial das doutrinas das diferentes Igrejas. Uma justa aplicação da hierarquia das verdades levará as Igrejas a um núcleo comum da fé. A partir desse núcleo, elas são convidadas a fazerem também uma re-apropriação das próprias verdades, no horizonte do diálogo de reconciliação dos cristãos. As Igrejas deverão trabalhar isso no seu próprio interior, buscando convergências que conduzirão à reconciliação e comunhão desejadas. Será possível, então, reformularem juntas a fé comum, processo no qual uma Igreja não deverá exigir da outra mais do que o necessário para uma verdadeira comunhão. Aconteceria assim não apenas uma re-recepção, realmente ecumênica, do Vaticano II, mas de toda a tradição cristã, em vista de uma *re*-acolhida mútua das diferentes tradições eclesiais. Essa *re*-apropriação deve tornar-se um instrumento teológico e canônico comum, à luz do testemunho global das Escrituras, que contribui para conciliar unidade na fé com unidade/diversidade na sua formulação. Certamente, no final desse processo as Igrejas descobrirão que sempre estiveram próximas umas das outras, em uma comunhão real e maior do que imaginavam.[33]

O retorno comum às fontes

Faz parte do redimensionamento teológico do Vaticano II o esforço por retornar às fontes da fé. Não se trata de uma volta ao passado sem mais, mas do programa de *aggiornamento*. Voltar às origens da Igreja é uma forma de recuperar a sua essencialidade, o que é válido para todos os tempos. Isso não implica retrocesso ou fechamento numa tradição estéril, mas um reabastecimento dinâmico e criativo da tradição teológica e espiritual que dá impulso e vigor para a Igreja de hoje e do futuro. A identidade da Igreja está na sua origem, onde ela toma consciência de si mesma em Cristo:

---

[33] Assim se pronunciou o Cardeal Bea em Patras, quando da restituição da relíquia de Santo André, no dia 14/09/1964: "Durante séculos, vivemos como estranhos uns aos outros, enquanto um batismo comum nos tornava filhos de Deus em Cristo, irmãos uns dos outros. Durante séculos, encontramo-nos muitas vezes, infelizmente demasiadas vezes, em oposição uns aos outros, enquanto pelo dom de um mesmo sacerdócio celebrávamos a mesma Eucaristia, comíamos o mesmo pão da vida, comungávamos o corpo do mesmo e único Senhor, que veio dar a sua vida para reunir os filhos de Deus, que andavam dispersos" (FESQUET. *O Diário do Concílio*, cit., v. II, p. 122).

A Igreja quer ver-se em Cristo como num espelho; se este olhar revelasse qualquer sombra, qualquer deficiência, que deveria ela fazer, instintiva e corajosamente? É claro: devia reformar-se, corrigir-se, esforçar-se por recuperar a conformidade com o divino modelo que constitui o seu dever fundamental.[34]

O esforço de re-fontalização da Igreja tem grande importância ecumênica.[35] Ao longo do tempo a Igreja foi criando doutrinas e estruturas que lhe configuraram formas de ser muitas vezes distanciadas de sua identidade e missão originais. Esses elementos dificultam à Igreja viver uma renovada fidelidade à verdade das Escrituras e da Tradição, onde estão as riquezas da sua origem. Isso pode acontecer com todas as Igrejas. Retornar às fontes é recomeçar a partir de Cristo, entendendo o evento cristológico como eixo da unidade dos cristãos. O querigma primitivo é o ponto de partida e o eixo do diálogo entre as Igrejas. Elas precisam perguntar-se como entendem e anunciam Jesus Cristo, em que medida se aproximam ou se afastam desse eixo. Isso implica reconstruir a vida e a mensagem de Jesus, revendo os desenvolvimentos da pregação do Evangelho em todas as Igrejas. Afinal, "a unidade das Igrejas só é possível numa unidade na verdade

---

[34] Pronunciamento de Paulo VI, nos inícios dos trabalhos da segunda sessão do Concílio (Id. *O Diário do Concílio*, cit., p. 159).

[35] No dia 4 de dezembro (após o fim da segunda sessão), numa celebração do 4º Centenário de conclusão do Concílio de Trento, Jean Guitton exortou em seu discurso para que "se remonte às origens que nos são comuns: bíblicas, evangélicas, patrísticas, para ver se, partindo dos mesmos fundamentos, seria possível diminuir as nossas diferenças" (Ibid., p. 351). Atualmente vemos, de um lado, a tradição católica muito mais atenta às Escrituras e, de outro lado, setores evangélicos mais interessados em compreender o pensamento teológico do período patrístico.

do Evangelho".[36] E é preciso entender que a mensagem do Evangelho não se dá num horizonte eclesiológico, mas no horizonte do Reino.

Portanto, o retorno às fontes é um esforço ecumênico. Na medida em que as Igrejas se reconhecem fiéis ao Cristianismo primitivo, bíblico e patrístico, mais se reconhecem mutuamente. O diálogo precisa esclarecer e discernir os desenvolvimentos legítimos e ilegítimos desse Cristianismo em cada tradição eclesial.[37] Mas entendendo que o próprio Evangelho, que contém o querigma primitivo, já é resultado de uma tradição cristã primitiva, superando assim a contraposição entre Escrituras e Tradição. O Vaticano II apontou, de um lado, ao Protestantismo o perigo de uma possível dissociação das Escrituras de seu contexto eclesial. De outro lado, acatou a crítica protestante de que o magistério católico tendia a colocar-se acima da Palavra de Deus.[38] Assim, o Vaticano II supera tanto o princípio *sola scriptura* quanto a tendência de afirmar o caráter vinculante do magistério isolado das Escrituras, numa fundamental afirmação ecumênica: "o magistério não está sobre a Palavra de Deus, mas a seu serviço" (DV 10). Entre Escrituras e Tradição há uma relação de interdependência fontal para a revelação, sendo as Escrituras a norma *non normata* da tradição sucessiva da Igreja (DV 1).

---

[36] COMISSÃO INTERNACIONAL CATÓLICA-LUTERANA. O Evangelho e a Igreja. In: Id. *Enchiridion Oecumenicum*, cit., n. 1141.

[37] Muito contribui para isso o estudo de fé e constituição, do CMI (Nova Délhi, 1963), ao distinguir entre "Tradição" (o próprio Cristo, pregado de geração em geração), "tradição" (o cristianismo primitivo) e "tradições" (os elementos culturais das Igrejas).

[38] Significativo o desejo expresso por O. Cullman durante o Concílio de que "as decisões do Concílio que ainda ignoramos sejam inspiradas pela Bíblia". FESQUET. *O Diário do Concílio*, cit., p. 117.

b) A revisão eclesiológica

Já vimos que a ecumenicidade da consciência doutrinal do Vaticano II tem expressão em sua eclesiologia. O Concílio apresentou uma Igreja com abertura para o diálogo com todos os cristãos (UR, OE), todos os crentes em Deus (NA, DH), todos os povos (GS). Todos são exortados ao diálogo ecumênico, inter-religioso e intercultural. Isso incide na reflexão teológica e no agir pastoral da Igreja, entendendo-se inserida no contexto geral da história da salvação como "sinal e instrumento, da união íntima com Deus e da unidade de todo o gênero humano" (LG 1). A Igreja é o "Povo de Deus" (LG cap. II) que possui diferentes modos de pertença e orientação para ela (LG 14-16), em diversos graus de realização e além da Igreja una e das muitas Igrejas. Contribui para tanto a concepção mistérica da Igreja em sua origem e seu fim (LG 2-4), numa busca de equilíbrio com sua dimensão institucional (LG 8; 14), tendo a dimensão escatológica do Reino como meta última (LG 5; cap. VII). Fundamental é também a afirmação do sacerdócio universal dos fiéis e a indefectibilidade na fé da comunidade como um todo, pela ação do Espírito Santo (LG 12), de modo que a infalibilidade *in credendo* precede a infalibilidade *in docendo*.[39]

O alcance ecumênico dessa eclesiologia se dá pela superação da eclesiologia tradicional construída em torno do visibilismo institucional e dos ministros da Igreja, sobretudo o Papa. E se expressa em três conceitos-chaves: *subsistit, elementa ecclesiae* e *communio*.

---

[39] ANTON, A. *El Misterio de la Iglesia*. Madrid: BAC, 1986, v. II, p. 907.

Subsistit

Na expressão *subsistit* temos a afirmação mais revolucionária no redimensionamento eclesiológico do Vaticano II, com enorme valor ecumênico: o abandono de uma relação de identidade exclusiva entre a Igreja de Cristo e a Igreja Católica.[40] Afirma que a Igreja de Cristo subsiste na Igreja Católica (LG 8, retomada em UR 4), mas não se exaure nas suas instituições.[41] A Igreja Católica é Igreja de Cristo, mas a Igreja de Cristo é mais que a Igreja Católica. Não temos condições de entrar no debate dessa questão.[42] Importa indicar o seu valor para o ecumenismo. A Igreja de Cristo se encarna e se expressa em uma realização institucional que, mesmo se real e verdadeiramente eclesial, é historicamente incompleta e vai progredindo, entre tensões, no aperfeiçoamento do ser Igreja. Eis a razão da

---

[40] Esta estrita identificação da Igreja de Jesus Cristo com a Igreja Católica é afirmada nas Cartas encíclicas *Mystici corporis* (1943) e *Humani generis* (1950). Mas a *Mystici corporis* reconhece a pertença à Igreja Católica pelo "desejo", sem ter recebido o Batismo (cf. DS, 3921). Por isso, em 1949, o Papa Pio XII condenou o teólogo de Boston, Leonard Feeney, por uma interpretação exclusiva do axioma *Extra Ecclesiam nulla salus*.

[41] O que se quis foi "justificar o fato de que, fora da Igreja Católica, não existem apenas indivíduos cristãos, mas também 'elementos da Igreja', e inclusive Igrejas e Comunidades Eclesiais que, embora não estejam em plena comunhão, pertencem por direito à única Igreja e são, para os seus membros, instrumentos de salvação (cf. *Lumen gentium*, 8 e 15; *Unitatis redintegratio*, 3; *Ut unum sint*, 10-14)... não descreve mais o modo segundo o qual a Igreja Católica se compreende a si mesma em termos de *splendid isolation* ... Ao formular a sua identidade, a Igreja Católica estabelece um relacionamento dialógico com estas Igrejas e Comunidades Eclesiais" (KASPER, W. Conferência no 40º Aniversário da promulgação do decreto conciliar *Unitatis redintegratio*, Rocca di Papa, 11-13/11/2004, item III. Ver: < http://www.vatican.va/roman_curia/pontifical_councils/chrstuni/card-kasper-docs/rc_pc_chrstuni_doc_20041111_kasper-ecumenism_po.html > .

[42] Ver: SULLIVAN, F. A. In che senso la Chiesa di Cristo "sussiste" nella Chiesa Cattolica Romana? In: LATOURELLE, R. (ed.). *Vaticano II. Bilancio e prospettive, venticinque anni dopo (1962-1987)*. Assisi: Cittadella editrice, 1988, pp. 811-824.

necessidade de uma "reforma perene" (UR 6) na Igreja. Nesse processo todo, imobilismo institucional e estrutural pode dificultar a realização da Igreja de Cristo como realidade que *subsistit in*, está/se faz presente, nessas instituições e estruturas. Assim, não há forma eclesial histórica que se imponha como exclusiva, como realização já perfeita do ser Igreja. Elas são sempre necessitadas de aperfeiçoamento, como conversão e fidelidade sempre maior à sua vocação e dimensão transcendental (LG 8; UR 3-4 e 6-7; UUS 34-35 e 83-84). O desafio ecumênico é o encontro das diferentes compreensões de como a Igreja de Cristo se realiza na história, desafio que deve ser enfrentado com a convicção eclesial da própria tradição e o respeito à convicção do outro.

Elementa ecclesiae

Como consequência, não há como deixar de reconhecer a existência de *elementa ecclesiae*[43] fora das estruturas católicas romanas (UR 3.15 e UUS 13). O decreto UR cita "a Palavra de Deus escrita, a vida da graça, ações sagradas, a fé, a esperança e a caridade e outros dons interiores do Espírito Santo e elementos visíveis" (UR 3). A constituição sobre a Igreja acrescenta o zelo religioso, os sacramentos, sobretudo, o Batismo e a Eucaristia, o episcopado, a devoção à Virgem, a oração, o testemunho pelo martírio

---

[43] "Em última análise, este conceito remonta a J. Calvino. Contudo, enquanto para Calvino este termo se referia a tristes resíduos da verdadeira Igreja, no debate ecumênico ele é entendido em sentido positivo, dinâmico e orientado para o futuro. Aparece pela primeira vez com Yves Congar, como continuação da posição antidonatista de Santo Agostinho (cf. NICHOLS, V. *Yves Congar*. Londres, 1986, pp. 101-106). Com a Declaração de Toronto, no Canadá (1950), esta expressão começou a fazer parte da linguagem do Conselho Ecumênico das Igrejas" (KASPER, W. Conferência no 40º Aniversário de *Unitatis redintegratio*, item III).

(LG 15). É uma arriscada leitura quantitativa da realidade eclesial dos não católicos. Evidentemente, não existe a pretensão de elencar todos os elementos constitutivos da realidade eclesial, até mesmo porque, sendo a Igreja mistério, quem poderá fazê-lo? O que o Vaticano II quer afirmar é a diferença na concepção da constituição da Igreja Católica em relação às Igrejas oriundas das reformas dos séculos XVI e XVIII. Naquela existem todos (plenitude) os elementos da Igreja de Cristo, e nestas "muitos" *elementa eclesiae*. Essa diferença diminui estas Igrejas? Não é essa a intenção do Concílio, ele não quer dizer onde existe "mais" ou "menos" Igreja.[44] Mas em relação à Igreja Católica os padres conciliares veem nelas um *defectus* – expressado sobretudo na forma como exercem o ministério ordenado e na celebração da ceia eucarística (UR 22).

A questão é se o Vaticano II permite ver as outras Igrejas como legítimas concretizações históricas da única Igreja de Cristo, mesmo que o sejam de modo muito diferente da tradição católica e ortodoxa. O que legitima uma comunidade cristã é a posse plena dos elementos institucionais ou o fato de ela ser para seus membros um espaço onde atua o Espírito que salva? O fato de uma

---

[44] O. Cullmann observou: "Por um lado, o Catolicismo apresenta aspectos muito mais variados que o Protestantismo... O que nos separa não são os elementos positivos da nossa fé, é o que há a mais no Catolicismo (visto da nossa perspectiva: o que há ali em demasia), e vice-versa, o que nós temos a menos (visto da perspectiva católica: o que nos falta). Creio que o diálogo progredirá quando os nossos irmãos católicos não considerarem de maneira puramente negativa este 'menos' que verificam em nós, quando não o considerarem como um déficit, nem como uma estreiteza arbitrária, mas como uma concentração inspirada pelo Espírito Santo". Mas afirma também sobre a renovação das Igrejas protestantes: "Devemos perguntar-nos se, sobre certos pontos, em lugar de uma concentração, não houve, apesar de tudo, um estreitamento em relação à Bíblia, e se não há certos elementos perfeitamente bíblicos que as nossas Igrejas deixaram perder sem razão" (FESQUET. *O Diário do Concílio*, cit., p. 116).

comunidade cristã ter a posse de mais ou todos ("plenitude") os elementos constitutivos da Igreja é garantia de perfeição na vida cristã? Certamente, não. O que legitima a existência da comunidade eclesial é a realização do seu fim, a pregação e vivência do Evangelho, que a torna instrumento de salvação para os seus membros. Aqui o Vaticano II avança: a salvação dos não católicos não é resolvida no nível individual, unicamente a partir do desejo subjetivo de um indivíduo, como até então se concebia,[45] mas no nível institucional e de modo eclesiológico objetivo. As instituições das comunidades eclesiais não católicas são portadoras de elementos/verdades salvíficas da única Igreja de Cristo, e isso as constitui como espaços de salvação. Não basta possuir a plenitude dos bens institucionais para tanto, pois diz o Concílio que "Não se salvam, porém, os que, embora incorporados na Igreja, não perseveram na caridade, e por isso pertencem ao seio da Igreja não pelo 'coração' mas tão somente pelo 'corpo'" (LG 14). Isso leva a concluir que nenhuma concretização histórica da Igreja é modelo a ser seguido como símbolo de perfeição. Consequentemente, não se pode impor uma consciência eclesial como condição para a reconciliação das Igrejas. É claro que as Igrejas não querem assumir a eclesiologia católica, como os católicos não precisam assumir a identidade eclesial dos outros. A compreensão que elas possuem de fidelidade ao Evangelho de Cristo lhes é suficiente para, em sua consciência eclesial, entenderem-se pertencentes à sua Igreja. Assim, o critério para compreender a eclesialidade de uma igreja não deve ser outra igreja, mas a vivência do Evangelho que lhe dá consciência da Igreja

---

[45] Ver Pio XII, *Mystici corporis* (1943).

de Cristo, sua expressão do discipulado, o crescimento no amor e na santidade de vida.

Communio

Chegamos ao terceiro conceito, *communio*. A reconciliação das Igrejas não se dá pela uniformidade ou unidade estática, mas pela assunção reconciliada de uma diversidade de tradições de vida cristã, doutrinas e instituições em graus diferenciados que expressam uma comunhão dinâmica, criativa e progressiva nos elementos essenciais da Igreja. Admitem-se graus na participação das várias categorias de pessoas e de diferentes Igrejas nos elementos essenciais e constitutivos da única Igreja. Os padres conciliares buscaram entender essa questão refletindo como se dá a unidade visível da Igreja. A questão vai além de definir quem é ou não membro da Igreja, trata-se de entender como se dá participação na *communio*. O projeto original do n. 14 da *Lumen gentium* não admitia graus de pertença à Igreja, ou se é ou não se é membro, se está ou não na comunhão. Recuperava o ensinamento da *Mystici corporis* que entendia, a rigor, só aqueles "realmente" (*reapse*) incorporados na sociedade Igreja...[46] Na discussão, sugeriu-se substituir a expressão "realmente" por "*perfectae unitatis*",[47] ou "*plene et perfecte*",[48] ou "*plena incorporatio*",[49] para se poder admitir uma união

---

[46] *Reapse et simpliciter loquendo Ecclesaie societati incorporantur illi tantum qui...*

[47] Proposta do Bispo Van Dodewaard, em nome dos bispos da Holanda (BOA-VENTURA, K. *A Eclesiologia do Vaticano II*. Petrópolis: Vozes, 1971, p. 107).

[48] Expressão sugerida pelo Cardeal Lercaro durante a 40ª Congregação Geral, em 03/10/1963, por entender que o Batismo incorpora a todos na Igreja de modo irrevogável (ibid., p. 107).

[49] Proposta do Bispo Van der Burgt, em nome dos bispos da Indonésia (ibid.).

"*non plena*" ou defeituosa, sem deixar de ser verdadeira. O Papa Paulo VI, no discurso proferido em 01/06/1966, afirma que os batizados, mesmo se estão separados da unidade católica, estão na Igreja.[50]

O conceito "plena"[51] substituiu "*reapse*" (realmente) e foi adotado em muitas passagens dos documentos do Vaticano II. O n. 4 de UR fala da "plenitude da unidade que Jesus Cristo quis"; o n. 5 mostra a esperança de que o movimento ecumênico conduza "à plena e perfeita unidade"; o n. 22 diz que às comunidades cristãs separadas da tradição católica "falta a unidade plena conosco". Também GS 92 trata dos "irmãos e suas comunidades que ainda não vivem em 'plena' comunhão conosco". E UR 3 fala que estão em "certa comunhão", "não perfeita", com a Igreja Católica todos os batizados que creem em Cristo. O Papa Paulo VI falou de uma "união fundamental" entre os cristãos pelo Batismo, a fé em Cristo e a invocação da Santíssima Trindade.[52]

Assim, mesmo na situação de divisão, há graus de comunhão entre as Igrejas, há certa comunhão, não perfeita união, comunhão não plena, não plena unidade, unidade imperfeita, unidade que cresce.[53] Já apresentamos anteriormente os elementos que em UR 3 e LG 15 expressam essa realidade. Mas o que se faz necessário para que

---

[50] Diversos modos de pertencer a Igreja – Excerto do magistério de Paulo VI. In: *Revista Eclesiástica Brasileira*, Petrópolis, 1966, p. 715. Também: PONTIFÍCIO CONSELHO PARA A PROMOÇÃO DA UNIDADE DOS CRISTÃOS. *Diretório para a aplicação dos princípios e normas sobre o ecumenismo*. Petrópolis: Vozes, 1994, n. 92.

[51] "*Illi plene Ecclesiae societati incorporantur, qui...*"

[52] Discurso ao Secretariado para a Unidade dos Cristãos, em 28/04/1967 (BOAVENTURA, op. cit., p. 108).

[53] Ibid., p. 108.

aconteça uma plena e visível comunhão? A resposta da tradição católica está em LG 14, que exige: ter o Espírito de Cristo, adotar a totalidade da organização da Igreja, aceitar todos os meios de salvação, unir-se com Cristo na estrutura visível da Igreja pelos vínculos da fé, dos sacramentos, do regime e da comunhão eclesiástica. Faltando algo desses elementos, a comunhão na tradição católica é imperfeita. E essa comunhão é desejável de modo perfeito para todas as Igrejas. Por isso o diálogo entre elas para se compreender como existe uma unidade em crescimento (UR 4).

Os elementos essenciais da Igreja única precisam ser identificados nas diferentes tradições eclesiais. E aqui dois desafios devem ser enfrentados: entender os graus diferenciados de comunhão entre as Igrejas, que é progressiva, vai de não plena e imperfeita no presente à comunhão plena e perfeita no futuro. O segundo desafio é aceitar que a unidade visível da Igreja admite, e até exige, o pluralismo, contra toda tentação à uniformidade (OE 2; LG 23; UR 4.16.17). Os elementos da Igreja una podem assumir formas diferenciadas, em fidelidade ao Evangelho, sem se contradizerem mutuamente. Esse pluralismo é litúrgico (SC 4.37; UR 15), disciplinar (UR 16) e teológico (GS 44.62; UR 17).[54] A unidade na pluralidade existe já no presente e existirá também no futuro. Não é necessário que a comunhão possua a mesma forma em todas as Igrejas no

---

[54] "Guardando a unidade nas coisas necessárias, todos na Igreja, segundo o múnus dado a cada um, conservem a devida liberdade tanto nas várias formas de vida espiritual e de disciplina como na diversidade de ritos litúrgicos e até mesmo na elaboração teológica da verdade revelada. Mas em tudo cultivem a caridade. Por este modo de agir, manifestarão sempre melhor a autêntica catolicidade e apostolicidade da Igreja" (UR 4).

que se refere à sua visibilidade.[55] O n. 16 de UR fala que esse princípio "nem sempre foi respeitado". O escopo do diálogo ecumênico é verificar onde estão as discrepâncias de conteúdo nos elementos da Igreja una e única, que impossibilitam às Igrejas reconhecê-los em suas diferentes expressões, como base para o mútuo reconhecimento entre elas.

Enfim, o mais importante não é definir quem é membro da Igreja. A lógica ecumênica não é a dilatação de sistemas eclesiais, mas a concentração na verdade evangélica do Reino de Deus. A união não se dá no horizonte eclesial, mas no horizonte do Reino. Isso é fundamental para a comunhão dos cristãos, já existente em diferentes graus e que se aperfeiçoa por etapas, de acordo com o progresso das relações ecumênicas.

3. Principais progressos ecumênicos

O diálogo ecumênico progride no ritmo do engajamento e da contribuição das diferentes igrejas.[56] Os frutos estão aparecendo: a) nas relações dos dirigentes das

---

[55] A IV Assembleia Geral do Conselho Mundial de Igrejas (Uppsala, 1968) mostra que "a diversidade pode ser uma perversão da catolicidade, mas frequentes vezes é autêntica expressão da vocação apostólica da Igreja". Entre as Igrejas, "há ricas variedades de dons carismáticos...; há diversos modos de proclamar o Evangelho e de propor seus ministérios; há múltiplas maneiras de apresentar doutrinas e de celebrar os acontecimentos sacramentais e litúrgicos; Igrejas em diferentes regiões adotam diferentes padrões de organização. Através de tais diversidades... o Espírito nos faz progredir no caminho da autêntica missão e ministério católico" (Ecumenismo – A procura de diversidade. SEDOC, Petrópolis, 1968, col. 472s).

[56] Muitas criaram estruturas/setores ecumênicos e publicam documentos que favorecem a conscientização ecumênica de seus membros; participam de organizações ecumênicas que promovem o diálogo bilateral e multilateral; buscam o testemunho comum do Evangelho na sociedade. A Igreja Católica realiza sua ação no nível local, nacional e regional, conforme orientações do "Diretório Ecumênico".

Igrejas, existe a localização de pontos de encontro e mútua procura de avizinhamento e diálogo; b) no nível teológico-doutrinal, chegou-se a importantes convergências e consensos sobre muitos elementos da fé cristã e eclesial;[57] c) nas comunidades dos fiéis, cresce o convívio entre cristãos de diferentes confissões, vencendo-se preconceitos e hostilidades; d) no campo pastoral, a cooperação ecumênica é realidade em muitos ambientes; e) cresce a sensibilidade ecumênica na espiritualidade.

O Catolicismo romano não é mais o mesmo desde que se integrou nos caminhos ecumênicos. O rosto católico romano é considerado pelas Igrejas um "rosto de irmão",[58] e vice-versa. Sobre isso se assenta o ecumênico na Igreja, possibilitando-lhe: a) um processo de *renovação contínua* (LG 8; UR 6; UUS 15-17), tanto no plano ontológico quanto no plano estrutural, com maior fidelidade à identidade que Cristo lhe conferiu, superando as cristalizações históricas. Trata-se de reformar-se para reunificar-se; b) uma *identidade relacional*: a Igreja do Concílio não é solitária, sua natureza e missão são compreendidas no horizonte da catolicidade que lhe é constitutiva, o que a impele ao diálogo ecumênico, inter-religioso e intercultural. A igreja é, constitutivamente, diálogo (UUS 28-30); c) *movimento ecumênico, movimento da Igreja:* o ecumenismo ganha estatuto eclesial como algo intrínseco à Igreja, penetra na sua consciência e na sua prática não como "acessório ou

---

[57] Exemplos: com os ortodoxos, foi alcançado um amplo consenso na doutrina trinitária (cristologia e pneumatologia); com a comunhão anglicana avança o diálogo sobre a autoridade na Igreja; com os metodistas, foi alcançado um acordo sobre a tradição apostólica; com a Federação Luterana Mundial, foi alcançado um"consenso diferenciado" sobre a doutrina da justificação.

[58] ALTMANN, W. De que maneira os protestantes entendem a contribuição dos católicos romanos no Brasil. In: MATEUS, O. P. (org.). *Teologia no Brasil – Teoria e prática*. São Paulo: ASTE, 1985, p. 199.

apêndice", mas como sua própria "essência" (UUS 9.20). A Igreja é esse movimento de fé em busca de perfeição, de integridade, de plenitude, de forma a satisfazer todos os que a professam. Participar do movimento ecumênico é estar atento às "várias necessidades da Igreja e oportunidade dos tempos" (UR 4).

A partir do Vaticano II, há espaço para desenvolver a ecumenicidade do ser da Igreja tanto no plano da interioridade quanto no plano da ação. Trata-se de uma tensão à comunhão de todos os cristãos: não mais uns contra os outros (escândalo); não uns sem os outros (deserção); nem mais uns caminhando paralelamente aos outros (divisão). Trata-se de uns *com* e *para* os outros. O próprio Concílio foi um exemplo desse *estar com* o outro pela presença dos observadores.

A constatação dos progressos nas relações ecumênicas não nos permite, porém, um otimismo irrealista sobre o ecumenismo na Igreja Católica. Infelizmente, esses frutos não são colhidos em todas as instâncias e ambientes eclesiais. Muitos deles nascem em canteiros isolados, regados a duras penas pelo suor e o sacrifício ecumênico mais de indivíduos do que pela Igreja como um todo. O ecumenismo não incide ainda no cotidiano das Igrejas particulares. Crises e dinâmicas internas geram tensão entre o espírito de abertura e diálogo e a necessidade de salvaguardar a própria identidade. Sinais de resistência e recuo são sentidos tanto no comportamento de setores da Cúria Romana quanto de bispos e párocos em todas as instâncias eclesiais. Exemplo disso são as tendências de um comportamento restauracionista de linguagens, ritos litúrgicos e práticas pastorais que são anteriores ao Vaticano II e vão na contramão do seu ensinamento. A resistência ao ecumenismo é uma consequência. Tais posturas incidem nas estruturas da Igreja Católica, no âmbito local e universal, freando o impulso ecumênico do Concílio e colocando dúvidas sobre o seu real compromisso no diálogo com as demais Igrejas.[59] Atualmente, os cristãos católicos respiram ares de renovação com o pontificado do Papa Francisco. Nos gestos e nos pronunciamentos, ele aponta para uma *re*-recepção convicta do Vaticano II. As expressões "cultura do encontro", "diálogo", "convivência", "caminhar juntos", "tolerância"... lhe são corriqueiras – como constatado na Jornada Mundial da Juventude no Rio de Janeiro/Brasil, em julho de 2013. Não são expressões soltas no ar, mas enraizadas em seu modo de ser e de relacionar-se com as pessoas. Impressiona o fato de o patriarca de Constantinopla ter participado da celebração de início do seu ministério – a primeira vez que isso acontece nos últimos 1.000 anos! A pergunta que emerge é: conseguirá o Papa Francisco fazer com que o seu *modus essendi* de simplicidade, diálogo e parceria se torne estrutural na Igreja que hoje ele governa...?

---

[59] Destacam-se aqui alguns documentos emanados por Roma: CONGREGAÇÃO PARA A DOUTRINA DA FÉ. Carta aos bispos da Igreja Católica sobre alguns aspectos da Igreja entendida como comunhão. *SEDOC*, Petrópolis, v. 25, n. 234, pp. 262-272, 1992 – vê o pluralismo eclesial como uma "ferida" e considera a comunhão apenas *ad intra*; *Dominus Yesus*: dichiarazione circa l'unicità e l'universalità salvifica di Gesù e della Chiesa. Roma: Libreria Editrice Vaticana, 2000 – o tom e o estilo desse documento fizeram ressurgir o espírito da polêmica e animosidades entre as Igrejas e as religiões; JOÃO PAULO II. Carta encíclica *Ecclesia de Eucharistia*. Roma, Libreria Editrice Vaticana, 2003 – causa perplexidades no campo ecumênico por apresentar a doutrina católica romana sobre a Eucaristia sem contemplar suficientemente os progressos realizados pelo diálogo ecumênico sobre esse sacramento. No pontificado do Papa Bento XVI, praticamente nenhum gesto ou documento foi realmente significativo para impulsionar o diálogo ecumênico e inter-religioso. Pelo contrário, as pessoas e estruturas dedicadas a esses diálogos foram exatamente as que mais dificuldades tiveram para sustentarem suas convicções e programas de ação.

3

Caminhos do diálogo inter-religioso a partir do Vaticano II

Faustino Teixeira[1]

1. O Concílio e a abertura de caminhos

O Concílio Vaticano II (1962-1965) significou um dos eventos mais importantes no âmbito do Cristianismo contemporâneo. Trata-se de um acontecimento pioneiro e de originalidade única, que provocou "a mais vasta operação de reforma" realizada no âmbito da Igreja Católica no século XX. Foi um acontecimento que acionou uma energia inovadora, um espírito de abertura e uma sede

---

[1] Doutor em Teologia pela Pontifícia Universidade Gregoriana (Roma), professor do Programa de Pós-graduação em Ciência da Religião da Universidade Federal de Juiz de Fora (Minas Gerais), pesquisador do CNPq e consultor do ISER Assessoria (Rio de Janeiro). É autor de vários livros, entre os quais: *A espiritualidade do seguimento*. São Paulo, Paulinas, 1994; *Teologia das religiões: uma visão panorâmica*. São Paulo, Paulinas, 1995; *Os encontros intereclesiais de CEBs no Brasil*. São Paulo, 1996; *Ecumenismo e diálogo inter-religioso*. Aparecida: Santuário, 2008.

de transformação inusitados. Certamente a "carta magna" para o itinerário da comunidade católica no novo milênio.[2]

A abertura suscitada pelo Concílio aconteceu sobretudo em três campos: de renovação no interior da Igreja, de sintonia com o mundo moderno e de busca da unidade dos cristãos. Deve-se sublinhar que também no âmbito do diálogo inter-religioso o Concílio teve um papel fundamental. Com o Concílio nasce um espírito novo, de otimismo e positividade, também na dinâmica relacional com as outras tradições religiosas. Como indicou Rahner, com ele a Igreja orientou-se decisivamente para um tempo novo nas relações inter-religiosas, de reconhecimento de seu valor e dignidade.[3]

Vale assinalar a presença dessa questão, ainda que de forma indireta, na preciosa declaração conciliar sobre a liberdade religiosa (*Dignitatis Humanae* – DH).[4] Trata-se de uma declaração que forneceu uma "cognição importantíssima" para o reconhecimento da dignidade essencial da pessoa humana, e o seu direito de buscar a verdade religiosa seguindo os parâmetros da reta consciência (DH 3). Firma-se assim com este documento conciliar um importante pressuposto para a dinâmica ecumênica e inter-religiosa, na medida em que vem questionada a perniciosa teoria dos direitos exclusivos da verdade, até então considerada uma prerrogativa da Igreja católico-romana.

---

[2] KASPER, W. *Il vangelo di Gesù Cristo*. Brescia: Queriniana, 2012, p. 227.

[3] KRAUS, Meinold. *La fatica di credere*. Cinisello Balsamo: Paoline, 1986, p. 98 (A colloquio con Karl Rahner).

[4] Para a abordagem dos documentos do Concílio Vaticano II recorreu-se a: *Compêndio do Vaticano II. Constituições, decretos, declarações*. 6. ed. Petrópolis: Vozes, 1968.

O tema das outras religiões aparece também na *Lumen Gentium* (LG), que é o documento conciliar que aborda a questão da Igreja. Ao tratar o plano de salvação que envolve os membros das outras religiões, essa constituição dogmática reconhece a possibilidade de uma resposta positiva para aqueles "que buscam a Deus com coração sincero" e levam uma vida reta, mesmo que desconhecendo o Evangelho. Isso em razão do influxo positivo da graça. E numa reflexão teológica bem típica do período, o documento reconhece que "tudo o que de bom e verdadeiro se encontra entre eles, a Igreja julga-o como uma preparação evangélica" (LG 16). Há o reconhecimento da positividade desse caminho espiritual *extra ecclesia*, mas que deve ser "sanado, elevado e aperfeiçoado" pela Igreja (LG 17). Vigora assim uma perspectiva de ordenação dessa positividade religiosa ao "grêmio do Povo de Deus" (LG 18). Trata-se de uma reflexão bem sintonizada com a linha teológica do acabamento, bem em voga na ocasião, e defendida por importantes teólogos como Jean Daniélou e Henri de Lubac.

Esse reconhecimento da operação invisível da graça entre todos aqueles de boa vontade é também sublinhado de forma bem positiva no documento conciliar que aborda a questão da Igreja no mundo de hoje (*Gaudim et Spes* – GS). Há aqui o reconhecimento da dignidade soteriológica não apenas dos membros de outras tradições, mas também de não religiosos e ateus, na medida em que respondem positivamente ao mistério através de uma vida reta. A todos eles vem oferecida a possibilidade de se associarem a Deus, por caminhos que são gratuitos e velados ao olhar humano (GS 22).

O tema das relações dialogais ganha um tratamento específico na declaração *Nostra Aetate* (NA), que aborda justamente o campo do diálogo da Igreja com as outras tradições religiosas. Há aqui o reconhecimento do valor das religiões enquanto busca de resposta aos "profundos enigmas" que tocam a condição humana (NA 1). Abre--se espaço para o reconhecimento do valor destas diversas tradições, passando pelo Hinduísmo, Budismo, outras religiões, até chegar às religiões de traço monoteísta como o Islamismo e o Judaísmo. A religião judaica ganha um lugar singular, em razão dos vínculos espirituais que a irmanam com o Cristianismo (NA 4). Visando a uma "ética do diálogo", a declaração convoca ao reconhecimento do que há de verdadeiro e santo nas outras tradições, e aponta para o irremediável caminho dialogal: "Não podemos, na verdade, invocar a Deus como Pai de todos, se recusarmos o tratamento fraterno a certos homens, criados também à imagem de Deus" (NA 5).

Como em todos os textos do Vaticano II, percebe-se na declaração reverberações de uma teologia do acabamento. O juízo salutar acerca das outras religiões não vem acompanhado de uma reflexão acolhedora e explícita sobre os traços positivos que envolvem estas religiões, objetivamente, no mistério salvífico de Deus. O acento recai mais sobre "as intenções subjetivas dos membros das outras religiões, sem levar a sério o desafio colocado à fé cristã pela pluralidade das tradições religiosas, considerada na sua positividade histórica".[5] Vigora nos documentos, com raras exceções, a perspectiva apontada na *Lumen Gentium*

---

[5] GEFFRE, Claude. Verso una nuova teologia delle religioni. In: GIBELLINI, Rosino (ed.). *Prospettive teologiche per il XXI secolo*. Brescia: Queriniana, 2003, p. 356.

16 ou na *Ad Gentes* 3, em que as distintas tradições religiosas vêm situadas como "marcos de espera" ou "preparação evangélica" para seu remate na tradição cristã.

2. O diálogo no pós-Concílio

Essa visão teológica do acabamento estará em vigor também no pós-Concílio, como no caso da exortação apostólica de Paulo VI, *Evangelii Nuntiandi* (EN),[6] sobre a evangelização no mundo contemporâneo, publicada em 1975, na sequência da Assembleia Geral do Sínodo dos Bispos. Volta-se o olhar para as expressões religiosas de grandes porções da humanidade, reconhecendo ali o "eco de milênios de procura de Deus, procura incompleta, mas muitas vezes efetuada com sinceridade e retidão de coração" (EN 53). Ainda que reconheça a riqueza do "patrimônio" religioso que envolve as "religiões não cristãs", o documento utiliza o mesmo jargão do Vaticano II, que fala em "preparação evangélica", tomado de Eusébio de Cesareia. Defendendo uma diferenciação qualitativa entre tais tradições e o Cristianismo, a *Evangelii Nuntiandi* assinala que elas são "expressões religiosas naturais" e implicam uma procura de Deus "às apalpadelas", distanciando-se de uma "relação autêntica e viva com Deus", só possível de ser encontrada no Cristianismo. Esse sim, enquanto "religião de Jesus", traduz o estabelecimento de uma relação de objetividade com respeito ao plano de Deus (EN 53). Trata-se de uma posição teológica em linha de sintonia com Jean Daniélou, perito conciliar, que também estabeleceu semelhante distinção entre as religiões naturais e a

---

[6] PAULO VI. *A evangelização no mundo contemporâneo* – Exortação apostólica *Evangelii Nuntiandi*. 2. ed. Petrópolis: Vozes, 1976 (Documentos Pontifícios 188).

religião sobrenatural, identificada com o Cristianismo. Na visão de Daniélou, enquanto as religiões naturais "atestam o movimento do homem para Deus; o Cristianismo é o movimento de Deus para o homem, que, em Jesus Cristo, vem apanhá-lo, para conduzi-lo a ele".[7]

No livro-entrevista do Cardeal Ratzinger, *Rapporto sulla fede*, publicado em 1985,[8] o tema Cristianismo e as religiões vem retomado numa perspectiva semelhante à adotada por Paulo VI na *Evangelii Nuntiandi*. Trata-se de uma abordagem que se situa no contexto da avaliação mais pessimista de Ratzinger sobre o pós-Concílio, que a seu ver teria contribuído para o processo progressivo de "decadência" eclesial, sobretudo em razão de uma "abertura indiscriminada ao mundo". Para Ratzinger, também nesse âmbito da abertura salvífica aos outros teriam ocorrido exageros no pós-Concílio, particularmente em razão do influxo de teorias como a do "Cristianismo anônimo" defendida por autores como Karl Rahner.[9] Como consequência de tal abertura, vislumbra dois riscos precisos: a "diminuição da essencialidade do Batismo" e o enfraquecimento da "tensão missionária". Riscos que já tinham sido percebidos por autores como Henri de Lubac, na década de 1940.[10]

---

[7] DANIÉLOU, Jean. *Sobre o mistério da história*. São Paulo: Herder, 1964, p. 106. Uma posição semelhante será defendida pela Comissão Teológica Internacional, no documento *O Cristianismo e as religiões*, publicado em 1997 (São Paulo: Loyola, 1997). Ver em particular o n. 103.

[8] MESSORI, Vittorio. *Rapporto sulla fede*. Cinisello Balsamo: Paoline, 1985 (A colloquio con Joseph Ratzinger).

[9] Ibid., p. 211. Sugestivo perceber que esta resistência de Ratzinger ao cristianismo anônimo de Rahner já estava presente em sua clássica obra: *O novo povo de Deus*. São Paulo: Paulinas, 1974, p. 324.

[10] LUBAC, Henri de. *Catholicisme*. Les aspects sociaux du dogme. Paris: Cerf, 1947, p. 183. De Lubac indaga: "Se todo homem pode ser salvo por um

O problema decisivo da interpretação do Concílio, já levantado pelo Cardeal Ratzinger, será debatido no Sínodo extraordinário de 1985, chamado a avaliar os resultados do Concílio Vaticano II, após vinte anos de experiência. Este evento significou uma "tomada de posição decidida no 'conflito de interpretações' do Concílio".[11] Em seu relatório final, o Sínodo decide por uma interpretação do Vaticano II que reforça sua continuidade com o Vaticano I e, "através dele, com a contrarreforma, oficializando assim uma 'recepção' do Vaticano II que não faz justiça a todas as suas virtualidades, precisamente naquilo que elas tinham de novo e de verdadeiramente original".[12]

O Sínodo de 1985 insere-se, assim, nessa dinâmica de "redução ao intraeclesial", de busca de um caminho mais seguro para a Igreja e de ênfase no traço doutrinal.[13] Frente ao risco de visões autonomistas da modernidade, firma-se um refrão visto como fundamental: "a volta ao sagrado", mas numa linha bem circunscrita e cristomonista. Daí não se estranhar a reação crítica diante de um termo como pluralismo, recusado pelos bispos como negativo, por evocar dissolução ou perda de identidade. Prefere-se adotar

---

sobrenatural anonimamente adquirido, como podemos estabelecer o dado do dever de reconhecer expressamente esse sobrenatural na profissão de fé cristã e na submissão à Igreja Católica?".

[11] PALÁCIO, Carlos. Teologia, magistério e "recepção" do Vaticano II. *Perspectiva Teológica*, v. 22, n. 57, p. 153, mai./ago. 1990.

[12] Ibid., p. 153.

[13] Não é de se estranhar que a ação entendida como a mais importante produzida pelo Sínodo de 1985 foi a recomendação de composição de um catecismo universal, que pudesse ser um ponto de referência para os cristãos. Sua publicação se dará em outubro de 1992, por ocasião do trigésimo aniversário da abertura do Vaticano II. Em sua Carta Apostólica *Porta Fidei* (2011), o então Papa Bento XVI vai identificar o catecismo como um "verdadeiro fruto do Concílio Vaticano II" (n. 4).

outro termo, "pluriformidade", que garantiria melhor a catolicidade.[14]

Toda a dinâmica eclesial católica a partir dessa segunda metade dos anos 1980 será pontuada pela ideia de "nova evangelização", capaz de fazer frente à crescente difusão do secularismo e do indiferentismo. Como horizonte visado, uma "fé límpida e profunda". Nesse projeto de uma nova identidade católica, a dinâmica de instauração de uma civilização mais cristã torna-se essencial. É tempo de um dinamismo missionário mais efetivo, que supere certo "afrouxamento" pós-conciliar. Daí a ênfase no anúncio explícito de Cristo como um dado nuclear, visto como mais fundamental do que uma compreensão de evangelização em sentido lato, expressa, por exemplo, na propagação dos "valores cristãos".[15]

A carta encíclica de João Paulo II sobre a validade permanente do mandato missionário, *Redemptoris Missio* (RM – 1990), insere-se como luva nessa perspectiva de ênfase no testemunho explícito e da necessidade da Igreja. Firma-se a centralidade do anúncio, como "prioridade permanente da missão" da Igreja, não se confundindo nem se equivalendo ao diálogo inter-religioso.[16] João Paulo II reconhece em sua encíclica que o diálogo inter-religioso é importante, como parte integrante da missão evangelizadora da Igreja (RM 55), mas "não dispensa a evangelização". Essa abertura ao diálogo não esconde uma tônica

---

[14] LORSCHEIDER, Aloísio. Testemunho sobre o Sínodo Extraordinário na luz do Vaticano II, passados vinte anos. *Concilium*, v. 208, n. 6, p. 87, 1986.

[15] SÍNODOS DOS BISPOS. *Testemunhas do Cristo*. Petrópolis: Vozes, 1992, p. 14 (Documentos Pontifícios, 243 – Assembleia Especial para a Europa).

[16] JOÃO PAULO II. *Sobre a validade permanente do mandato missionário*. Carta Encílica *Redemptoris Missio*. Petrópolis: Vozes, n. 44, 1991 (Documentos Pontifícios, 239).

que é eclesiocentrada: "O diálogo deve ser conduzido e realizado com a convicção de que a Igreja é o caminho normal de salvação e que só ela possui a plenitude dos meios de salvação" (RM 55).

Toda a conjuntura eclesiástica do período estava centrada nessa prioridade do anúncio sobre o diálogo. Há que lembrar, porém, que no âmbito do mesmo magistério católico dois documentos muito importantes e de grande abertura tinham sido publicados neste período. O primeiro, *Diálogo e Missão* (DM), do Secretariado para os Não Cristãos (1984),[17] e o segundo, *Diálogo e Anúncio* (DA), do Pontifício Conselho para o Diálogo Inter- religioso (1991).[18] Os dois documentos traduzem uma perspectiva de grande abertura e sensibilidade para a questão dialogal. Como singularidade, a percepção do diálogo inter-religioso como parte integrante da missão evangelizadora da Igreja. O diálogo vem concebido como "um estilo de ação, uma atitude e um espírito que guia o comportamento. Implica atenção, respeito e acolhimento para com o outro, a quem se reconhece espaço para a sua identidade pessoal, para as suas expressões, os seus valores" (DM 29). Movida pelo espírito dialogal, a Igreja vem convocada a valorizar "todas as riquezas da sabedoria infinita e multiforme de Deus" (DM 41). Dispõe-se também à ação silenciosa do Espírito que, segundo tempos misteriosos de Deus, "abre às pessoas e povos, os caminhos do diálogo para superar as diferenças raciais, sociais e religiosas, e enriquecer-se reciprocamente" (DM 44). Em mesma linha de abertura,

---

[17] SECRETARIADO PARA OS NÃO CRISTÃOS. *A Igreja e as outras religiões.* Diálogo e Missão. 2. ed. São Paulo: Paulinas, 2002.

[18] PONTIFÍCIO CONSELHO PARA O DIÁLOGO INTER-RELIGIOSO. *Diálogo e Anúncio.* Petrópolis: Vozes, 1991 (Documentos Pontifícios, 242).

o documento *Diálogo e Anúncio* indica que o diálogo representa um grande desafio, "o primeiro a ser enfrentado" (DA 3), sobretudo num mundo pluralista, em que o papel das tradições religiosas não pode ser descuidado (DA 4a). O diálogo não pode ser visto como plataforma para a conversão. Ele é autofinalizado e guarda "o seu próprio valor" (DA 41). Requer um espírito de equilíbrio, de abertura e acolhimento, de busca comum da verdade, mas também "a prontidão em se deixar transformar pelo encontro" (DA 47). O diálogo autêntico envolve não só conhecimento mútuo, mas também mútuo enriquecimento, ou seja, uma disposição sincera em "aprender e receber dos outros e por intermédio deles os valores positivos de suas tradições" (DA 49). E de forma novidadeira, nunca antes alcançada no magistério católico, o segundo documento, ao tratar a delicada questão do mistério de salvação em Jesus Cristo, reconhece que os membros de outras tradições religiosas respondem afirmativamente ao convite de Deus "através da prática daquilo que é bom nas suas próprias tradições religiosas, e seguindo os ditames da sua consciência" (DA 29).

Vale sublinhar que o documento *Diálogo e Anúncio* vinha sendo preparado desde 1986, ficando pronto antes mesmo da publicação da *Redemptoris Missio* de João Paulo II. Sua divulgação foi postergada para alguns meses depois da publicação da encíclica papal. Chegou-se inclusive a questionar em Roma a necessidade de sua publicação, já que a encíclica também tratava a questão do diálogo.[19] Na verdade, entre os dois documentos havia uma distinta

---

[19] Veja a respeito a introdução à edição francesa do documento *Diálogo e Anúncio* feita pelo Cardeal Francis Arinze, então presidente do Pontifício Conselho para o Diálogo Inter-religioso: *Dialogue et Annonce*. Roma: Cité du Vatican, 1991, p. 251.

ênfase,[20] e a perspectiva de anúncio indicada na encíclica foi a que predominou nos anos seguintes, marcando um modo específico de lidar com a questão do diálogo inter--religioso na Igreja Católica.

Ainda que pontuado por uma lógica doutrinal bem definida, com ênfase na afirmação identitária católica, o pontificado de João Paulo II deixou também como herança traços de um espírito dialogal, sobretudo em alguns gestos de sua presença pública, como no caso da importante Jornada Mundial de Oração pela Paz, realizada na cidade de Assis (Itália), em 1986.[21] Pela primeira vez na história, inúmeras lideranças religiosas mundiais encontraram-se para juntas rezarem e testemunharem a natureza transcendente da paz. Em seu discurso proferido aos representantes das várias religiões do mundo, ao final do evento de Assis, João Paulo II assinalou: "Ou aprendemos a caminhar juntos em paz e harmonia, ou nos desconhecemos mutuamente e nos destruímos a nós mesmos e aos outros". Na fundamental luta em favor da paz, o que se destaca é o "fundamento comum" que rege a ação conjunta das diversas tradições em favor de um horizonte distinto. O Papa vislumbra na peregrinação de Assis a antecipação do

---

[20] DUPUIS, Jacques. Dialogo e annuncio in due recenti documenti. *La Civiltà Cattolica*, n. 3405, pp. 221-236, 1992.

[21] Ao evento de Assis podem-se acrescentar o belo discurso de João Paulo II aos jovens muçulmanos em Casablanca, em agosto de 1985, e a visita à sinagoga de Roma, em abril de 1986. São eventos que, como lembrou Pietro Rossano, inserem "o diálogo inter-religioso na consciência e no dever da humanidade, como resposta ao desígnio unitário de Deus para a família humana": ROSSANO, Pietro. *Dialogo e annuncio cristiano.* L'incontro con le grandi religioni. Cinisello Balsamo: Paoline, 1993, p. 370. Destaca-se no discurso pronunciado pelo Papa aos representantes da comunidade judaica de Roma a consideração sobre a "vocação irrevogável" de Israel, que abre pistas fundamentais para o reconhecimento da dignidade da diferença, essencial para qualquer diálogo.

grande sonho de Deus para a humanidade: "uma viagem fraterna na qual nos acompanhamos uns aos outros rumo à meta transcendente que ele estabelece para nós".[22]

O caráter pioneiro do evento provocou inúmeras resistências, tendo o Papa que se explicar junto à Cúria Romana em dezembro de 1986. João Paulo II sinalizou que a jornada de Assis evidenciou a presença de uma "unidade escondida e radical" estabelecida pelo Verbo Divino entre homens e mulheres. Não nega a presença da diferença entre os mesmos, mas sublinha que ela é menos importante do que a basilar unidade que a tudo preside. O acontecimento de Assis é visto, assim, como uma demonstração visível "daquilo que preside e significa o esforço ecumênico e o esforço pelo diálogo inter-religioso recomendado e promovido pelo Concílio Vaticano II".[23]

Esse espírito de Assis sofre, porém, um grande impacto com a publicação da declaração *Dominus Iesus*, da Congregação para a Doutrina da Fé (CDF), em setembro de 2000, assinada pelo Cardeal Joseph Ratzinger, que na ocasião dirigia esse importante dicastério romano. A declaração romana causou surpresa e consternação nos diversos setores que trabalhavam a questão do ecumenismo e do diálogo inter-religioso. Tinha por objetivo convocar toda a Igreja a uma retomada do dever missionário e do "mandato" evangelizador. O que significou, na verdade, foi um entrincheiramento identitário e um enquadramento do pluralismo religioso, destituído de sua valência de princípio. Como característica, um tom muito negativo,

---

[22] PONTIFICIO CONSIGLIO PER IL DIALOGO INTER-RELIGIOSO. *Il dialogo interreligioso nel magistero pontifício* (1963-1993). Città del Vaticano: Libreria Editrice Vaticana, 1994, p. 416 (a cura di Francesco Gioia).

[23] Ibid., p. 434 (e também p. 431).

que destoa de importantes documentos do magistério que tratam o tema do diálogo. As outras tradições religiosas são relegadas à condição de menoridade, e seus membros confinados a uma "situação gravemente deficitária" com respeito aos adeptos da Igreja Católica, vista como detentora da plenitude dos meios de salvação.

A busca pela firmeza identitária e a crítica à relativização ganham continuidade no pontificado de Bento XVI, que se inicia em abril de 2005. A dinâmica dialogal permanece em segundo plano com respeito ao essencial imperativo do anúncio explícito. Mesmo com respeito ao Concílio, busca-se uma hermenêutica que assegure a continuidade com a tradição, favorecendo destaque aos textos que confirmem um melhor enquadramento na lógica restauradora prevista. Uma ênfase especial vem concedida ao *Catecismo da Igreja Católica*, alçado a uma singular centralidade. Ao diálogo vem reservado um restrito espaço, e alguns dos impasses na condução estratégica do pontificado relacionam-se com dificuldades precisas no modo de lidar com esta questão.

Em linha de continuidade com sua atuação na CDF, o Papa Ratzinger manteve-se um firme defensor da "doutrina pura e íntegra, sem atenuações nem desvios", e confirmou seu projeto no pontificado como uma obra de continuidade na defesa do patrimônio doutrinal. Não poucos teólogos que se dedicavam ao tema do diálogo e do pluralismo religioso foram objeto de perseguição ou censura nesse período de presença ratzingeriana em Roma. Entre os nomes de teólogos advertidos: Leonardo Boff (1985), Tissa Balasuriya (1997), Antonii de Mello (1998), Jacques Dupuis (2001), Roger Haight (2004) e Jon Sobrino (2006), dentre outros.

3. Esperança de retomada dialogal

Um novo clima de esperança instaura-se na Igreja Católica com o pontificado de Francisco, iniciado em março de 2013. É como se o vigor das brasas pudesse novamente remover camadas de cinzas que impediam o calor e o brilho de uma dinâmica evangelizadora novidadeira. Como indicou com razão Leonardo Boff, é como se uma "nova primavera" pudesse mostrar seu rosto depois de um longo inverno. O Papa Francisco "trouxe esperança, alívio, alegria de viver e pensar a fé cristã. A Igreja voltou a ser um lar espiritual".[24] Esperança que é também para aqueles que acreditam no ecumenismo e no diálogo das religiões. Logo no início de seu pontificado, no encontro com representantes das Igrejas e comunidades eclesiais, e de outras religiões – em 20 de março de 2013 –, assinala sua vontade de dar continuidade ao caminho de abertura indicado pelo Concílio Vaticano II. Tanto no campo ecumênico como do diálogo com as outras religiões. Sublinha estar ciente do irrevogável desafio em favor "da promoção de amizade e respeito entre homens e mulheres de diferentes tradições religiosas". Uma responsabilidade que se agiganta diante da imensa tarefa de "amar e guardar" o mundo e toda a criação. E amplia ainda mais esse campo dialogal, ao envolver aqueles que não se acham vinculados a nenhuma tradição religiosa, mas que "andam à procura da verdade, da bondade e da beleza". São também, segundo o Papa, "preciosos aliados" nesse trabalho de afirmação da

---

[24] BOFF, Leonardo. Papa Francisco traz uma nova primavera da Igreja: < http://www.estadao.com.br/noticias/cidades,papa-francisco-traz-uma--nova-primavera-da-igreja,1056220,0.htm > . Acesso em: 28 ago. 2013.

dignidade humana e de instauração de uma convivência pacífica entre os povos.[25]

Há que destacar a mudança de tom ao tratar os membros das outras tradições religiosas. Não são mais nomeados negativamente, enquanto não cristãos, mas como "estimados amigos".[26] Verifica-se uma grande sintonia com o modo de tratamento concedido aos fiéis de outras tradições pelos bispos asiáticos, pioneiros no diálogo inter--religioso. Eles também tratam esses fiéis com a dignidade de sua identidade e os chama de "nossos amigos".[27]

Uma chave importante para entender a sensibilidade dialogal do Papa Francisco é sua ênfase na humildade e na simplicidade. Isso faz lembrar a ousada reflexão da *Lumen Gentium* 48, ao tratar da índole escatológica da Igreja. Uma nota que confere maior humildade à Igreja, convidando-a ao permanente processo de abertura e purificação.[28] Ao falar para o episcopado brasileiro, em sua visita ao país, Francisco falou sobre a lição que deve ser sempre recordada pela Igreja: a de não "afastar-se da simplicidade", pois do contrário ela "desaprende a linguagem

---

[25] Discurso do Santo Padre Francisco no encontro com representantes das Igrejas e comunidades eclesiais, e de outras religiões: < http://www.vatican. va/holy_father/francesco/speeches/2013/march/documents/papa-francesco_20130320_delegati-fraterni_po.html > . Acesso em: 28 ago. 2013.

[26] Uma alusão feita na mensagem do Papa Francisco aos muçulmanos por ocasião da conclusão do Ramadã (*'Id al-Fitr*), em 10 de julho de 2013. Em discurso na cerimônia de boas-vindas na visita ao Brasil fala no estabelecimento de um "diálogo de amigos".

[27] Veja, por exemplo, o documento de síntese da Federação das Conferências Episcopais da Ásia. O que o Espírito diz às Igrejas. *Sedoc*, v. 33, n. 281, p. 45, julho-agosto de 2000.

[28] Algo também lembrado com vigor por Paulo VI na *Evangelii Nuntiandi* 15, ao recordar que a Igreja "tem necessidade de ouvir sem cessar aquilo que ela deve acreditar, as razões da sua esperança e o mandamento novo do amor".

do Mistério".[29] A simplicidade é um dos traços essenciais para compreender e viver o desafio do diálogo entre as religiões. Não há possibilidade de acesso verdadeiro ao outro senão mediante a humildade e a simplicidade. São passos fundamentais para manter acesa a alteridade do Deus sempre maior, e a abertura despojada à pluralidade de caminhos que levam a ele.

O Papa Francisco tem falado recorrentemente de uma "cultura do encontro". Em seu discurso para a classe dirigente do Brasil e núcleos de intelectuais e artistas – no Teatro Municipal do Rio de Janeiro –, em julho de 2013, o bispo de Roma falou com ênfase no diálogo. Sinalizou que esta é a resposta que dá aos líderes que lhe pedem conselho: "diálogo, diálogo, diálogo". É mediante a "cultura do encontro", e de troca de dons, que se dá o avanço dos povos. Trata-se de "uma cultura na qual todo mundo tem algo bom com que contribuir, e todos podem receber algo bom em troca. O outro sempre tem algo que me dar quando sabemos nos aproximar dele com atitude aberta e disponível, sem preconceitos".[30]

Não há futuro para a sociedade sem diálogo, lembrou o Papa Francisco no Teatro Municipal do Rio. É o diálogo que suscita as mais irradiadoras energias morais. Um diálogo que deve envolver as mais distintas "riquezas culturais", mas também as tradições religiosas, "que desempenham um papel fecundo de fermento na vida social e de animação da democracia".[31]

---

[29] PAPA FRANCISCO. *Palavras do Papa Francisco no Brasil*. São Paulo: Paulinas, 2013, p. 91.

[30] Ibid., p. 83.

[31] Ibid., p. 82.

A Igreja anunciada por Francisco é aquela que assume o "ícone de Emaús", que abre as portas, que deixa de ser "demasiado autorreferencial", que se coloca em atitude de escuta, mas que se arroja ainda mais, fazendo caminho com os outros, "pondo-se em viagem com as pessoas".[32] Esse toque de abertura, de busca e de alegria é talvez o segredo mais impressionante da sedução provocada por Francisco em toda parte. Dentre as posturas que indica como mais evangélicas para a Igreja, e que são fundamentais para o diálogo, estão a esperança, a alegria e a humildade. Convoca toda a Igreja ao exercício de "deixar-se surpreender por Deus", de deixar-se surpreender por seu amor, com abertura permanente para acolher "suas surpresas".[33] E deixar-se "surpreender por Deus" é também se deixar transformar pelo encontro (DA 47). Isso é diálogo. Abrir-se ao espetáculo da ação novidadeira do Espírito, mesmo além das fronteiras da Igreja: "É uma verdade incontestável que o Espírito de Deus está agindo em todas as religiões tradicionais. Dialogar é então uma viagem em companhia do Espírito para descobrir de onde vem e para onde vai a sua graça".[34]

O que favorece, e muito, essa perspectiva de abertura dialogal de Francisco é sua presença de "pastor", que fala muito mais forte que a presença de um Papa "doutor", que se fixa mais no encaminhamento doutrinário e disciplinar. Francisco vem com um novo aroma, uma nova fragrância pastoral, aberta e atenta aos sinais dos tempos. Daí ter assumido o belo lema da *Gaudim et Spes* 1: "As alegrias

---

[32] Ibid., p. 98.

[33] Ibid., p. 24.

[34] FEDERAÇÃO DAS CONFERÊNCIAS EPISCOPAIS DA ÁSIA, op. cit., p. 46.

e as esperanças, as tristezas e as angústias dos homens de hoje, sobretudo dos pobres e de todos os que sofrem, são também as alegrias e as esperanças, as tristezas e as angústias dos discípulos de Cristo".

Abertura dialogal e respeito à diferença são traços vivos na dinâmica pastoral de Francisco. E aqui novamente a presença inspiradora do Vaticano II, em sua declaração sobre a liberdade religiosa *(Dignitatis Humanae* 3). O sagrado respeito aos caminhos de busca do humano, também em matéria religiosa. O reconhecimento do direito da busca comum da verdade, que brota do sacrário da consciência. Igualmente o reconhecimento de uma laicidade que seja mediadora nessa importante tarefa em favor de uma "convivência pacífica entre as diferentes religiões", que saiba igualmente respeitar e valorizar "a presença da dimensão religiosa na sociedade".[35]

---

[35] PAPA FRANCISCO, op. cit., p. 82. Muito bonita e expressiva a bênção inter--religiosa dada por Papa Francisco em seu encontro com os representantes dos meios de comunicação social, em 16 de março de 2013: "Disse que de coração vos daria a minha bênção. Uma vez que muitos de vós não pertencem à Igreja Católica e outros não são crentes, de coração concedo essa bênção, em silêncio, a cada um de vós, respeitando a consciência de cada um, mas sabendo que cada um de vós é filho de Deus, que Deus vos abençoe!".

Parte IV

Desafios de uma recepção inacabada

1

A recepção inacabada do Concílio Vaticano II no mundo latino-americano e caribenho

O caso da teologia da revelação

Carlos Mendoza-Álvarez[1]

Umbral

Em meio às numerosas comemorações do cinquentenário do encerramento do Concílio Vaticano II, renovadas pela vigorosa presença do Papa Francisco e pelo ar de nova abertura ao mundo trazido pelo seu pontificado, é preciso concentrar-se em alguns dos principais desafios ainda pendentes para a Igreja Católica nos tempos da modernidade tardia que vivemos no século XXI.

---

[1] Frei dominicano mexicano. Doutor em Teologia, com pós-doutorado em Teologia Fundamental pela Faculdade de Teologia da Universidade de Friburgo, na Suíça. Membro do Sistema Nacional de Pesquisadores do México desde 2001. Professor em regime de dedicação exclusiva da Universidade Íbero-americana Cidade do México e professor convidado em várias universidades do Brasil, Estados Unidos e México. Endereço eletrônico: <carlos.mendoza@ibero.mx>.

Como se sabe, a *Constituição dogmática sobre a Divina Revelação "Dei Verbum"* também celebra meio século de vida. Foi a última a ser promulgada, em grande parte devido à complexidade de seu conteúdo, mas também à diversidade e ao conflito de interpretações que exigiram a busca de um equilíbrio, ou pelo menos uma negociação, entre os padres conciliares. Depois de tudo, no fim das contas, significou um extraordinário avanço.[2]

Lembremos aqui uma das ideias mestras da *Dei Verbum* a respeito da manifestação de Deus numa perspectiva relacional, dialógica e histórica:

> Aprouve a Deus na sua bondade e sabedoria revelar-se a si mesmo e dar a conhecer o mistério da sua vontade, segundo o qual os homens, por meio de Cristo, Verbo encarnado, têm acesso ao Pai no Espírito Santo e se tornam participantes da natureza divina. Em virtude desta revelação, Deus invisível, na riqueza do seu amor, fala aos homens como amigos e convive com eles, para os convidar e admitir à comunhão com ele. Este plano da revelação realiza-se por meio de ações e palavras intimamente relacionadas entre si, de tal maneira que as obras, realizadas por Deus na história da salvação, manifestam e confirmam a doutrina e as realidades significadas pelas palavras; e as palavras, por sua vez, declaram as obras e esclarecem o mistério nelas contido. Porém, a verdade profunda tanto a

---

[2] Veja-se, a propósito, o seguinte comentário: "A constituição dogmática 'Dei Verbum' introduziu muitos acentos novos na teologia da revelação. Isso foi posto em destaque pelos estudos comparativos da compreensão da revelação divina no Vaticano I e no Vaticano II. De tal forma que H. Bouillard fala inclusive de uma revolução operada pelo Vaticano II: 'A revelação não aparece aqui já como um corpo de verdades doutrinais comunicadas por Deus, contidas na Escritura e ensinadas pela Igreja. Pelo contrário, é apresentada como a automanifestação de Deus na história da salvação, na qual Cristo constitui o cume'" (VERGAUWEN, Guido. *Revelación y narración*. In: Id. *Dios en la Palabra y en la historia*. Pamplona: Ediciones Universidad de Navarra, 1993, p. 590).

respeito de Deus como a respeito da salvação dos homens nos é manifestada por esta revelação em Cristo, que é ao mesmo tempo o mediador e a plenitude de toda a revelação (DV 2).

Convém, por conseguinte, meio século depois, refletir sobre as implicações teóricas e práticas da contribuição da *Dei Verbum* para a compreensão da manifestação divina na história da humanidade e no cosmos. E sobre os desafios que hoje vislumbramos como irrenunciáveis perguntas de nosso mundo contemporâneo, em particular da América Latina, do Caribe e do mundo hispânico na América do Norte. Todavia, como hoje é inaceitável falar em nome de outros, falaremos do caso do México e de sua relação com a reflexão teológica similar que se desenvolveu em outras regiões do continente.

Neste capítulo vamos nos concentrar em apresentar um aspecto da recepção da ideia da revelação na *Dei Verbum* enquanto documento conciliar no contexto latino-americano e caribenho, conscientes de que cada país do continente tem muito a dizer sobre os enfoques pastorais e sobre as correntes teológicas envolvidas, bem como sobre os protagonistas de um dos maiores documentos do magistério conciliar dos tempos modernos.

Não é nosso objetivo fazer uma recontagem exaustiva das publicações feitas na região durante as últimas décadas sobre o tema da revelação ou da tradição, contribuição própria da história da teologia,[3] sempre necessária

---

[3] Uma árdua tarefa que ainda não foi concluída no mundo de fala castelhana. Na área cultural francófona foram célebres durante duas décadas as resenhas do Padre Jean-Pierre Torrell, publicadas com extrema precisão analítica ao longo dessas duas décadas, entre 1964 e 1984, pela célebre *Revue Thomiste* dos dominicanos da província de Tolouse. Disponível em:

enquanto indício bibliográfico. O que pretendemos, isso sim, a partir da perspectiva disciplinar da teologia fundamental à qual nos dedicamos, é concentrar nossa atenção em *três problemáticas* que nos parecem ser as principais para compreender os enormes desafios vividos hoje pelos cristãos nestas latitudes do planeta.

Concretamente, como parte daquilo que consideramos ser uma recepção *inacabada* do Concílio Vaticano II, propomos refletir de forma *prospectiva* sobre uma teologia da revelação que assuma os seguintes desafios culturais pós-modernos, a saber: (i) a secularização e a indiferença religiosa dominante na vida pública e privada; (ii) o diálogo com os povos originários e suas próprias tradições religiosas; e, por fim, (iii) o pluralismo cultural que o mundo pós-moderno vive *de fato* como uma opção de vida de espiritualidade sem religião ou, em outras palavras, a pretensão de uma revelação sem tradição.

Esses três traços de *mudança epocal* que caracterizam as culturas latino-americanas, caribenhas e latinas, neste momento da aldeia global, nos parecem ser um desafio inédito para a compreensão da revelação divina que acontece no mundo. Revelação que alcançou sua plenitude em Cristo Jesus graças à luz de seu *Ruah* divino que leva a cabo a obra do *Abbá*, em meio às histórias rompidas e, contudo, esperançosas, da humanidade e da criação no século XXI.

<http://www.revuethomiste.fr/spip.php?page=recherche&recherche=t orrell+chronique+théologie+fondamentale>. Acesso em: 11 nov. 2013.

1. O diálogo com o mundo secularizado e da indiferença religiosa

Juan Luis Segundo[4] foi um dos teólogos da libertação que abordou com maior seriedade o tema da secularização ao modo como se vivia na América do Sul, em particular no Uruguai, em diálogo mimético com a França, nos anos setenta e oitenta do século passado. Numa perspectiva filosófica, ao longo de quatro décadas o também jesuíta Juan Carlos Scannone[5] levou a sério os questionamentos do Iluminismo para articular uma filosofia da religião, interlocutora da teologia fundamental, inspirada no Cristianismo em sua versão latino-americana contrastada com o pensamento europeu, em particular com a filosofia alemã.

Por outro lado, uma corrente predominante da teologia da libertação tratou apenas tangencialmente da questão da secularização por considerá-la um assunto próprio da cultura europeia,[6] sem uma verdadeira incidência no subcontinente, a não ser para as minorias privilegiadas que reproduzem o sistema capitalista e neoliberal. Além disso, criticava-se esse campo de reflexão por considerá-lo redundante do modelo de dominação eurocêntrica e individualista como reflexo de uma ideologia imperialista.

---

[4] Veja-se sua cristologia em três volumes: SEGUNDO, Juan Luis. *El hombre de hoy ante Jesús de Nazaret*. Madrid: Cristiandad, 1982 e 1984. vv. I, II/1 e II/2.

[5] Cf. SCANNONE, Juan Carlos. *Religión y nuevo pensamiento.* Hacia una filosofía de la religión para nuestro tiempo desde América Latina. Madrid: Anthropos, 2005, 303p.

[6] Cf. LIBÂNIO, João Batista. *Teologia da revelação a partir da modernidade.* 6. ed. São Paulo: Loyola, 2012, 479p (Coleção Fé e realidade, 31). Veja-se também, neste sentido: BOFF, Leonardo. *Vida religiosa y secularización.* Bogotá: Clar, 1974. Outro teólogo da libertação, menos conhecido por sua breve obra, jesuíta mexicano que morreu muito jovem, sugeria uma abordagem mais positiva à modernidade: LIMÓN, Javier Jiménez. *Curso de teología fundamental.* Barcelona: Cristianisme i Justícia, 1990, 40p.

Em contraposição, a teologia de viés neoapologético,[7] promovida por várias faculdades eclesiásticas, juntamente com uma parte importante do episcopado latino-americano e caribenho, seguiu de perto a doutrina do Papa João Paulo II, denunciando a secularização moderna como um "reducionismo da razão", com seus efeitos devastadores que conduziram à idolatria do prazer, do consumo e do individualismo existente no mundo de hoje.

Nas décadas mais recentes, o principal critério de desqualificação da emancipação moderna subjacente ao processo de secularização foi a assim chamada "ditadura do relativismo", cuja crítica erigiu-se como estratégia principal do Papa Bento XVI. Já na homilia da missa de abertura do conclave para eleger o sucessor do Papa João Paulo II, o Cardeal Ratzinger, então decano do Colégio Cardinalício, tornou explícita esta visão da urgente missão da Igreja nos tempos de incerteza que seria como um farol durante os oito anos seguintes de seu pontificado:

> Quantos ventos de doutrina conhecemos nestes últimos decênios, quantas correntes ideológicas, quantas modas do pensamento... A pequena barca do pensamento de muitos cristãos foi muitas vezes agitada por essas ondas, lançada de um extremo ao outro: do marxismo ao liberalismo, até à libertinagem ao coletivismo radical; do ateísmo a um vago misticismo religioso; do agnosticismo ao sincretismo e por aí adiante. Cada dia surgem novas seitas e realiza-se quanto diz São Paulo acerca do engano dos homens, da astúcia que tende a levar ao erro (cf. Ef 4,14). Ter uma fé clara, segundo o Credo da Igreja, muitas vezes é classificado como fundamentalismo. Enquanto o relativismo, isto é, deixar-se levar "aqui e além por qualquer

---

[7] Cf. BARRAGÁN, Javier Lozano. *Hacia el Tercer Milenio*. Teología y cultura. Bogotá, CELAM, 1988, 405p.

vento de doutrina", aparece como a única atitude à altura dos tempos hodiernos. *Vai-se constituindo uma ditadura do relativismo que nada reconhece como definitivo e que deixa como última medida apenas o próprio eu e as suas vontades.*[8]

Neste contexto do magistério episcopal, a V Conferência Geral do Episcopado Latino-americano celebrada em 2007, em Aparecida, Brasil, assumiu a seu modo essa chave hermenêutica para a abordagem da modernidade:

> Com a inculturação *da fé, a Igreja se enriquece* com novas expressões e valores, manifestando e celebrando cada vez melhor o mistério de Cristo, conseguindo unir mais a fé com a vida e assim contribuindo para uma catolicidade mais plena, não só geográfica, mas também cultural. No entanto, esse patrimônio cultural latino--americano e caribenho se vê confrontado com a cultura atual, que apresenta luzes e sombras. [...] Assim temos, por um lado, a emergência da subjetividade, o respeito à dignidade e à liberdade de cada um, sem dúvida uma importante conquista da humanidade. Por outro lado, *esse mesmo pluralismo de ordem cultural e religiosa, propagado fortemente por uma cultura globalizada, acaba por erigir o individualismo como característica dominante da atual sociedade, responsável pelo relativismo ético e pela crise da família.*[9]

Em contraste com essa visão pessimista da modernidade tardia, no meio acadêmico deste outro lado do grande

---

[8] RATZINGER, Joseph. *Homilia da Missa "Pro Eligendo Pontifice"* (18 de abril de 2005). Disponível em: < http://www.vatican.va/gpII/documents/homily-pro-eligendo-pontifice_20050418_po.html >. Acesso em: 12 nov. 2013 (grifos do autor).

[9] CELAM. *V Conferencia general del Episcopado Latinoamericano y del Caribe. Aparecida.* Bogotá: CELAM/Paulinas, n. 479, 2007, pp. 244-245 (grifos do autor).

oceano – em diálogo com teólogos europeus como Edward Schillebeeckx, Karl Rahner e Andrés Torres Queiruga, na Espanha, David Tracy e Francis Fiorenza, nos Estados Unidos, ou Aloysius Pierys e Michael Amaladoss, na Ásia –, algumas revistas teológicas latino-americanas[10] abordaram de maneira positiva a questão da revelação no contexto de um mundo onde predomina a autonomia própria da liberdade humana, do conhecimento científico, das democracias leigas e do pluralismo cultural. Nem mesmo faltaram interlocutores do pensamento de Urs Von Balthasar e Joseph Ratzinger, como parte do círculo da revista *Communio*, por exemplo, com a crítica à racionalidade moderna da imagem a partir de uma teologia do Cristo como ícone e arquétipo universal da salvação.[11]

Somente nas décadas mais recentes no México começou a estabelecer-se um debate teológico com as teses de John Milbank[12] e sua crítica acérrima ao reducionismo

---

[10] Mencionamos somente algumas revistas de diversas latitudes do subcontinente que dão conta do tratamento da questão da revelação, seja com predomínio – não exclusivo, por certo – da perspectiva apologética em temas de teologia fundamental, como *Efemérides Mexicana*, da Universidade Pontifícia do México, e *Studium*, da Universidade São Tomás de Aquino, de Tucumán e Buenos Aires; ou então com uma maior sensibilidade ao enfoque hermenêutico, como *Anámnesis*, do Centro de Estudos Dominicanos do México, e *Theologica Xaveriana*, da Pontifícia Universidade Javeriana de Bogotá, para mencionar apenas algumas em língua castelhana.

[11] Assim, por exemplo, os *Anales de la Facultad de Teologia*, publicação fundada em 1940, da Pontifícia Universidade Católica do Chile, expressam uma pluralidade teológica na última década, mas privilegiando mais o diálogo com a teologia europeia do que com a teologia da libertação e outras expressões contextuais da religião e do mundo do Sul. Veja-se, por exemplo: MEIS, Anneliese; HUBERT, André; PINILLA, Juan Francisco. La cuestión del ser en Hans Urs von Balthasar, Nicolás de Cusa y Juan de la Cruz. Santiago de Chile, *Anales de la Facultad de Teología, 2*, Suplementos a Teología y Vida, 2011, 279p.

[12] Cf. LEGORRETA, José de Jesús (ed.). *Religión y secularización en una sociedad postsecular*. México: Universidad Iberoamericana, 2009, 157p.

da razão moderna, incluídas a teologia liberal europeia e a teologia da libertação latino-americana. Na opinião desse teólogo anglicano tais teologias renunciaram, diante do predomínio da razão sociológica, a explicar o mundo na perspectiva da encarnação do *Logos* divino, extraviando assim a contra-história, a contraética e a contraontologia que Jesus Cristo trouxe à humanidade como concreções de sua oferta de redenção universal.

Tal é o cenário teológico regional de diálogo com a teologia europeia por parte das duas principais correntes para interpretar a revelação cristã no contexto do pós-Iluminismo.[13] Em particular, deve-se ressaltar a criatividade da teologia latina, também surgida já há meio século nos Estados Unidos, vinculada por sua origem cultural às teologias contextuais da América Latina e do Caribe, mas aberta a uma nova miscigenação no crivo norte-americano.[14] Embora seja frequentemente ignorada, e às vezes até depreciada no sul, é altamente significativa sua interação criativa com o mundo anglo-saxônico e afro-americano para repensar a presença do Deus migrante no contexto pós-colonial e pós-secular de nossos dias. Como expressão de uma teologia latina da recepção da revelação no contexto de hibridação e miscigenação intercultural, consideremos esta apresentação sintética de Roberto Goizueta:

---

[13] Um exemplo do debate teológico fundamental de uma nova geração entre o pensamento europeu e latino-americano no contexto de globalização e de exclusão pode ser visto em: ESCALANTE, Luis Alfredo. Teología fundamental en tiempos de globalización. *Revista Iberoamericana de Teología*, n. 11, pp. 55-103, jul./dez. 2010.

[14] Cf. OROPEZA, Eduardo González. *Mestizaje e intellectus fidei: acercamiento teológico fundamental*. Roma, 2007. Tese de doutorado apresentada na Pontifícia Universidade Gregoriana, 140p.

Uma teologia hispânica norte-americana, por conseguinte, deverá estar fundamentada na práxis das comunidades latinas dos Estados Unidos, como *tais comunidades mestiças que por isso mesmo representam um desafio radical a qualquer tipo de totalitarismo.* Também questionamos o individualismo atomista subjacente ao conceito que de si mesmos têm muitos cientistas norte-americanos, surgido de uma epistemologia dualista demasiadamente propensa a confrontar o indivíduo com a sociedade, a comunidade com a instituição, o afeto com a razão, a moral com a inteligência, a subjetividade com a objetividade e a fé com a religião, numa tentativa de refugiar-se em dicotomias conceitualistas e numa fuga das exigências sempre ambíguas e ao mesmo tempo urgentes da história humana. *Enquanto mestiços, captamos instintivamente a realidade como um "isto e aquilo" em lugar de um "ou este ou o outro".* Assim, quando afirmamos que nossa teologia está baseada na experiência das comunidades hispânicas dos Estados Unidos não fazemos outra coisa senão afirmar com plena consciência nossa condição de seres encarnados, sociais, que não existimos nem como espíritos desencarnados e a-históricos, nem como indivíduos isolados e fragmentados. *Com essa atitude estamos incitando os teólogos euroamericanos a fazer o mesmo, a proclamar sua própria historicidade e a reconhecer a particularidade de seus próprios apriorismos epistemológicos.* Ao mesmo tempo estamos questionando a perspectiva dominante de que a atividade científica deve ser de caráter fundamentalmente individual e desenvolver-se no isolamento em relação ao restante da comunidade. Pelo contrário, a comunidade é o solo no qual afunda suas raízes o indivíduo.[15]

---

[15] GOIZUETA, Roberto. El mestizaje hispano-norteamericano y el método teológico. *Concilium*, 248-250, p. 609, 1993 (grifos do autor).

Por outro lado, vale a pena sublinhar aqui que a teologia fundamental no continente, como qualquer outro saber e práxis, demonstrou-se seduzida pela "emulação poética". É um fenômeno cultural assinalado por João Cezar de Castro Rocha[16] como um *pathos* das culturas latino-americanas, caribenhas e latinas, submetidas de maneira *sui generis* à sedução do duplo mimético marcado pela submissão, pela imitação e pela negação de si mesmas. Com efeito, trata-se da imitação do *duplo vínculo* pelo qual anseia-se sempre alcançar o outro, mas que na realidade se manifesta ser, a longo prazo, um reflexo do desejo enredado em sua própria esterilidade.

Apesar desse contexto cultural de dominação, tem havido experiências de emancipação. Nesse sentido, a teologia da libertação foi a que, há quatro décadas, atreveu-se a explorar com maior autonomia e audácia chaves de interpretação próprias às culturas do subcontinente em sua recepção da revelação de Cristo. Nesta abordagem original sobressai a ideia da revelação que se verifica como *manifestação do Deus da vida* num contexto de sofrimento, injustiça, e avassalamento das maiorias em nome da idolatria do capital, do poder e de sacrifício. A propósito, um dos pais dessa corrente teológica descreveu em seu livro fundacional, com um volume antropocêntrico que hoje resulta insuficiente aos olhos da ecoteologia, o tom *relacional* da revelação do Deus da vida:

> Em forma convergente [ao valor religioso do profano e à espiritualidade do agir cristão no mundo] somos, em nossos dias, cada vez mais sensíveis aos aspectos

---

[16] Veja-se: ROCHA, João Cezar de Castro. *Culturas shakespeareanas. Teoría mimética y América Latina.* Guadalajara: Cátedra Kino/Sistema Universitario Jesuita, 2014.

antropológicos da revelação. A palavra sobre Deus é, simultaneamente, promessa para o mundo. A mensagem evangélica, ao revelar-nos Deus, revela-nos a nós mesmos em nossa situação diante do Senhor e com os demais seres humanos. O Deus da revelação cristã é um Deus feito homem; daí a célebre expressão de K. Barth sobre o antropocentrismo cristão: "O homem é a medida de todas coisas, desde que Deus se fez homem".[17]

A plenitude da revelação em Cristo foi lida, nesta mesma perspectiva liberacionista, como o cumprimento das promessas do Reino para os pobres e para aqueles que se somam a uma práxis de seguimento para "descer da cruz os crucificados de hoje", segundo a famosa expressão de Ignacio Ellacuría, difundida e desenvolvida pelo seu companheiro de ordem Jon Sobrino.[18] A atualização da revelação seria assim realizada na Igreja dos pobres, isto é, do povo fiel junto com seus pastores, num sentido mais comunitário do que hierárquico, marcado pelo *prosseguimento* de Cristo; mais de compromisso evangélico do que doutrinal. O que não deixou de suscitar fortes desconfianças em muitos bispos e grupos leigos de viés devocional e doutrinal, que pululuram na região, como também na Cúria Vaticana.

---

[17] GUTIÉRREZ, Gustavo. *Teología de la liberación*. Perspectivas. Salamanca: Sígueme, 1975, p. 28.

[18] A respeito desse tema assim comenta o teólogo jesuíta: "Espero que tenha ficado claro que não falamos em repetir a ação de Deus, como também não falávamos, em nosso livro anterior, de instaurar o Reino de Deus. Aquilo em que insistimos, isso sim, é em pôr – analogamente – sinais de ressurreição e da vinda do Reino. E isso também era o que queria dizer I. Ellacuría, que, no meu entender, foi quem cunhou pela primeira vez a expressão 'descer da cruz o povo crucificado' para formular a missão cristã". In: SOBRINO, Jon. *La fe en Jesucristo*. Ensayo desde las víctimas. Madrid: Trotta, 1999, p. 116.

Mas é preciso reconhecer que a teologia latino-americana, caribenha e latina – em qualquer de suas correntes, seja neoapologética, liberacionista ou mestiça – ainda não abordou a fundo a questão da autonomia da criação e da emancipação moderna dos indivíduos, filhos legítimos da modernidade, para propor uma teologia pertinente aos habitantes das urbes que cresceram no continente de maneira exponencial durante a segunda metade do século XX. Surgiu uma teologia da libertação para e a partir dos empobrecidos da terra, bem como uma teologia para os migrantes e seus descendentes. Mas não ainda uma teologia a partir das culturas juvenis, das classes médias, dos profissionais e muito menos a partir dos artistas, dos cientistas e dos místicos de hoje. Ou seja, o primado do social e a crítica à dominação política, tão urgente na região, a impediu de aprofundar outras questões próprias da modernidade tardia,[19] tais como a fenomenologia da subjetividade moderna e pós-moderna florescente, a mediação da linguagem e suas várias interpretações, a hermenêutica da experiência estética no pluralismo das culturas e as exigências ético-políticas da aceitação da revelação por meio da vida teologal, da qual dão conta os justos da história e as vítimas dos sistemas de exclusão.

2. A inculturação da fé nas culturas dos povos originários

Embora a teologia latino-americana da libertação tenha favorecido no contraponto a aparição de uma Igreja

---

[19] Para essa direção orienta-se nossa própria pesquisa nos últimos anos. Veja-se: MENDOZA-ÁLVAREZ, Carlos. *"Deus ineffabilis." Una teología posmoderna de la revelación del fin de los tiempos*. México: Universidad Iberoamericana, 2014 (no prelo).

autóctone no coração dos povos originários – com as severas reservas da Cúria Romana nos dois últimos pontificados e de vários meios teológicos de corte antimoderno –, com muita dificuldade tratou-se de forma rigorosa e pontual do tema da revelação nas tradições espirituais e nos livros sagrados dos povos cristãos que habitam o continente. Sua complexidade é tal que a Declaração *Nostra Aetate*, do Concílio Vaticano II, não pôde abordá-la além de uma doutrina clássica das sementes do Verbo (*logoi spermatikoi*). Essa chave hermenêutica pode ser apreciada no modo como se expressa sobre as religiões monoteístas:

> A Igreja Católica nada rejeita do que nessas religiões existe de verdadeiro e santo. Olha com sincero respeito esses modos de agir e viver, esses preceitos e doutrinas que, embora se afastem em muitos pontos daqueles que ela própria segue e propõe, todavia, *refletem não raramente um raio daquela Verdade que ilumina todos os homens*. No entanto, ela anuncia, e tem mesmo obrigação de anunciar incessantemente Cristo, "caminho, verdade e vida" (Jo 14,6), em quem os homens encontram a plenitude da vida religiosa e no qual Deus reconciliou consigo todas as coisas.[20]

---

[20] "Raios da Verdade" é a precavida expressão utilizada por essa declaração conciliar: "Ecclesia catholica nihil eorum, quae in his religionibus vera et sancta sunt, reicit. Sincera cum observantia considerat illos modos agendi et vivendi, illa praecepta et doctrinas, quae, quamvis ab iis quae ipsa tenet et proponit in multis discrepent, haud raro referunt tamen *radium illius Veritatis*, quae illuminat omnes homines. Annuntiat vero et annuntiare tenetur indesinenter Christum, qui est 'via et veritas et vita' (*Io* 14,6), in quo homines plenitudinem vitae religiosae inveniunt, in quo Deus omnia Sibi reconciliavit (4)". CONCÍLIO VATICANO II. *Declaração "Nostra Aetate". Sobre as relações da Igreja com as religiões não cristãs*, n. 2, § 2º (28 de outubro de 1965). Disponível em: < http://www.vatican.va/archive/hist_councils/ii_vatican_council/documents/vat-ii_decl_19651028_nostra-aetate_po.html >. Acesso em: 12 nov. 2013 (grifos do autor).

Certamente, trata-se de um problema teológico complexo, como já o destacou Andrés Torres Queiruga,[21] cuja adequada compreensão é árdua porque estamos num contexto de certo modo inédito devido ao pluralismo cultural do qual hoje somos conscientes em tempos da modernidade tardia. Tal mudança epocal exige um novo paradigma teológico.

Avançando pelo caminho aberto pelo Concílio Vaticano II, a teologia índia – que é como costuma ser chamada a sabedoria dos povos originários transmitida pelos seus "contadores", que recolhem a experiência dos avôs e das avós das comunidades – explorou essa questão.[22] Trata-se de uma recepção da teologia conciliar sobre a presença reveladora de Deus nas religiões da humanidade. Articula-se como linguagem na lógica do coração e do símbolo, como racionalidade alternativa enraizada no

---

[21] Partindo da maiêutica histórica, o teólogo galego propõe sua hipótese de explicações do processo universal da revelação divina nos seguintes termos: "Sintetizando imaginativamente: é como se Deus, o fundo luminoso do ser, estivesse pressionando continuamente a consciência da humanidade para emergir nela, fazendo sentir sua presença (sua revelação). Lá onde se oferece um resquício, lá onde uma consciência cede livremente à sua pressão amorosa, lá concentra o seu afã, aviva com cuidado o lume que começa a nascer e continua apoiando-o com todos os meios de sua graça. E a partir deste ponto procura estender para os demais o novo descobrimento, conjuntando neles a pressão interna de sempre e o oferecimento externo que lhes chega da história". In: TORRES QUEIRUGA, Andrés. *Diálogo con las religiones y autocomprensión cristiana*. Santander: Sal Terrae, 2005, p. 44.

[22] O CELAM promoveu também a leitura da teologia índia em chave de sementes do Verbo. Veja-se, a esse propósito, a apresentação resumida proposta pelo Bispo de San Cristóbal de Las Casas num encontro de sacerdotes indígenas. Cf. ESQUIVEL, Felipe Arizmendi. *Eventos del CELAM y de la CEM sobre teología índia*. In: Id. *XV Encuentro Nacional de Sacerdotes Indígenas* (16 al 19 de junio de 2008). Disponível em: < http://pt.scribd.com/doc/76920377/Arizmendi-CELAM-Teologia-India>. Acesso em: 18 nov. 2013.

costume ancestral.[23] Trata-se de uma racionalidade diferente, que usa argumentos abstratos tomados de fontes bíblicas e teológicas, analisadas com rigor e precisão silogística, como costuma ocorrer na teologia ocidental. Trata-se, segundo sua própria justificação epistemológica, de *outro* tipo de racionalidade.[24]

Parece-nos necessário ainda, contudo, como desafio para a teologia da revelação em tempos de modernidade tardia, encontrar um equilíbrio entre razão e emoção, símbolo e discurso. Concretamente, segue em aberto a questão de como dar conta da universalidade de Cristo Jesus ao mesmo tempo em que se reconhece a Palavra de Deus atuante nas sabedorias autóctones. É preciso, portanto, estabelecer uma hermenêutica da ideia de revelação que dê conta da pluralidade das expressões do *Logos* divino na diversidade de racionalidades contextuais, bem como na possibilidade de um comum entendimento de sua mensagem de redenção.

Nesse sentido, a pretensão da "des-helenização do Cristianismo",[25] que alguns círculos teológicos pro-

---

[23] Veja-se o trabalho da equipe do Centro Nacional das Missões Indígenas (CENAMI), do México, procurando estabelecer essas pontes entre discurso conceitual e simbólico. Como colaborador nesse centro, desde sua tese de doutorado já se anunciava esse caminho. Cf. HURTADO, Juan Manuel. *Los signos de los tiempos como lugar teológico.* Guadalajara: Imprenta Jalisco, 1982, 231 p.

[24] Veja-se, nesse sentido, a reflexão de Eleazar López sobre a racionalidade subjacente à teologia índia no diálogo com problemas globais como a violência. Cf. LÓPEZ HERNÁNDEZ, Eleazar. ¿Sólo para esperar la muerte hemos nacido? Aportes indígenas para una reflexión sobre la violencia y la paz. In: MENDOZA-ÁLVAREZ, Carlos (ed.). *Caminos de paz. Teoría mimética y construcción social.* México: Universidad Iberoamericana, 2014 (no prelo).

[25] Uma expressão muito citada nos círculos latino-americanos, cunhada pelo famoso jesuíta catalão, mas que tem imprecisões sérias devido à generalização e à publicidade. O próprio autor descreveu assim sua intenção teológica:

põem com muita insistência tanto na Espanha quanto na Ásia, América Latina e Caribe, não nos parece ser uma abordagem pertinente para "a fé que busca compreender", como dizia Santo Anselmo. Primeiro porque a questão da *universalidade* da verdade foi proposta com rigor pelo *logos* grego e é, desde então, uma exigência comum da razão e do sentido. É necessária para qualquer interpretação que pretenda ter algo a propor no espaço público onde se constroem e se elaboram os debates nas sociedades liberais modernas. No espaço da racionalidade discursiva, com sua pluralidade de narrativas, as tradições espirituais da humanidade devem comunicar suas convicções com argumentos racionais, como o destacou com insistência a filosofia da ação comunicativa própria das sociedades liberais modernas e pós-modernas.

Nesse sentido, para os cristãos situados no espaço público moderno tardio parece-nos urgente procurar caminhos de interpretação da universalidade de Cristo que deem conta de sua incidência na história e no cosmos. Mas é preciso fazer isso através de novas interpretações cosmológicas, antropológicas e culturais que sejam inclusivas da diversidade de racionalidades, tanto simbólica quanto conceitual.[26]

"Se eu tivesse que definir aquilo que chamamos de helenização, reduzi-lo-ia sobretudo – e para os objetivos desse apontamento que visa principalmente à Europa – a três pontos: a primazia do 'logos' grego sobre o 'logos' bíblico. Consequência do anterior: a primazia do poder sobre o 'despojamento' de Cristo. E, consequência dos dois anteriores, a insensibilidade diante do sofrimento, em nosso linguajar sobre Deus". In: GONZÁLEZ FAUS, José Ignacio. Des-helenizar el Cristianismo. *Revista Catalana de Teología*, XXIV/2, p. 258, 1999.

[26] A elaboração de uma teologia do corpo vulnerável e lúdico, que integra razão e emoção, encontra-se em processo já há mais de uma década em vários contextos da região. Veja-se, a título de exemplo: MÉNDEZ-MONTOYA, Ángel. *El festín del deseo. Hacia una teología alimentaria*. México:

É preciso sublinhar, além disso, que o diálogo inter-religioso na América Latina, no Caribe e na América do Norte não se reveste, em primeira instância, das cores das religiões monoteístas, mas se concentra na questão da *miscigenação* de crenças entre a fé cristã que chegou à América sob o formato renascentista, doutrinal e apologético da Igreja da contrarreforma, coexistindo com práticas e crenças religiosas ancestrais tanto dos povos originários quanto dos imigrantes africanos escravizados nesta região do planeta.

Uma miscigenação ou simbiose cultural que, como processo cultural, caracteriza certamente a história do Cristianismo desde as suas origens na Palestina do século I da nossa era. E que continua ocorrendo hoje como processo de construção de identidades e subjetividades, mas agora com as novas expressões religiosas próprias do mundo globalizado. Referimo-nos, por exemplo, à religião emocional promovida pelos novos movimentos religiosos, à religião do *Self*, que se difunde em todas as cidades como prática de meditação, e à fusão de tradições religiosas que geram um mosaico inédito de busca da transcendência vivida pelos habitantes das cidades e do campo nestes tempos de aldeia planetária em contínua mobilidade humana.

A teologia não pode continuar ignorando que as sociedades latino-americanas, caribenhas e latinas do século XXI já entraram, há décadas, num processo de coabitação de diferentes tradições religiosas. Tais processos puseram em

---

Editorial Jus, 2010, 296 p. Por sua vez, a perspectiva feminista e latina dos Estados Unidos se soma a esta criativa reflexão, aportando novas luzes para a teologia da revelação da Sabedoria divina em contextos de opressão e de morte onde, apesar de tudo, floresce a esperança Veja-se: PINEDA-MADRID, Nancy. *Suffering and Salvation in Ciudad Juárez*. Minneapolis: Fortress Press, 2011, 186p.

xeque as religiões institucionais, bem como as teologias identitárias e hegemônicas. Essa mudança cultural apela para uma teologia da revelação que dê conta de como acontece a *manifestação do divino*, a partir da radicalidade de Cristo Jesus, mas nas coordenadas éticas, estéticas, cognitivas e práxicas próprias da modernidade tardia, da era cibernética e da consciência ecológica crescente em todo o planeta em sua frágil vulnerabilidade e em perigo de extinção. E não a partir dos sonhos de onipotência daqueles que praticam a dominação, mas a partir do reverso da história e a partir das vítimas dos sistemas de totalidade.

3. O pluralismo pós-moderno

Daí é que vem a terceira problemática que a teologia da revelação precisa enfrentar no contexto das sociedades pós-modernas, a saber, o pluralismo cultural e religioso.

As teologias contextuais latino-americanas, caribenhas e latinas – como a teologia índia no México, América Central e países andinos, a teologia negra no Brasil, a teologia feminista e demais narrativas de minorias excluídas como a dos migrantes nos Estados Unidos – já são fruto de um pensamento pós-colonial e pós-hegemônico. Assumiram sua "autonomia epistêmica" criando seu próprio marco interpretativo da existência cristã. Todavia, a impressão que se tem é que cada uma delas ficou encapsulada em seu próprio território de significação, como que ausente de um debate mais amplo que integrasse todas aquelas vozes excluídas num novo paradigma de racionalidade. E o critério principal para esta comunidade epistêmica a partir das margens da exclusão é precisamente o pluralismo.[27]

Nas últimas décadas, as ciências sociais latino-americanas[28] aprofundaram-se muito na caracterização e na interpretação do pluralismo de subjetividades, identidades, processos e projetos de emancipação das maiorias e minorias excluídas. Foram propostas teorias como a antissistêmica[29] para dar conta do necessário desmantelamento da razão instrumental, patriarcal, etnocêntrica e cristã que manteve submissa por séculos essas minorias. Uma

---

[27] Já existem algumas propostas teológicas sobre pluralismo, como a de Luis Carlos Susin e da equipe de reflexão ecumênica, as quais assumem o pluralismo a partir dos pobres e dos excluídos. Cf. ASOCIACIÓN ECUMÉNICA DE TEÓLOGAS Y TEÓLOGOS DEL TERCER MUNDO. *Por los muchos caminos de Dios*. Desafío del pluralismo religioso a la teología de la liberación. Quito: Centro Bíblico Verbo Divino, 2003, 187p.

[28] Por exemplo, a questão da modernidade indígena. A etnografia pós-moderna descreve assim a intersecção de ordens de interpretação segundo a subjetividade vigente: "Tanto do ponto de vista europeu como indígena, a modernidade é tecnologia, máquinas, comunicação a distância, deslocamentos rápidos, energia. (No fim das contas, é nessas coisas – o 'maquinismo' – que se fixaram as vanguardas estéticas como o cubismo parisiense, o futurismo italiano ou o construtivismo russo.) Mas para os europeus isso é um produto recente da história humana, o resultado de uma tremenda aceleração das forças de produção. Em termos indígenas, contudo, esses fenômenos pertencem ao mundo do além, daquilo sobre o qual nós seres humanos carecemos de possibilidade de ação. A modernidade indígena é antiutilitária e é contra a produção. A modernidade faz parte de um estado virtual que só se atualiza de uma forma variável e desigual. Pertence a um tempo que não passa, um domínio que sempre tem estado ali, e sempre estará". In: PITARCH, Pedro. *La ciudad de los espíritus europeos*. In: PITARCH, Pedro; OROBIGT, Gema (ed.). *Modernidades indígenas*. Barcelona: Iberoamericana-Veuvert, 2012, pp. 85-86.

[29] Veja-se, como obra mais significativa dessa corrente antissistêmica que surge a partir de processos históricos de autonomia: ROBERT, Jean; RAHMENA, Rajid. *La potencia de los pobres*. San Cristóbal de Las Casas: CIDECI/Universidad de la Tierra, 2012. Por outro lado, mesmo sem assumir esse nome, o pensamento de Franz Hinkelammert, economista e teólogo europeu radicado por várias décadas na Costa Rica, tem tido uma orientação convergente. Cf. HINKELAMMERT, Franz. *Crítica de la razón utópica*. Bilbao: Desclée de Brouwer, 2002, 404p.

razão que se manifestou claramente como depredadora do planeta.

Parece-nos, todavia, que a teologia fundamental nestas paragens não debateu de maneira suficiente ainda as problemáticas disso derivadas, por exemplo, a partir de uma filosofia da alteridade e de uma teologia da revelação (maiêutica, intercultural ou apofática), de tal forma que possa *dar razão da esperança* (cf. 1Pd 3,15) em meio aos escombros da modernidade tardia e a partir do reverso da história de dominação.

De um modo mais específico, se a teologia da revelação da *Dei Verbum* já apontava para o reunir Bíblia e tradição na única fonte da Palavra de Deus, esse critério maior deve ser a pauta para uma teologia da revelação latino-americana, caribenha e latina nas novas expressões culturais vividas pelos habitantes das cidades e do campo. Mas uma revelação da Palavra de Deus sempre inculturada na diversidade de racionalidades, não somente dos povos originários, mas agora daquilo que alguns já chamam de "razão digital" e seus atores, como são os movimentos de indignados, de culturas juvenis, de cidadania, de comunidades agroecológicas, de mística silenciosa e demais expressões das subjetividades pós-modernas.

É imprescindível, como parte desse processo, a elaboração de uma estética teológica da revelação que analise a história da cultura latino-americana, caribenha e latina como *locus theologicus* originário de um modo específico de estar-no-mundo. Da mesma forma, uma teologia dos símbolos da religiosidade popular mestiça e indígena que celebre o Deus da vida, em meio a situações de dor e morte, com esperança e festa.

Enfim, possa ser útil uma última reflexão sobre a relação entre teologia fundamental e ciências. Resta para ser analisado um diálogo a fundo com a comunidade científica latino-americana, caribenha e latina para propor uma teologia da criação concorde com essa racionalidade experimental predominante no mundo moderno. Existem iniciativas recentes como o Seminário Interinstitucional Ciência e Fé, promovido por uma rede de instituições universitárias cristãs e leigas no México desde 2007, bem como o portal latino-americano na rede Ciência e Religião[30] com sua nova revista eletrônica *Quaerentibus. Teología y ciências*, cujo primeiro número foi publicado em setembro de 2012,[31] por iniciativa de duas universidades de inspiração cristã no México e na Argentina. Por outro lado, existe o modelo da rede latino-americana de ciência e religião promovida pela Universidade de Oxford, pela Fundação John Templeton e por algumas universidades da Opus Dei localizadas na região.[32]

Todavia, ainda resta para ser articulada uma reflexão rigorosa e específica sobre esse diálogo entre ciência e fé, segundo problemáticas mais precisas com projetos de pesquisa inter e transdisciplinares, em debate com as disciplinas envolvidas, mas num contexto de pluralismo teológico, cultural e religioso.

Será necessário que essa teologia compreenda a linguagem científica em sua legítima autonomia, evidenciando os acertos e os limites do conhecimento experimental e da gestão da natureza que induz. Mas será necessário,

---

[30] Disponível em: < http://www.cienciayreligion.org >.

[31] Disponível em: < http://www.cienciayreligion.org/quaerentibus/DQ_01. pdf > . Acesso em: 12 nov. 2013.

[32] Disponível em: < http://www.cyral.org >. Acesso em: 12 nov. 2013.

sobretudo, que descubra o novo horizonte cosmológico, ecológico e ético gerado pelas ciências para o bem da humanidade. Só então a teologia fundamental poderá oferecer sua reflexão ao debate como uma hermenêutica do sentido e da práxis que surgem do horizonte da transcendência para os habitantes do mundo pós-moderno, em diálogo crítico com disciplinas como as neurociências, a bioética, a ecologia, a genética e a inteligência artificial, tudo para dar prioridade à sustentabilidade do planeta enquanto lugar teológico primordial.

Concluindo, podemos dizer que a teologia fundamental do século XXI – elaborada no contexto latino-americano caribenho e latino, a cinquenta anos do encerramento do Concílio Vaticano II – é chamada a acompanhar os processos de democracias participativas, de sustentabilidade ecológica e de pluralismo cultural que hoje caracterizam a racionalidade pluralista da aldeia global.

Só então se poderá não apenas contribuir, mas também receber luzes de compreensão e de contemplação da sempre incondicional presença amorosa do *Abbá* de Jesus, como Sabedoria divina que prepara um banquete para todas as nações e todas as criaturas da terra, na grande diversidade de identidades individuais e coletivas que a habitam.

Assim, a recepção inacabada do legado do Concílio Vaticano II encontrará novas narrativas, interpretações e práticas que narrem com esperança a passagem do *Deus da vida* pelo cosmos em expansão e pela história fragmentada da humanidade, onde acontece a redenção.

2
Um caminho de esperança
A mulher na Igreja
a partir do Concílio Vaticano II

María Luisa Aspe Armella[1]

1. O panorama antes do Concílio Vaticano II

Não pode haver um depois sem um antes. Por isso, considero que não se pode falar em história da mulher na Igreja a partir do Vaticano II sem antes delinear, muito brevemente, qual era o panorama das mulheres dentro da instituição antes dos anos 1962-1965.

Antes de João XXIII a Igreja considerava que o papel da mulher era o lar, deixando claro que para os homens

---

[1] Doutora em História. Docente titular e investigadora do Departamento de História da Universidade Ibero-americana. Especialista em História Contemporânea e do Catolicismo Mexicano. Investigadora titular na linha de investigação: História do Tempo Presente. Assessora e membro do Seminário de Investigação do Centro de Direitos Humanos da Universidade Anáhuac del Sur. Membro do Conselho Técnico de Pós-graduação em História desta mesma universidade. Membro do Conselho Acadêmico em História do Instituto José María Luis Mora. Membro fundador da organização Más Ciudadanía. Atual presidente do Instituto Mexicano de Doutrina Social Cristã.

o lugar era o trabalho fora de casa. No papado de Pio XII, todavia, começa-se a notar uma mudança nessa concepção, pois ele passa a dizer que a mulher está em igualdade de dignidade e condição com o homem. E inclusive vai além, dando os primeiros passos para a abordagem do papel fundamental que deveria ter a mulher na vida social e pública.[2]

A carta encíclica *Pacem in Terris*, de João XXIII, publicada no ano de 1963, chega com os primeiros sinais de que se avizinha uma mudança na percepção do papel da mulher, pois se reconhecem os direitos e obrigações da mulher tanto na vida doméstica quanto na vida pública. Os primeiros passos dados pela Igreja são na linha do social, concentrados em reconhecer sua dignidade no espaço cotidiano; é por isso que se lê na referida encíclica:

> A mulher tem adquirido uma consciência cada dia mais clara de sua própria dignidade humana. Por isso, não tolera ser tratada como um objeto ou um instrumento, reivindicando que, tanto no âmbito da vida doméstica quanto no da vida pública, sejam-lhe reconhecidos os seus direitos e obrigações próprios da pessoa humana.[3]

Com essas palavras o Papa estava abrindo um espaço para que, no encerramento do Concílio Ecumênico Vaticano II, no dia 8 de dezembro de 1965, Paulo VI dirigisse uma mensagem exclusiva às mulheres, na qual as convidasse a salvar a paz do mundo dizendo-lhes:

---

[2] Cf. SANTISO, María Teresa Porcile. *La mujer, espacio de salvación*. Misión de la Mujer en la Iglesia, una perspectiva antropológica. México, 1993. p. 52.

[3] JOÃO XXIII. *Pacem in terris*. Disponível em: <http://www.vatican.va/holy_father/john_xxiii/encyclicals/documents/hf_j-xxiii_enc_11041963_pacem_po.html>. Acesso em: 29 out. 2013.

Mas a hora vem, a hora chegou, em que a vocação da mulher se realiza em plenitude, a hora em que a mulher adquire no mundo uma influência, um peso, um poder jamais conseguido até aqui. É por isso que, neste momento em que a humanidade sofre uma tão profunda transformação, as mulheres impregnadas do espírito do Evangelho podem ajudar tanto a humanidade a não decair.[4]

Com essas palavras começava-se a tratar do tema da vocação da mulher para além das portas do seu lar e como um ser que trazia esperança para o mundo. Esse discurso de Paulo VI apenas iniciava um longo percurso que as mulheres têm feito por décadas para conquistar um lugar, tanto na sociedade como na Igreja; não podemos esquecer que nesse caminho, como em muitos outros, Igreja e sociedade andam de mãos dadas.

2. Depois do Concílio Vaticano II

Depois do Concílio Vaticano II foram acontecendo vários eventos que fizeram com que o tema da dignidade da mulher, dentro e fora da Igreja, seguisse em pauta. As iniciativas tomadas pela Santa Sé acabaram se tornando apenas o começo de uma série de discussões e ações que fariam com que o tema não fosse arquivado. Dentre estas, a que teve maior repercussão foi a declaração, por parte da Organização das Nações Unidas, pela primeira vez, do ano de 1975 como o Ano Internacional da Mulher, fazendo com que os olhares se voltassem para as mulheres e sua situação.

---

[4] PAULO VI. *Mensagem às mulheres*, 8 de dezembro de 1965. Disponível em: <http://www.vatican.va/holy_father/paul_vi/speeches/1965/documents/hf_p-vi_spe_19651208_epilogo-concilio-donne_po.html>. Acesso em: 29 out. 2013.

Durante a Segunda Guerra Mundial as mulheres tiveram uma prova daquilo que significava ter responsabilidades fora do lar, e nos anos sessenta do século passado já estava muito claro para a mulher que não era mais o caso de ficar só vivendo em função da casa. A partir daí, começou a se debater entre o espaço do público e do privado. Em meio a esse debate, a mulher não abandonava a sua família; ela seguia apegada ao lar, mas, ao contrário das décadas anteriores, procurava participar daquilo que acontecia na esfera social. Esse fenômeno pode ser observado também nas problemáticas relacionadas à religião. Não só no Catolicismo, mas também em outras confissões, tais como a anglicana, começou-se a questionar com mais força como a mulher deveria participar da instituição e, também, quais funções deveriam estar abertas a ela e quais deveriam permanecer fechadas. Nesse contexto, o Vaticano respalda a mulher dignificando-a dentro e fora do lar, mas ainda sem mencionar se lhe seriam abertos espaços dentro da estrutura da instituição.

Falando nos anos 1960, não podemos deixar passar despercebido o nascimento da teologia feminista, a qual se uniu às discussões sobre a mulher e sua participação na vida pública e religiosa. A teologia feminista teve abrangência sobre grande parte do contexto das mulheres, fazendo uma análise dos fatos e da maneira como tais fatos afetavam a mulher em sua vida, meditando também sobre o seu movimento de libertação. Aproveitou-se o fato de que pela primeira vez as mulheres tinham acesso às faculdades de teologia para refletir sobre a sua própria existência de fé com uma base teológica acadêmica. O que resultou, de uma forma global, numa teologia contextual para observar a dimensão da mulher dentro de sua experiência.[5]

Os diálogos para estabelecer o novo papel da mulher ocorreram em vários âmbitos, e em todos eles a mulher teve um lugar de destaque, passando a desempenhar um papel ativo e propositivo com o fim de anunciar para onde pretendia ir. Um exemplo disso foi o que aconteceu na Espanha com a Ação Católica. Em 1966, foi lançada uma campanha pela liberdade da mulher por meio da UMOFC (União Mundial de Organizações Femininas Católicas), difundindo suas mensagens principalmente em revistas internas. Nestas se refletia sobre a situação jurídica da mulher, não só reclamando liberdade no matrimônio, mas também na vida social e cívica, deixando claro que isso se daria em conjunto com suas responsabilidades familiares. Em 1967 começaram a pôr sobre a mesa de debate temas como "Discriminação sexual no Cristianismo".[6]

Os movimentos dos anos 1960 criavam uma sinergia entre eles e nutriam-se uns dos outros; por isso, não é de se estranhar que em 1966 uma de suas militantes, Carmen Victory, conselheira nacional, afirmasse que as Mulheres da Ação Católica se identificavam com as propostas políticas dos movimentos apostólicos operários e estudantis. Nas jornadas que tiveram lugar naquele ano concluíram que deveriam dar resposta aos problemas do Mundo e da Igreja; um grupo, inclusive, propôs abandonar o classicismo burguês. O fato de as Mulheres da Ação Católica

---

[5] Cf. SANTISO, op. cit., pp. 83-84.

[6] SECO, Mónica Moreno. De la caridad al compromiso: las mujeres de Acción Católica (1958- 1968). *Historia contemporánea*, n. 26, p. 248, 2003.

defenderem essas bandeiras progressistas não foi bem-visto dentro da organização, provocando uma crise interna.[7]

Para o historiador Peter Hebblethwaite, a forte mudança no tema das mulheres surgiu entre 1965 e 1975. Naquele ano Betty Friedan, pertencente à segunda onda feminista dos Estados Unidos, teve uma audiência privada com Paulo VI, que já vinha dando um papel público à mulher, pois, desde 1966, a Doutora Rosemary Goldie era vice-presidenta do Pontifício Conselho para os Leigos e a primeira mulher a desempenhar um cargo no Vaticano.[8]

Talvez o que se poderia acrescentar à perspectiva de Hebblethwaite é que naqueles anos muitos esforços foram sendo concretizados. A Comissão de Estudos sobre a Mulher na Sociedade e na Igreja, constituída por Paulo VI em 1973 – como parte do Conselho Pontifício para os Leigos –, passou efetivamente a operar em 1975 integrando as celebrações do Ano Internacional da Mulher. O que se pretendia era não apenas prosseguir com o esforço em favor da igualdade e da dignidade da mulher, mas também criar iniciativas eclesiais e colaborar com associações internacionais na promoção da participação ativa da mulher dentro da vida social e eclesial.[9]

Durante o primeiro Ano Internacional da Mulher houve muitas conjunturas no interior da instituição. O Papa instaurou uma comissão mista para promover a participação e a responsabilidade das mulheres na vida comunitária da sociedade e também da Igreja – encabeçada por

---

[7] Cf. ibid., p. 255.

[8] Cf. HEBBLETHWAITE, Peter. *Pablo VI. El primer Papa moderno*. Buenos Aires: Javier Vergara, 1995. p. 498.

[9] Cf. O Conselho Pontifício para os Leigos (versão on-line).

Dom Enrico Bartoletti e pela Doutora Rosemary Goldie. O Sumo Pontífice definiu seu propósito da seguinte forma: reunir, verificar, interpretar, revisar e depurar as ideias que foram expressas acerca do papel das mulheres na sociedade moderna. Foi nessa linha que teólogos e especialistas realizaram trabalhos de observação, pesquisa e reflexão. Paralelamente o jesuíta Joseph Masson dirigiu, na Congregação para a Evangelização dos Povos, um estudo sobre o papel das mulheres na evangelização e a Comissão Teológica Internacional fez um estudo – não divulgado – sobre o diaconato feminino.[10]

Desde o pontificado de Paulo VI já se virava a página sobre o tema da admissão das mulheres ao sacerdócio, e, embora o Papa estivesse a favor de uma maior integração da mulher na vida pública, ela deveria se manter fora do ministério da Igreja. No dia 25 de janeiro de 1977, publicou-se a Declaração sobre a Questão da Admissão das Mulheres ao Sacerdócio Ministerial, na qual, apesar de reconhecer-se o trabalho de Santa Clara, Santa Teresa de Ávila e de Santa Catarina de Sena como doutora da Igreja, ou ainda "as numerosas mulheres que se consagraram ao Senhor no exercício da caridade ou nas missões, e também o grande número daquelas que, como esposas cristãs, tiveram uma influência profunda na própria família, em particular na transmissão da fé aos seus filhos",[11] o Papa argumentou as razões pelas quais a Igreja

não se considera autorizada a admitir as mulheres à ordenação sacerdotal, e crê oportuno, na conjuntura atual,

---

[10] Cf. HEBBLETHWAITE, op. cit.

[11] Declaração sobre a Questão da Admissão das Mulheres ao Sacerdócio Ministerial (versão on-line).

explicar esta posição da Igreja, o que talvez possa ser sentido pesarosamente, mas cujo valor positivo aparecerá a longo prazo, pois poderia ajudar a aprofundar mais a missão respectiva do homem e da mulher.[12]

As razões enunciadas são que Jesus Cristo não chamou nenhuma mulher para fazer parte de seu grupo de apóstolos, apesar de se conhecerem várias passagens nas quais é demonstrada a sua aceitação, e que a comunidade apostólica se manteve fiel à atitude de Cristo.

Um ponto interessante dentro da declaração é que de antemão refutou-se o argumento segundo o qual as condições históricas não permitiram a Jesus ter maior incorporação das mulheres em sua vida pública. Apoiou-se na ideia de que não há como provar que tal atitude tenha se baseado em motivações socioculturais, fundamentando em citações bíblicas a não inclusão das mulheres nos acontecimentos daqueles tempos. Obviamente as várias reações não se fizeram esperar, e, apesar de ter havido teólogos que aprovassem essa decisão, da mesma forma houve outros que apresentaram posturas desfavoráveis. A propósito desta resolução, a Pontifícia Comissão Bíblica chegou à conclusão de que era insuficiente o suporte nas Sagradas Escrituras para impedir o sacerdócio feminino.[13]

Onze anos depois, no dia 15 de agosto de 1988, João Paulo II voltou a ocupar-se do tema da mulher em sua primeira carta apostólica dirigida a elas: *Mulieris Dignitatem*, na qual volta a tratar da dignidade e vocação da mulher, agora por ocasião do Ano Mariano. Esse foi o primeiro

---

[12] Id.

[13] Cf. HEBBLETHWAITE, op. cit.

documento dedicado integralmente à mulher. Segundo José Manuel Parrilla Fernández

> o Papa situa as discriminações injustas contra a mulher no âmbito do pecado social. Explica que a luta pela igualdade de direitos e pela justiça nas mulheres não tem como meta fazer com que elas se apropriem das características masculinas. Afirma-se que a nova presença das mulheres na vida social é uma oportunidade para que a humanidade recupere as dimensões femininas em vista de uma experiência humana mais completa.[14]

Contudo, apesar de exaltar a mulher, não se falava de maneira concreta sobre o papel que ela deveria ocupar dentro da instituição. Carmelita de Freitas conseguiu resumir de forma muito precisa as principais contribuições do texto para a causa da mulher: "uma antropologia humano-cêntrica, relacional e de comunhão; a dignidade da mulher, vista a partir da Mulher-Mãe de Deus; a dignidade da mulher, vista a partir da mensagem e das práticas de Jesus".[15]

Dentre os documentos pontifícios do Papa Wojtyla que abrangem o tema da mulher destacam-se, além da já citada *Mulieris Dignitatem* de 1988, dois que são quase consecutivos: em 1994, o *Ordinatio Sacerdotalis*, e em 1995, a *Carta às mulheres*, escrita por ocasião da IV Conferência Mundial sobre a Mulher em Pequim.

Na *Ordenatio Sacerdotalis*, João Paulo II baseia-se muito na carta de Paulo VI para argumentar e por que não

---

[14] FERNÁNDEZ, José Manuel Parrilla. *La condición de la mujer en la doctrina social de la Iglesia* (versão on-line).

[15] FREITAS, Carmelita de. *La mujer latinoamericana en la sociedad y en la Iglesia*. Disponível em: <http://servicioskoinonia.org/relat/174.htm>. Acesso em: 29 out. 2013.

se deve aceitar a mulher dentro do sacerdócio. A partir desse texto questionou-se novamente a prática apostólica da mulher, que seria o equivalente a um ministério ordenado. Uma pergunta concreta feita a este respeito foi a seguinte:

> O que significa realmente a "função" própria e exclusiva dos apóstolos e seus sucessores, definida por João Paulo II como "ensinar, santificar e reger os fiéis"? "Ensinar" é pregar nas assembleias litúrgicas, dar aula de teologia nos seminários, catequizar nas escolas e nas paróquias, evangelizar com o exemplo de sua própria vida? "Santificar" refere-se unicamente a administrar sacramentos e a orientar doutrinal e disciplinarmente os pastores? Os príncipes cristãos e os Estados não "regiam", até pouco tempo atrás, os destinos temporais e também espirituais de fiéis e clero da mesma forma?

Se continuarmos com esse raciocínio, não poderemos deixar de levar em conta que as mulheres já ensinam e regem dentro de suas paróquias por meio de grupos paroquiais, em suas comunidades e através de diferentes associações católicas; portanto, ficaria faltando apenas a possibilidade de administrar os sacramentos. Mesmo assim, já conquistou muito, trilhando um caminho que foi sendo cumprido pouco a pouco por meio de um serviço apostólico silencioso.

Se estou falando muito sobre a visão que se tinha da mulher no pontificado de João Paulo II, é devido ao fato de que, durante os 27 anos de seu papado, ele influenciou sobre o tema, e no resumo histórico que estou fazendo isso não poderia ficar de fora. Mas me resta apenas comentar ainda um último ponto, a sua Carta às Mulheres. Esta representou um agradecimento – poderíamos dizer amoroso

– à mulher em todas as suas dimensões, reconhecendo ao mesmo tempo que não bastava pedir perdão diante do difícil caminho que lhes coubera percorrer. João Paulo II expressou-se sobre esse tema dizendo:

> Isto a impediu de ser profundamente ela mesma, e empobreceu a humanidade inteira de autênticas riquezas espirituais. Não seria certamente fácil atribuir precisas responsabilidades, atendendo à força das sedimentações culturais que, ao longo dos séculos, plasmaram mentalidades e instituições. Mas, se nisto tiveram responsabilidades objetivas, mesmo não poucos filhos da Igreja, especialmente em determinados contextos históricos, lamento-o sinceramente. Que este pesar se traduza, para toda a Igreja, num compromisso de renovada fidelidade à inspiração evangélica que, precisamente no tema da libertação das mulheres de toda a forma de abuso e de domínio, tem uma mensagem de perene atualidade, que brota da atitude mesma de Cristo. Ele, superando as normas em vigor na cultura do seu tempo, teve para com as mulheres uma atitude de abertura, de respeito, de acolhimento, de ternura. Honrava assim, na mulher, a dignidade que ela sempre teve no projeto e no amor de Deus. Ao fixar o olhar nele, no final deste segundo milênio, vem-nos espontaneamente a pergunta: Em que medida a sua mensagem foi recebida e posta em prática?[16]

Provavelmente esta última pergunta feita por João Paulo II seja uma das mais importantes: não apenas aquilo que se compreendeu da mensagem de Cristo, mas como interpretá-la na atualidade, em vista do papel que ele gostaria que a mulher tivesse dentro de sua Igreja.

---

[16] JOÃO PAULO II. *Carta do Papa João Paulo II às mulheres*, 25 de junho de 1995. Disponível em: <http://www.vatican.va/holy_father/john_paul_ii/letters/1995/documents/hf_jp-ii_let_29061995_women_po.html>. Acesso em: 29 out. 2013.

Depois de duas décadas que se havia começado a falar sobre a dignificação da mulher e seu papel no âmbito público, começou-se a batalhar para passar da letra à prática e para fazer com que a mulher pudesse ter uma participação mais ativa na sociedade. Isso se viu refletido no Sínodo dos Bispos, realizado em 1987, sobre a vocação e missão dos leigos na Igreja. Nas sessões sinodais abordou-se a questão da mulher, e a exortação apostólica pós-sinodal afirmou ser "absolutamente necessário que se passe do reconhecimento teórico da presença ativa e responsável da mulher na Igreja para a realização prática".[17]

A teóloga brasileira Maria Clara Bingemer trata o tema da emergência da mulher como sujeito ativo da Igreja; ela vê a mulher massivamente presente, mas ausente na orientação e direção da instituição. Explica que existe uma situação presença-ausência e se pergunta: Por que persiste essa situação de fato, quando teoricamente se reconhece a necessidade de uma prática que abra maior espaço à participação efetiva da mulher na Igreja? Talvez uma possível resposta a essa pergunta seria que a mulher já há muitos anos vinha trabalhando de alguma forma "dentro" da Igreja, embora não com um papel oficial na instituição; era um ser apostólico que trabalhava nas bases, nas comunidades e nos lugares onde a hierarquia eclesial não chegava ou onde trabalhava em conjunto para levar o Reino de Deus mais longe.

Àquela altura a mulher já havia percorrido uma ampla trajetória de participação ativa, embora não de maneira formal dentro da instituição, mas nas esferas populares,

---

[17] FREITAS, op. cit.

agindo por meio de grupos, tais como as comunidades eclesiais de base.

Ali, no meio popular, onde emerge o novo de forma privilegiada, as mulheres descobrem seu espaço nas comunidades eclesiais de base, que são em sua maioria integradas e lideradas por elas; a presença delas é fundamental para o nascimento, o crescimento, a organização e a animação da comunidade. São elas que levam adiante a maioria dos serviços de organização, coordenação, animação, catequese, preparação da liturgia e celebração da festa. Estão também na linha de frente das lutas por uma vida melhor e mais digna.[18]

Nessa luta por uma vida melhor e mais digna estão concentrados muitos debates que não incluem somente a mulher. Como se pode falar de maior participação da mulher, quando ela não é a única excluída? Numa sociedade que continua marcada pela polaridade entre ricos e pobres, em que os marginalizados não têm nenhuma oportunidade não só no acesso a bens materiais, mas também a oportunidades de vida com uma maior inclusão social, a mulher também continua alistada neste mesmo padrão. Uma possível vertente para a discussão sobre o papel que a mulher deve ter talvez possa vir da situação de pobreza; quando se chegar de um modo geral a um mundo mais equitativo em todos os sentidos, todos, não só as mulheres, poderão ter maior participação na sociedade. Há ocasiões em que os temas são tratados de forma isolada; mas não podemos esquecer que o singular é parte do todo, e que é preciso atacar várias frentes para ganhar uma só

---

[18] Id.

batalha. A discriminação não ocorre apenas entre gêneros, mas também entre classes, nacionalidades e etnias.

Sobre essa necessidade de recriação dentro de uma sociedade desigual, Carmelita de Freitas comenta que

> quando hoje se fala de emergência da mulher como sujeito eclesial ativo é preciso levar em conta qual é o cenário dessa urgência, para não incorrer em ambiguidades. Sem dúvida esse cenário não coincide com o das estruturas organizativas e decisórias da instituição eclesiástica. Excluída, por princípio, do ministério ordenado, a mulher sofre as mesmas limitações e restrições que atingem todo o laicato em termos de participação e atuação nesse nível, que acabam sendo mais rigorosas e restritivas em relação às mulheres.[19]

Embora seja certo que à mulher desde o início vem sendo negado o acesso ao sacerdócio, considero que nem tudo pode se resumir a isso, pois também é certo que ela veio conquistando muito espaço no que diz respeito à sua participação dentro da Igreja. Ao falar desses temas não podemos esquecer que hoje em dia a mulher pode celebrar liturgias da Palavra e ser nomeada ministra extraordinária da Eucaristia; embora muitos possam argumentar que desta forma não faz parte oficial da instituição e não pode intervir diretamente na discussão dos temas centrais, ninguém poderá negar que sua participação é relevante para o dia a dia das comunidades católicas. Nesse caso, valeria a pena avaliar o que é mais importante ou dar o devido valor a cada campo de participação.

A realidade é que as mulheres atualmente participam de maneira ativa em mais frentes do que as que levamos

---

[19] Id.

em conta até agora ao falar sobre o tema. Um exemplo disso são todas as teólogas que participam da Associação Ecumênica de Teólogos do Terceiro Mundo (EATWOT), fundada em Dar es Salaam, Tanzânia, em 1976. Essa associação raciocina, em sua forma de fazer teologia, da seguinte maneira:

> Refletimos a partir de nossa experiência de vida, como homens e mulheres oprimidos da raça humana... Como somos cada vez mais conscientes do impacto das condições políticas, sociais, econômicas, culturais e raciais sobre a teologia, desejamos analisar as situações concretas de nossos países como ponto de referência para nosso trabalho teológico.[20]

E não satisfeitas com isso, desde 1993 foi criada a Comissão das Mulheres para refletir, especificamente, sobre o que significa fazer teologia na perspectiva da mulher no Terceiro Mundo.

Assim, seguindo o exemplo da Associação Ecumênica de Teólogos do Terceiro Mundo, temos também a organização Mulheres para o Diálogo dentro da Coordenação de Iniciativa para o Desenvolvimento da América Latina e muitas outras, que, apesar de os resultados dos seus trabalhos não serem muito difundidos, isso não quer dizer que não estejam trabalhando por maior participação e incisividade da mulher dentro da Igreja.

O importante é ter em mente que a história da mulher dentro da Igreja a partir do Concílio Vaticano II foi sendo construída não por meio de casos isolados, mas por um conjunto de ações e participações provocadas por grupos

---

[20] Id.

pelo mundo todo. É o produto de um trabalho em conjunto. Podemos vê-lo da seguinte forma:

> A mulher teóloga se autocompreende como porta-voz de suas companheiras dos meios populares que, nos túneis da história, estão tecendo os fios e unindo os pontos da libertação dos pobres nos círculos bíblicos, nas comunidades eclesiais de base, nas associações de bairro e em tantas outras instituições. Assim fazendo, pretendem refletir, organizar e comunicar a palavra assistemática, saída em estado original (bruto) dos lábios e das mãos das mulheres do povo, trazendo consigo um novo modo de sentir, de pensar e de falar da teologia cristã, de tradição milenar. Procura combinar sensibilidade e inteligência, gratuidade e rigor teórico, trazendo para o centro da reflexão e do discurso teológico o poético e o simbólico como gêneros literários privilegiados.[21]

Apesar de os Papas mudarem, a linha a ser seguida dignificando a mulher continua. Bento XVI não realizou grandes pronunciamentos sobre o tema, mas manteve o que havia sido dito por João Paulo II. Quando ele iniciou o seu pontificado, no Vaticano, havia várias mulheres com cargos dentro da Santa Sé, e ele as manteve, como é o caso da religiosa salesiana Irmã Enrica Rosanna, subsecretária da Congregação dos Institutos de Vida Consagrada e Sociedades de Vida Apostólica, e a Doutora Mary Ann Glendon, presidenta da Pontifícia Academia de Ciências Sociais. Para o Sínodo sobre a Eucaristia, em outubro de 2005, o Papa teve em mente as mulheres e convocou várias delas como auditoras a participarem do evento, dentre estas a ex-embaixadora das Filipinas na Santa Sé, Enrietta Tambunting, e religiosas de várias congregações. Outra ação

---

[21] Id.

a ser destacada por parte de Bento XVI foi o reconhecimento que concedeu à União Mundial de Organizações de Mulheres Católicas (UMOFC), que consistiu em dar-lhes o estatuto de associação pública internacional de fiéis, o qual, para sua presidenta Karen Hurley, honrou os esforços de milhões de mulheres fiéis católicas ativas na União em nível paroquial, diocesano, nacional e internacional.[22]

Agora, com o Papa Francisco, parece intensificar-se a luz no caminho das mulheres em sua relação com a Igreja. O bispo de Roma refletiu sobre o tema e afirma que a presença feminina na Igreja ainda é tênue, "porque a tentação do machismo não abriu espaços para tornar visível o papel que corresponde à mulher na comunidade, [...] ainda não se tendo produzido uma teologia profunda da mulher".[23] A luz para a mulher está no fato de que o Papa Francisco considera que é necessário abrir mais espaços para que possa haver uma presença feminina mais incisiva. Entretanto, seu temor é aquilo que ele denomina "machismo de saias":

> Os discursos que ouço sobre o papel da mulher são muitas vezes inspirados precisamente numa ideologia machista. As mulheres estão formulando questões profundas, que precisam ser afrontadas. A Igreja não pode ser ela mesma sem a mulher e o papel por ela desempenhado. A mulher, para a Igreja, é imprescindível. Maria, uma mulher, é mais importante do que os bispos. Digo isso

---

[22] Cf. MÚJICA, Jorge Enrique. *Benedicto XVI y la mujer*. Disponível em: <http://es.catholic.net/mujer/463/998/articulo.php?id=31996>. Acesso em: 31 out. 2013.

[23] SPADARO, Antonio. Entrevista exclusiva al Papa Francisco "Busquemos ser una Iglesia que encuentra caminos nuevos". Disponível em: <http://www.razonyfe.org/images/stories/Entrevista_al_papa_Francisco.pdf>. Acesso em: 31 out. 2013.

porque não se deve confundir a função com a dignidade. É preciso, portanto, aprofundar melhor a figura da mulher na Igreja. É preciso trabalhar mais para elaborar uma teologia profunda da mulher. Só depois de ter feito isso poderemos refletir melhor sobre sua função dentro da Igreja. O gênio feminino é necessário nos lugares onde se tomam decisões importantes. Afrontamos hoje este desafio: refletir sobre o lugar específico da mulher precisamente onde se exerce a autoridade nos vários âmbitos da Igreja.[24]

A *dignificação* da mulher pode ser considerada uma constante nos discursos papais, pois todos a mencionam. Talvez valesse a pena fazer uma revisão histórico-conceitual dessa palavra nos papados para poder avaliar a motivação dessa insistência na função da mulher dentro da Igreja, já que tem sido marcante essa preocupação em dignificar a sua pessoa, o seu papel.

A mulher, na Igreja, fez um grande percurso a partir do Concílio Vaticano II, mas ainda tem muito caminho a percorrer, até mesmo na própria sociedade. Nesse contínuo andar, o que sempre a anima são as conquistas já alcançadas e a esperança, a qual, como o disse o Papa Francisco, não decepciona porque "não é um fantasma, não engana. É uma virtude teologal e, definitivamente, um presente de Deus que não se pode reduzir a um otimismo meramente humano. Deus não defrauda a esperança, nem pode trair a si mesmo. Deus é todo promessa".[25]

---

[24] Id.

[25] Id.

3

A irrelevância magisterial das conferências episcopais à luz do Vaticano II

Agenor Brighenti[1]

Em tempos de celebração do cinquentenário de abertura (1962/2012) e encerramento (1965/2015) do Concílio Vaticano II, bem como de reformas na Igreja com o novo pontificado de Francisco, entre os temas obrigatoriamente a serem revisitados está a questão do estatuto teológico e da relevância atual das Conferências Episcopais Nacionais. Inseridas no seio do exercício da colegialidade episcopal, elas são um sujeito eclesial relativamente recente. Até porque os Estados nacionais só nasceram na esteira dos ideais democráticos, consolidados

---

[1] Presbítero da Diocese de Tubarão, SC. Doutor em Ciências Teológicas e Religiosas pela Universidade de Lovaina, coordenador da Pós-graduação em Teologia da PUC de Curitiba, professor visitante na Universidade Pontifícia do México e no Instituto Teológico-Pastoral do CELAM. Presidente do Instituto Nacional de Pastoral da CNBB e membro da Equipe de Reflexão Teológica do CELAM. Autor de dezenas de livros e mais de uma centena de artigos científicos, publicados em revistas nacionais e internacionais.

pela Revolução Francesa de 1789. As Conferências Episcopais Nacionais, nascidas da livre iniciativa dos bispos para fazer frente aos desafios pastorais decorrentes do surgimento das novas circunscrições civis, em pouco tempo ganharam proporção e importância, contribuindo significativamente para a dinamicidade e organicidade da ação pastoral em âmbito nacional, bem como para a configuração de uma Igreja com rosto próprio.

Todos nós somos conhecedores do importante papel desempenhado por numerosas Conferências Episcopais de Bispos da América Latina e Caribe, particularmente no processo de recepção do Concílio Vaticano II, na tessitura da tradição latino-americana em torno a Medellín, mesmo em meio a incompreensões, conflitos e perseguições. Importância semelhante tiveram Conferências Episcopais em outros continentes, seja na América do Norte, na Europa, na África e na Oceania. As Conferências Gerais Latino-americanas de Medellín (1968), de Puebla (1972), e de Aparecida (2007), entre as cinco já realizadas, tiveram um impacto ainda maior.

Entretanto, com o processo de involução eclesial diante da renovação do Concílio Vaticano II, durante os pontificados de João Paulo II e Bento XVI, as Conferências Episcopais Nacionais passaram a ter sua relevância cada vez mais diminuída. No âmbito social, em lugar do conhecido profetismo em décadas anteriores, voz dos sem voz e sem vez, em grande medida, passamos a ter uma Igreja silenciosa e omissa, quando não silenciadora e conivente com o cinismo dos satisfeitos, em meio a uma multidão de Lázaros. No âmbito eclesial, desde o início da década de 1980, as Conferências Episcopais passaram por uma mudança profunda no perfil de seus novos membros e, em torno à celebração dos 25 anos do Concílio Vaticano II, tiveram seu estatuto teológico questionado. E nada impediu a exigência de sua reestruturação, a partir de determinado marco jurídico preestabelecido, distante do espírito da eclesiologia do Vaticano II.

Tendo presente a eclesiologia do Concílio Vaticano II, ao olharmos para a realidade atual do exercício da colegialidade episcopal, surgem inúmeras perguntas: Qual o lugar das Conferências Episcopais Nacionais no exercício da colegialidade episcopal e, desta, no seio da sinodalidade eclesial? Qual o papel das Conferências Episcopais no exercício do Magistério e em relação às Igrejas locais? Para responder a estas questões, este estudo, a partir do Vaticano II, busca inter-relacionar teologicamente, em um primeiro momento, sinodalidade eclesial e colegialidade episcopal e, num segundo, Conferências Episcopais e Magistério.

1. Sinodalidade eclesial e colegialidade episcopal

O exercício da colegialidade dos bispos, através do novo *coetus episcoporum* que são as Conferências Episcopais Nacionais, está estreitamente unido à conciliariedade da Igreja, tal como atesta seu itinerário histórico. Para K. Rahner, os concílios particulares, provinciais ou regionais, que se foram realizando espontaneamente na história em ordem à solicitude pastoral das Igrejas, constituem a pré--história das Conferências Episcopais Nacionais ou seu fundamento remoto.[2] Em outras palavras, há uma analogia entre concílios particulares e Conferências Episcopais,

---

[2] Cf. ANTON, A. *Conferencias episcopales. Instancias intermedias? El estado teológico de la cuestión*, cit., p. 274.

nascidas um século antes de serem formalmente instituídas e regulamentadas por Pio X. Também na Igreja, as práticas têm se antecipado, em muito, à teoria, o que mostra a proeminência da ortopráxis em relação à ortodoxia. A verdade, também no seio da fé cristã, precisa passar pelo crivo da veracidade, de sua comprovação histórica.

Coube ao Papa Pio X (1903-1914) dar institucionalização e regulamentação jurídica às Conferências Episcopais Nacionais, as quais, agora, passam a ter caráter oficial. O Papa, acertadamente, as situou em relação de estreita analogia com os concílios particulares, aludindo inclusive a uma parcial substituição dos concílios particulares pelas Conferências Episcopais Nacionais.[3] Entretanto, historicamente, o medo do novo e o centralismo romano farão as Conferências Episcopais Nacionais perderem a autonomia que as viu nascer. Através de um decreto, determinou-se que, antes de uma conferência reunir-se, se informasse a Santa Sé e se lhe enviasse, posteriormente, as atas de cada sessão de trabalho, bem como as decisões tomadas.[4]

Ora, isso nunca tinha ocorrido com relação aos concílios particulares. Mais tarde, por ocasião da Primeira Conferência Geral dos Bispos da América Latina, realizada no Rio de Janeiro, em 1955, se irá mais longe: as Conferências Gerais só podem acontecer quando a Sé Apostólica decidir convocá-la; a agenda é definida pela Santa Sé; um delegado pontifício será um dos presidentes da Conferência; membros da Cúria Romana serão membros da Conferência com direito a intervir nas sessões e votar; e as conclusões

---

[3] Cf. FELICIANI, G. *Le conferenze episcopali*. Bologna: Quirinali, 1974, p. 165.
[4] Cf. PIO X. Decr. De relationibus dioecesanis et visitatione SS. Liminum (31.12.1909) : *AAS* (1910) 20.

da assembleia devem ser aprovadas por Roma. Só com o Concílio Vaticano II as Conferências Episcopais ganhariam mais autonomia e confiança. Mas por pouco tempo.

1.1. O estatuto teológico das Conferências Episcopais questionado

Os anos de dinamismo e maior autonomia das Conferências Episcopais vão do final do Concílio Vaticano II até o Sínodo de celebração de seus vinte anos, em 1985. Às vésperas deste Sínodo, o então Cardeal Ratzinger, prefeito da Congregação para a Doutrina da Fé, atribuiu às Conferências Episcopais um papel meramente pragmático e funcional. Afirmava ele, na ocasião:

> As Conferências Episcopais não têm uma base teológica, não fazem parte da estrutura imprescindível da Igreja tal como a quis Cristo; somente têm uma função prática, concreta... Nenhuma Conferência Episcopal tem, enquanto tal, uma missão magisterial; seus documentos não têm um valor específico, exceto o valor do consenso que lhes é atribuído por cada bispo.[5]

A repercussão do posicionamento da Cúria Romana foi grande, provocando duas reações distintas. Positivamente, o questionamento do estatuto teológico das Conferências Episcopais Nacionais estimulou teólogos da envergadura de Y. Congar, K. Rahner e A. Anton, atores e reconhecidos intérpretes do Concílio Vaticano II, a dar uma fundamentação teológica das Conferências Episcopais,[6]

---

[5] RATZINGER, J.; MESKORI, V. *Informe sobre la fe*. Madrid, 1985, p. 68.

[6] Cf. CONGAR, Y. Collège, Primauté... Conférences episcopales: quelques notes. *Esprit et Vie* 96 (1986), pp. 385-390; Id. Autonomie et pouvoir centrale dans l'Église vu par la théologie catholique. *Kanon* 4 (1980), pp. 130-144; ANTON, A. *Conferencias episcopales. Instancias intermedias?* El estado

ancorada no Magistério, especialmente do período patrístico, tão menosprezado pelos setores mais conservadores, de ontem e de hoje. Diante da Cúria, o resultado foi nulo, pois, apesar das evidências do ponto de vista eclesiológico, nada impediu a exigência de uma nova regulação jurídica das Conferências Episcopais, através da reforma dos próprios estatutos dentro de certos parâmetros, distantes de sua verdadeira identidade e papel exercido no período pós-conciliar.

Negativamente, o questionamento do estatuto teológico das Conferências Episcopais serviu de ocasião para determinados bispos, que mantinham resistências e críticas perante a Conferência Episcopal de seu país, encontrarem um álibi para reforçar a eclesiologia pré-conciliar. No interior desta, que predominou durante o segundo milênio, existe uma Igreja universal que precede e acontece nas Igrejas locais, da qual o Papa é o representante e garante. As dioceses são "parcela" da Igreja universal e, consequentemente, os bispos são colaboradores do Papa, que, por sua vez, é o bispo dos bispos. Já a eclesiologia conciliar, em sua volta às fontes, se reivindica da tradição neotestamentária e da patrística e afirma a catolicidade da Igreja em cada Igreja local, em comunhão com as demais Igrejas. Não há Igreja nem anterior nem exterior às Igrejas locais. Em outras palavras, não existe Igreja fora da concretude da Igreja local. Para o Vaticano II, ela é

---

teológico de la cuestión, Verdad E imagen 111. Salamanca: Sígueme, 1989; Id. El estatuto teológico de las conferencias episcopales. In: LEGRAND, H.; MANZANARES, J.; GARCÍA y GARCÍA, A. (ed.). Naturaleza y futuro de las conferencias episcopales. Salamanca: Sígueme, 1988, pp. 233-268; LEGRAND, H.; MANZANARES, J.; GARCÍA y GARCÍA, A. Le Conférences épiscopales. Theologie, statut canonique, avenir. Paris: Cerf, 1988; RAHNER, K. Sobre el concepto de "ius divinum" en su comprensión católica. In: Id. Escritos de Teología V. Madrid, 1964, pp. 247-274.

"porção" do Povo de Deus, não "parte" (a porção contém o todo, a parte, não). Nela está "toda a Igreja", pois cada Igreja local é depositária da totalidade do mistério de salvação, ainda que ela não seja a "Igreja toda", pois nenhuma delas esgota este mistério. À luz do Concílio, uma suposta Igreja universal, que precede e acontece nas Igrejas locais, da qual o Papa é o representante e garante, é pura abstração, metafísica ou ficção eclesiológica. A Igreja una é "Igreja de Igrejas". No modelo eclesial neotestamentário, as Igrejas que vão nascendo não se constituem em "Igrejas de", materializando uma suposta Igreja universal que as precede, mas "Igrejas em", a mesma e única Igreja, que está toda (inteira) na Igreja local, que se configura não como uma filial ou cópia de uma suposta "Igreja mãe", mas como uma Igreja diferente, com rosto próprio, culturalmente nova, universal nas particularidades.

1.2. A relação intrínseca entre sinodalidade e colegialidade

Para responder ao questionamento do estatuto teológico das Conferências Episcopais Nacionais, é preciso remeter-se ao exercício da colegialidade episcopal, que, por sua vez, não é algo que se dá à margem da sinodalidade eclesial.[7] Tal como os concílios particulares, as Conferências Episcopais Nacionais são de direito eclesiástico, mas fundadas no direito divino, pois são expressão das diferentes instâncias ou organismos de um mesmo e único colégio, que opera no seio de uma Igreja essencialmente conciliar.

---

[7] Cf. LYONNET, S. A colegialidade episcopal e seus fundamentos escriturísticos. In: BARAÚNA, G. (org.). *A Igreja do Vaticano II*. Petrópolis: Vozes, 1965, pp. 821-838.

A Igreja é essencialmente conciliar ou sinodal, o que não significa que ela esteja em concílio permanente. Mas os concílios são realizações ou atos concretos do ser conciliar da Igreja, ao qual está vinculado o colégio dos bispos.[8] É nessa perspectiva que se deve enfocar a natureza das Conferências Episcopais Nacionais.

Catolicidade e conciliariedade, sinodalidade e colegialidade são modos do ser eclesial, que remetem ao próprio sentido do termo "igreja" (do grego Ἐκκλησία/ assembleia). Sabemos que o termo não é uma designação de Jesus nem de seus apóstolos. É uma atribuição de Paulo às comunidades cristãs nascentes, tomada do vocábulo que a democracia grega empregava para expressar o modo de discernir e decidir – em *ekklesia* (assembleia). Paulo tinha consciência da radical novidade do Cristianismo, ou seja, a proposta de um modo de vida fraterno e solidário, visibilizado em pequenas comunidades de irmãos na fé, sacramento do Reino para toda a humanidade. Uma comunidade de irmãos, inclusive mais abrangente do que a democracia grega, da qual não participavam os escravos, por exemplo. No seio da *ekklesia* de Jesus, não há judeu nem grego, nem escravo, pois todos são filhos de Deus e irmãos.[9]

No modelo eclesial normativo neotestamentário, tudo diz respeito a todos os membros da comunidade eclesial, mesmo que a Igreja seja uma comunidade organizada, com diferentes ministérios. Não há "assuntos reservados aos bispos", ainda que estes tenham seu lugar específico

---

[8]   ANTON, A. *Conferencias episcopales. Instancias intermedias? El estado teológico de la cuestión*, cit., p. 273.

[9]   COMBLIN, J. *A Igreja e os carismas segundo São Paulo*. Santiago: Movimento Também Somos Igreja-Chile, 2009, pp. 2-3.

e suas reuniões próprias, mas sempre para tratar de questões das quais a comunidade é sujeito, não destinatária. A comunidade eclesial como um todo até o século III e no Egito, ainda durante todo o século IV, tem um papel decisivo na Igreja, inclusive na eleição de seus bispos ou presbíteros.[10] É uma questão de lógica, se todos os batizados são membros da Igreja, ou são plenamente membros ou não são. Interessante que o termo "leigo" irá aparecer na Igreja somente no século III, quando justamente começa o processo de uma gradativa cisão entre sinodalidade eclesial e colegialidade episcopal. No seio da comunidade eclesial, em lugar de um único gênero de cristãos: os batizados, passam a existir duas classes de pessoas – os clérigos e "aqueles que não são clérigos": os leigos.[11] Na sequência, a comunidade eclesial perderá seu direito de eleger seus próprios bispos ou presbíteros.

Como muito bem resgatou o Concílio Vaticano II, o sujeito da Igreja é todo o Povo de Deus, pois ele, como um todo, é o sujeito que acolhe a Revelação. A mensagem de salvação e a missão não são algo que recai sobre o Povo de Deus ou sobre uma Igreja já constituída em si mesma e que, num segundo momento, se tornaria evangelizadora. Revelação e evangelização são realidades intrínsecas e constitutivas da própria Igreja, de modo que a colegialidade e a decorrente função magisterial não podem ser

---

[10] "Nenhum bispo imposto" é um princípio do período patrístico, que as Igrejas prezam muito. Quando se começou a descumprir a regra, apareceram os denominados "bispos vagos", isto é, sem Igreja. Cf. GONZÁLEZ FAUS, J. I. *Nenhum bispo imposto. As eleições episcopais na história da Igreja*. São Paulo: Paulus, 1996.

[11] Cf. CONGAR, Y. *Jalons pour une théologie du laïcat*. Paris: Cerf, 1953, pp. 390s.

concebidas fora do contexto da sinodalidade eclesial.[12] Expressão da conciliariedade da Igreja é o *sensus fidei* ou o *sensus fidelium*, de onde decorre a legitimidade de uma "opinião pública" na Igreja, reconhecida inclusive pelo Direito Canônico.[13] O eclipse do *sensus fidelium* significa operar uma cisão entre conciliariedade e colegialidade. Em outras palavras, é conceber o colégio como um grupo de pessoas que tem poder "sobre" a Igreja e não "na" Igreja, como se não fossem também membros da Igreja que presidem e de um colégio que as vincula à solicitude das Igrejas como um todo.[14]

Foi no seio desta conciliariedade ou sinodalidade que a Igreja nascente foi criando formas de exercício da colegialidade dos bispos, segundo as necessidades que se foram apresentando na obra da evangelização, fossem elas de caráter doutrinário, pastoral ou administrativo. No passado, como instâncias intermédias entre a Igreja local e a comunhão da globalidade das Igrejas, os bispos criaram o concílio particular, provincial ou regional; nos últimos tempos, dado o surgimento dos Estados nacionais e a emergência de desafios pastorais que ultrapassam as

---

[12] Cf. ANTON, A. *Conferencias episcopales. Instancias intermedias? El estado teológico de la cuestión*, cit., pp. 388-389.

[13] Cân. 212, § 3º: "Os Fiéis, segundo a ciência, a competência e a proeminência de que desfrutam, têm o direito e mesmo por vezes o dever de manifestar aos sagrados pastores a sua opinião acerca das coisas atinentes ao bem da Igreja, e de a exporem aos restantes fiéis, salva a integridade da fé e dos costumes, a reverência devida aos pastores, e tendo em conta a utilidade comum e a dignidade das pessoas". Ver, também: GUTIERREZ, J. L. El principio de subsidiariedad y la igualdad radical de los fieles. *IusCan* 11 (1971), pp. 437-443.

[14] Aqui, seguirei de perto a posição de Hervé Legrand, The Ministry of the Pope: Primacy and Collegiality in Vatican II. In: FABRI DOS ANJOS, Márcio (org.). *Bispos para a esperança do mundo; uma leitura crítica sobre caminhos de Igreja*. São Paulo: Paulinas, 2000, pp. 99-127.

fronteiras regionais, os bispos criaram as Conferências Episcopais Nacionais.

Em resumo, sinodalidade e colegialidade na Igreja, portanto, estão intimamente imbricadas. Tanto que estes ministérios de presidência, espelhados no colégio dos apóstolos, não nasceram de modo monárquico.[15] Na Igreja primitiva e em boa parte do período patrístico, a designação deste ministério aparece sempre no plural – bispos/presbíteros (επίσκοπος, πρεσβυτερος). Os cristãos eram conscientes de que a apostolicidade da Igreja se remete ao "colégio" apostólico, do qual os bispos/presbíteros constituem um colégio de seus sucessores, com a missão de presidir uma Igreja toda ela sinodal.

1.3. O primado da sinodalidade eclesial sobre a colegialidade episcopal

Apesar das evidências teológicas, infelizmente, pouco a pouco se foi operando uma ruptura entre sinodalidade e colegialidade. Ela se deu quando se perdeu o sentido sacramental da ordenação episcopal. A "ordenação" passou a ser "sagração" episcopal, ou seja, foi reduzida à transmissão por graça da *sacra potestas* entre aqueles que a conferem e aquele que a recebe, sem que a assembleia da Igreja local exerça aí qualquer função. Às vezes, nem mesmo Igreja local existe, dado que alguém é ordenado bispo não para presidir uma Igreja, mas para que lhe seja prestígio no exercício de alguma função burocrática ou

---

[15] Normalmente, nas Igrejas primitivas havia um grupo ou equipe de bispos/presbíteros que presidia a Eucaristia nos domingos, por rodízio.

para legitimar um episcopado de dignidade funcional ou até pessoal.[16]

Com isso, a união recíproca entre o bispo e a sua Igreja, simbolizada no anel episcopal, se enfraquece. O Código de Direito Canônico de 1917 iria abolir todo direito de participação por parte de uma Igreja local na escolha do seu bispo (*eos libere nominat Romanus Pontifex* – can. 329,2). É como se o bispo se tornasse membro do colégio mais pela nomeação por parte do Papa que por sua ordenação no seio de uma Igreja local. Isso dá margem a que o colégio exerça poder "sobre" a Igreja e não "na" Igreja. Em outras palavras, o poder se torna mais importante que a comunhão, perdendo-se, com isso, o primado da sinodalidade eclesial sobre a colegialidade episcopal, ou, o que é pior, passa a haver o primado da colegialidade episcopal sobre a sinodalidade eclesial.

O Código de Direito Canônico de 1983, apesar da nova eclesiologia do Vaticano II,[17] continua distante da grande tradição eclesiológica, cujo conceito central em relação à colegialidade episcopal era a *communio ecclesiarum*. Concretamente, explicita-se o que são leigos e clérigos, um Papa, o colégio dos bispos, o sínodo dos bispos, os cardeais, a Cúria Romana e os núncios, antes de se estabelecer o que é uma Igreja local e o que é a comunhão das

---

[16] Na Igreja antiga, quando as comunidades eclesiais foram impedidas de eleger seus bispos, elas protestaram e muitas delas não acolhiam seu bispo imposto, fazendo aparecer um grande número de "bispos vagos", sem Igreja, que passaram a provocar desordem, pois ficavam buscando colocação em alguma Igreja.

[17] Cf. PHILIPS, G. *L'Eglise et son mystère au IIe. Concile du Vatican. Histoire, texte et commentaire de la Constitution Lumen gentium*. I. Paris: Cerf, 1967.

Igrejas.[18] Em outras palavras, apresenta-se o colégio como um grupo de pessoas que existe anteriormente à consideração da Igreja como *communio ecclesiarum* e independente da comunhão das Igrejas entre si. A presença de tamanho *déficit* eclesiológico no novo código, depois do Concílio Vaticano II, se deve ao fato de não se ter explicitado suficientemente a articulação entre o *collegium episcoporum* e a *communio ecclesiarum*. A *Lumen Gentium* diz como é que alguém se torna membro do colégio: "O novo membro do corpo episcopal é constituído em virtude da consagração sacramental e mediante a comunhão hierárquica com a cabeça e com os membros do respectivo colégio" (LG 22); mas silencia que o novo bispo passa a ser membro do colégio, não pela nomeação episcopal pelo Papa, mas pelo fato de ter sido ordenado para uma Igreja local.[19]

Assim, dado que o *colegium episcoporum* se situa no seio da *communio ecclesiarum*, consequentemente, há o primado da sinodalidade eclesial sobre a colegialidade episcopal. Em outras palavras, a colegialidade episcopal radica no seio de uma Igreja essencialmente conciliar. A Igreja é *congregatio fidelium* em virtude do Batismo, que faz de toda a comunidade eclesial um povo profético, sacerdotal e régio. Mas, sobretudo, por ser o Povo de Deus, como um todo, o depositário da Revelação da qual ele e também constitutivo,[20] o Magistério da Igreja, seja do

---

[18] Como se pode constatar, no Código de 1983, o Livro II apresenta sucessivamente o estatuto dos fiéis leigos e clérigos (parte I), a suprema autoridade da Igreja, o romano pontífice e o colégio dos bispos (parte II, seção I), depois as Igrejas particulares e os bispos (parte II, seção II).

[19] Cf. LEGRAND, H. La réalisation de l'Église en un lieu. In: LAURET, B.; REFOULÉ, F. (org.). *Initiation à la pratique de la théologie*, Tome III: Dogmatique 2. Paris: Cerf, 1983, pp. 143-345, aqui p. 300.

[20] Cf. *Dei Verbum*, 7.

Papa, seja dos bispos, não está separado da sinodalidade eclesial.[21] Afirma a *Dei Verbum*, que incumbe "ao povo cristão inteiro, unido a seus pastores" a missão de perpetuar fielmente a Revelação (DV 10).[22] Consequentemente, todo fiel cristão, incorporado à comunidade eclesial em virtude do Batismo, torna-se solidariamente responsável, com os demais batizados, por toda a Igreja (LG 12, 17). Se assim não fosse, a Igreja não seria uma Igreja de Igrejas, mas uma mera casta de bispos.

2. Colegialidade episcopal e Magistério

Para assegurar a unidade da fé, está o Magistério. Diz o Vaticano II que a Igreja una e única se realiza na Igreja Local (*in quibus*), em comunhão com as demais Igrejas (*ex quibus*). Dado que a colegialidade episcopal se situa no seio da sinodalidade eclesial, também a função magisterial se dá dentro do Povo de Deus, fruto de um mútuo dar e receber entre todos os membros da comunidade, no respeito pelo lugar que cada um ocupa na Igreja.[23] E mais que isso: como há o primado da sinodalidade sobre a colegialidade, há também o primado do Povo de Deus sobre o Magistério. Como a Igreja é una, também uno é o Magistério, ainda que em diferentes níveis, dado que o Povo de Deus é um povo organizado.

---

[21] CONGAR, Y. *Vraie et fausse réforme dans l'Église*. Paris: Cerf, 1968, p. 242.

[22] Cf. ANTÓN, A. La comunidad creyente, portadora de la revelación. In: ALONSO SCHÖKEL, L. et al. (org.). *Comentarios a la constitución Dei Verbum sobre la divina revelación*. Madrid: La Editorial Católica, 1969, pp. 311-364, aqui pp. 332-333.

[23] ANTON, A. *Conferencias episcopales. Instancias intermedias? El estado teológico de la cuestión*, cit., p. 390.Ver, também: SESBOÜÉ, B. La notion de magistère dans l'histoire de l'Église et de la théologie. In: Id. *Le magistère à l'épreuve. Autorité, vérité et liberté dans l'Église*. Paris: Desclée de Brouwer, 2001, pp. 17-61.

2.1. Sinodalidade, colegialidade e Magistério

O Magistério uno no seio de uma Igreja una se dá basicamente em três níveis. Em um primeiro nível, está o Magistério universal, garante da catolicidade da fé no seio de uma Igreja una, na diversidade das Igrejas, que não é o Papa sozinho (LG 25c,d/DV 10b).[24] O Magistério universal é competência do primado, cabeça do colégio, e dos demais membros bispos do mesmo, a ser exercido quer reunido em concílio, quer pela comunicação entre os bispos dispersos pelo mundo. Ao Magistério universal cabe autenticar a fé da *congregatio fidelium*, na qual também ele está também inserido.

Um segundo nível do Magistério uno na Igreja una é o Magistério inerente a cada bispo. Dado que a Igreja é "Igreja de Igrejas", o bispo em sua diocese, em virtude de se lhe haver confiado uma Igreja local e ter recebido a ordenação episcopal, exerce seu ministério, não apenas em sua Igreja, mas participa da solicitude das Igrejas, *cum* e sub *sucessore Petri*, em comunhão com todos os demais membros do colégio episcopal. Consequentemente, seu ministério não deriva do Papa nem é outorgado por ele, mas é recebido de Deus, em função de sua nomeação para uma Igreja local e da ordenação e, portanto, é própria, de direito divino. Historicamente, para expressar o caráter colegial de seu ministério, o Concílio de Niceia (325) definiu sua ordenação por ao menos três bispos de Igrejas vizinhas, dado que a ordenação incorpora o neo-ordenado bispo no *corpus episcoporum*. Na Igreja antiga, este caráter colegial do ministério episcopal era ainda muito mais

---

[24] KASPER, W. *Teologia e Chiesa*. Brescia: Queriniana, 1989, p. 290.

evidente, dado que o episcopado não era monárquico.[25] Era costume, e em certas regiões durante séculos, haver na Igreja local um grupo de bispos, que inclusive presidia a Eucaristia dominical, por rodízio. Também o ministério que se denominará mais tarde "presbiteral", depois diferenciado do ministério episcopal, será igualmente colegiado, uma equipe de presbíteros à frente de uma comunidade eclesial.

Um terceiro nível do Magistério uno na Igreja una é o Magistério de instâncias intermediárias entre o primado do bispo da Igreja de Roma – o Magistério universal – e o bispo em sua Igreja local, tal como foram no passado os concílios particulares. É inegável que os concílios particulares, sejam eles provinciais ou regionais, exerceram um magistério na Igreja, sobretudo durante o primeiro milênio. Evidente que os concílios particulares não são de direito divino, no sentido de terem sido criados por Jesus. Entretanto, como a Igreja é Igreja de Igrejas, parece óbvio que, quando parte do colégio dos bispos se reúne, na solicitude pelas Igrejas de uma região, *cum* e *sub sucessore Petri*, também exerce um Magistério. Organismos episcopais, tal como os concílios particulares, são de direito eclesiástico, mas se fundam no direito divino, dado que o bispo não recebe sua função magisterial por quem lhe nomeia ou ordena, mas em virtude do sacramento que lhe é conferido.

Entretanto, o questionamento se não da autenticidade magisterial, mas da utilidade de instâncias intermediárias não é de hoje. Como vimos, a partir de Trento, com a centralização do governo da Igreja no Papa e na Cúria

---

[25] Cf. RAHNER, K. Sobre El episcopado. *Escritos de Teología* VI (1969), pp. 359-412.

Romana e o consequente eclipse do metropolita e o esvaziamento da função dos concílios particulares, durante vários séculos na Igreja, não houve outro Magistério que o do Papa e do bispo diocesano.[26] Houve Papas que pensaram inclusive na inutilidade dos próprios concílios plenários ou ecumênicos, argumentando que estavam em permanente comunicação com os bispos a distância ou por ocasião das visitas *ad limina*.

2.2. Conferências episcopais e Magistério

Se a colegialidade, em suas diferentes instâncias, se insere no seio da sinodalidade eclesial, será que, teologicamente, é possível negar que as Conferências Episcopais tenham também um papel magisterial, reduzindo sua identidade a uma finalidade pragmática e funcional?

Dado que o *collegium episcoporum* se insere no seio da *communio ecclesiarum*, teologicamente, reduzir o papel das Conferências Episcopais a uma finalidade pragmática e funcional carece de fundamentação.[27] Primeiro porque, eclesiologicamente, não se sustenta um conceito de unidade da Igreja que justifique um governo central e a imposição de uma uniformidade de doutrina e disciplina sobre todas as Igrejas locais. Isso comprometeria a legítima diversidade e pluriformidade das Igrejas, enquanto "Igreja de Igrejas". A Igreja una e católica se realiza nas Igrejas locais (*in quibus*) e entre elas (*ex quibus*). Segundo porque

---

[26] MULLER, H. La conferencia episcopal y el obispo diocesano. In: LEGRAND, H.; MANZANARES, J.; GARCÍA Y GARCÍA, A. (ed.). *Naturaleza y futuro de las conferencias episcopales*. Salamanca: Sígueme, 1988, pp. 153-154.

[27] Essa cisão se dá quando o colégio é concebido como um grupo de pessoas que tem poder sobre a Igreja universal, prescindindo da comunhão das Igrejas como um todo entre si.

também não se sustenta uma tal autonomia do bispo diocesano que o isole dos postulados de comunhão com as demais Igrejas e integração com os demais bispos, irmãos no episcopado e membros de um único colégio. Um bispo que se isola e isola sua Igreja das demais Igrejas e de seus colegas de colégio coloca-se fora da Igreja. A unidade com a Igreja do primado romano passa pela unidade com todas as demais Igrejas.

A fundamentação teológica das Conferências Episcopais Nacionais e sua consequente função magisterial dependem, portanto, da relação *in quibus* e *ex quibus* das Igrejas locais, incluída a Igreja de Roma e o ministério petrino, cabeça do colégio dos bispos. A relação entre a Igreja *una* e as *muitas* Igrejas está clara no Concílio Vaticano II (LG 23a). Por um lado, absolutizar *in quibus* significa conceber a Igreja Católica fragmentada nas Igrejas locais, como Igrejas autônomas e, com isso, volatizando a catolicidade. A Igreja Católica, ao invés de uma Igreja una, seria uma congregação de Igrejas. Por outro lado, absolutizar *ex quibus* significa anular a catolicidade em cada Igreja local, fazendo delas "parte" e não "porção" do Povo de Deus, como afirma o Concílio.[28] Ora, a porção contém o todo (a Igreja toda, ainda que não seja toda a Igreja), a parte, não.[29]

Com extrema prudência, o Concílio Vaticano II não emprega o termo "colegialidade", mas "colégio" dos bispos, entendido este como o conjunto do corpo dos bispos que constituem com o Romano Pontífice, sua Cabeça, uma comunhão hierárquica estável e indivisível. É

---

[28] Cf. ANTON, A. *Conferencias episcopales. Instancias intermedias? El estado teológico de la cuestión*, cit., p. 385.

[29] Cf. LEGRAND, H. La réalisation de l'Église en un lieu. In: Id. *Initiation à la pratique de la théologie III*. Paris: Cerf, 1993, pp. 145s.

preciso, entretanto, ter presente o que o Concílio entende por "indivisível". Poder-se-ia pensar, por exemplo, como a atuação do colégio inteiro dos bispos ou nada. Entretanto, o Vaticano II fala de duas "ações estritamente colegiais": uma quando exercida de modo solene no Concílio plenário e outra fora dele, sempre que se dê o consentimento livre do sucessor de Pedro (uma vez que se trata de membros de um colégio *cum* e *sub* Petri). Neste segundo caso, também a ação colegial pode dar-se de dois modos: quando o Cabeça do colégio convida a uma ação colegial ou quando aceita livremente a ação colegial dos bispos à frente das Igrejas locais (LG 22).

E mais que isso. O Concílio Vaticano II define ainda outras "formas parciais" de atuação do Colégio. A *Lumen Gentium* distingue entre "ato estritamente colegial", cujo sujeito é sempre o colégio inteiro (LG 22), e as diversas "formas parciais" desta colegialidade, que se denomina de "efeito colegial", "união colegial" ou "solicitude de todas as Igrejas" (LG 23). As próprias "formas parciais" não estão desprovidas de verdadeiro exercício da colegialidade, pois elas são fruto do "ato estritamente colegial", dado que também se fundam no colégio. De acordo com o Vaticano II, o sujeito do efeito colegial é cada bispo, o qual, enquanto membro do colégio, rege sua Igreja como uma "porção" da Igreja universal, consciente do dever de estender a solicitude ao bem de toda a Igreja. É sobre esta base teológica que o Vaticano II, na *Christus Dominus*, aprova e recomenda as Conferências Episcopais Nacionais (CD 38a), desautorizando, portanto, reservar a elas uma finalidade puramente pragmática e funcional.

Em resumo, a argumentação evocada permite afirmar que Conferências Episcopais de modo algum põem em questão a autoridade do primado em comunhão com todo o corpo dos bispos (cabeça do colégio). Tampouco, necessariamente, comprometem a autonomia do bispo diocesano à frente de sua Igreja local. Não se pode perder de vista que, de um lado, o *ius divinum* do ministério petrino coexiste na Igreja com todos os membros do episcopado, e, de outro, que o bispo diocesano não esgota o *ius divinum*, uma vez que a Igreja é "Igreja de Igrejas".

A modo de conclusão

Uma das questões de fundo presente na argumentação que limita o papel das Conferências Episcopais a uma função pragmática e funcional é uma concepção tal de universalidade da fé cristã, que volatiliza as particularidades das Igrejas locais. Na verdade, está-se negando a autenticidade de uma eclesialidade pluriforme ou a legitimidade de uma Igreja conformada por Igrejas autóctones. Ora, nisto reside a principal missão de uma Conferência Episcopal Nacional ou Continental.

Para o Vaticano II, a catolicidade não é uma uniformidade generalizada que se impõe sobre as particularidades, absorvendo-as e aniquilando-as. A universalidade da Igreja se deve não a uma única forma de ser, mas à mesma fé, à sua fonte trinitária e ao dom da salvação que Deus oferece a todo o gênero humano, presentes em cada Igreja local. Segundo os Atos dos Apóstolos, a unidade consiste em "ter o mesmo" em comum (At 2,42ss), ainda que de forma diferente, segundo os diversos contextos. Nessa perspectiva, a Igreja, quanto mais inculturada ou mais encarnada em cada cultura, tanto mais é universal e católica. E inversamente, quanto mais encarnada numa única cultura e presente deste modo nas demais culturas, tanto menos católica e universal.

Assim, embora inserida em um contexto eclesial adverso, o papel importante de uma Conferência Episcopal hoje é promover uma "Igreja de Igrejas", que rompa tanto com um universalismo generalizante quanto com diocesanismos estreitos. Para isso, uma Conferência Episcopal precisa ser muito mais do que um mero *corpus episcoporum*, por um lado, professando reiteradamente sua comunhão com o Papa e, por outro, subsidiando uma suposta autonomia do bispo em sua diocese. Como a colegialidade episcopal se situa no seio da sinodalidade eclesial, é papel da Conferência Episcopal promover uma real "comunhão de Igrejas", seja em âmbito nacional, seja em âmbito regional, continental e universal. Para isso, o bispo precisa estar estreitamente articulado com o Povo de Deus em sua diocese, normalmente estruturado em seus diferentes organismos. A presença do bispo no seio de uma Conferência Episcopal é muito mais do que uma presença pessoal, precisa ser expressão do *sensus fidelium* de sua Igreja. Urge, portanto, uma melhor articulação entre Igrejas locais e Conferência Episcopal, entre os diversos organismos do Povo de Deus e as instâncias de decisão que dizem respeito a todos.

Por sua vez, a promoção de uma Igreja de Igrejas por parte da Conferência Episcopal ultrapassa as fronteiras de uma nação. Em âmbito continental, a Igreja na América Latina e Caribe conta com o Conselho Episcopal Latino-ameriano (CELAM) e com a realização de cinco Conferências Gerais do Episcopado até o momento presente. Inegavelmente, são iniciativas que contribuíram não só com o dinamismo da evangelização e a unidade da fé no continente, como também favoreceram a maior integração de nossos povos, dado que a Igreja não existe para promover comunhão só entre os católicos, mas destes com toda a humanidade.

Conclusão

Questões pendentes do Concílio Vaticano II

J. B. Libanio[1]

O s Concílios Ecumênicos lançam raízes para séculos. O Concílio de Calcedônia, por exemplo, marcou na cristologia com os quatro advérbios gregos – sem confusão, sem mudança, sem divisão, sem separação – a relação entre as duas naturezas de Jesus até recentemente. O Concílio de Trento reinou teologicamente durante quatro séculos. Alguns tratados forjaram-se quase literalmente nos textos conciliares. Tal se mostrou a sua força.

Tal procedimento se explicava pela natureza doutrinal dos Concílios. Eles fechavam dogmaticamente questões e cumpria à teologia o dever de ensiná-las, explicitá-las, reforçá-las. Por isso, voltava-se continuamente aos textos

---

[1] Religioso jesuíta (1932-2014), formado em Filosofia e Línguas Neolatinas e doutor em Teologia (Frankfurt e Roma). Foi professor na Faculdade Jesuíta de Filosofia e Teologia (CES/ISI), em Belo Horizonte, MG; membro fundador da Equipe de Teologia da CRB-Nacional; primeiro presidente da Sociedade de Teologia e Ciências da Religião (Soter); assessor de Intereclesiais de CEBs; vigário da paróquia de Vespasiano, em Belo Horizonte.

conciliares. O teólogo Denzinger [1819-1883] compilou um conjunto de textos fundamentais de Concílios e outros documentos do Magistério com o título *Enchiridion Symbolorum et Definitionum* (Manual de credos e definições), comumente chamado de *Denzinger*. Ele está continuamente sendo atualizado até nossos dias, incluindo já os textos do Concílio Vaticano II.[2]

Há, porém, significativa diferença entre os textos do Vaticano II e os anteriores que definiam doutrinas, de maneira solene, contra as heresias em curso. Deixavam depois de si ensinamentos de verdades definidas a serem aceitas na fé e ensinadas.

Por expressa vontade de João XXIII, o Concílio Vaticano II afastou-se de tal tradição e constituiu-se no primeiro concílio de natureza pastoral, ecumênica e em diálogo com o mundo. Veio abrir caminhos novos. Deixou tarefas a serem desenvolvidas pela Igreja, ora sugeridas por ele, ora apenas insinuadas. Tem sentido, depois de 50 anos dos inícios, perguntar-nos a quantas anda a sua real implementação.

Mais. Ele trouxe inovações no nível do pensar e agir para a Igreja. Como toda instituição, ela necessita de tempo para assimilá-las, realizá-las. E, não raro, soaram por demais avançadas para grupos importantes na gestão institucional. E vieram reações de freio, de normatização, a fim de evitar o processo continuado de inovações. Mais uma razão para refletirmos sobre o jogo entre germes de novidade e forças retentivas que batalham para deter qualquer processo de inovação. Algo bem normal por parte

---

[2] A última edição atualizada do *Denzinger* é já a 43ª, organizada por P. Hünermann em 2010.

de toda instituição. Não esqueçamos que ela existe para durar e as mudanças ameaçam-na.

A Igreja Católica viveu nos anos anteriores ao Concílio Vaticano II a exuberância de movimentos que o pontificado de Pio XII, em parte, represou e que explodiram na aula conciliar e nos anos posteriores. Os defensores dos diques só os reergueram alguns anos depois, quando já havia muita inundação. Hoje parte da água secou. Os inícios do atual pontificado de Francisco têm permitido o brotar de novas águas.

Com o correr dos anos, em vez de diminuir as tarefas pendentes, porque já se tinham realizado, aconteceu o contrário. Mais tarefas surgiram, seja pela novidade dos tempos, seja pela interrupção do processo inovador. Diante de vasto campo, o limite do texto obriga-nos a selecionar algumas, julgadas de maior relevância, desde a perspectiva da Igreja da América Latina. Longe de esgotá-las.

1. Tarefa principal do Concílio Vaticano II

Paulo VI, no discurso inaugural da segunda sessão, deixou aos padres conciliares a ingente tarefa de repensar a Igreja na dupla relação *ad intra* e *ad extra*. Ao invocar a memória de João XXIII, agradece a convocação do Concílio "a fim de abrir à Igreja novos caminhos". Aponta os fins principais do Concílio: "o conhecimento, ou, se se preferir, a consciência da Igreja; a sua reforma; a recondução de todos os cristãos à unidade; e o diálogo da Igreja com o mundo contemporâneo". Tornam-se "desejo, necessidade e dever da Igreja, dar finalmente de si mesma uma definição mais imediata" e aprofundar, ordenar e exprimir "a verdade acerca da Igreja de Cristo" e que diga "a Igreja o que ela própria pensa de si mesma". "Será, pois", diz o Papa, "assim, tema principal desta sessão do presente Concílio tudo quanto diz respeito à própria Igreja".[3]

2. Igreja Povo de Deus

O Concílio Vaticano II iniciou a reformulação da eclesiologia que se sedimentara na perspectiva da Contrarreforma, da Sociedade Perfeita, da identificação da Igreja Católica com o Corpo Místico de Cristo, do *Extra Ecclesiam nulla salus* em sentido bem estrito, da Igreja ainda de Cristandade, do poder soberano do Papa, de forte clericalismo, da insistência na guarda objetiva do *Depositum fidei* etc.

O Vaticano II gira 180 graus. Entende a Igreja como Povo de Deus. Trabalhou-se tal compreensão de Igreja nos anos posteriores ao Concílio. Mas duas tarefas ficaram incompletas. A reflexão teológica, em vez de avançar, por receio da dimensão sociológica de povo, da igualdade radical entre os membros, dos ecos libertadores vindos do Antigo Testamento e assimilados pela teologia da libertação, assume a dimensão da eclesiologia da comunhão. Assim, o Sínodo Extraordinário de 1985, em comemoração ao vigésimo aniversário da conclusão do Concílio, ressalta, como João Paulo II recorda na Exortação apostólica pós-sinodal *Christifideles Laici*, que a "eclesiologia de comunhão é a ideia central e fundamental nos documentos do Concílio".[4] Desloca-se a ideia de povo para a de comunhão, entendida quase sempre com e a partir da hierarquia. Continua,

---

[3] Discurso do Papa Paulo VI na solene inauguração da segunda sessão do Concílio Vaticano II, 29 de setembro de 1963. Disponível em: <www.vatican.va/holy_father/paul_vi/speeches/1963/documents/hf_p-vi_spe_19630929_concilio-vaticano-ii_po.html>.

[4] JOÃO PAULO II. Exortação apostólica pós-sinodal *Christifideles Laici*, sobre vocação e missão dos leigos na Igreja e no mundo. Santuário: Aparecida, n. 19.

portanto, o desafio para a teologia de retomar a eclesiologia do Povo de Deus. Coloca-se a centralidade no Batismo, pelo qual todo cristão participa do tríplice múnus de Cristo – sacerdote, profeta e rei –, e não no sacramento da Ordem.

A nova concepção de Povo de Deus alimenta liberdade e criatividade na relação entre as Igrejas particulares e a Igreja de Roma, superando o centralismo romano e a dependência dos bispos em relação ao Papa.

3. Revisão do ministério ordenado e os leigos

A teologia tem alimentado o caráter sagrado e segregado do ministro ordenado, a ideia de privilégio, de autoridade superior, de dignidade que o distancia do Povo de Deus. Faz-se-lhe necessária revisão teológica, despojando-o da sacralidade quase ontológica, para deslocá-lo para o sentido pastoral.

Circunscrito pelo lado canônico, perde liberdade criativa e não responde ao momento atual. Os evangélicos demonstram, porém, enorme criatividade e pluralidade de formas. Estudos históricos ajudariam a relativizar aspectos hoje cristalizados pelo tempo. Padre Comblin iniciou uma experiência no Nordeste brasileiro de formação de novo tipo de presbítero, mas não conseguiu avançar. O seminário significou nos tempos tridentinos avanço na formação de clero despreparado. Hoje, no entanto, como única forma de preparação do ministro ordenado, carece de repensamento e revisão.[5]

---

[5] Ver estudos sérios de crítica à atual forma de seminário. BENELLI, S. *Pescadores de homens: estudo psicossocial de um seminário católico*. São Paulo: UNESP, 2006; Id. *Análise psicossocial da formação do clero católico*. São Paulo: Annablume/FAPESP, 2013.

A revisão teológica e pastoral permitirá a superação do autoritarismo, do centralismo pastoral clerical e do caráter subordinado do leigo em espírito de serviço e simplicidade. Isso implica a concepção de ministério ordenado, que não existe para si nem por si, mas como serviço ao Povo de Deus.[6] Depois do Concílio, implantou-se em muitas Igrejas particulares o diaconato permanente. Parece um meio-termo entre clero e leigo, embora teologicamente faça parte do sacramento da Ordem. Como na Igreja latina se associou, por razões canônicas, o celibato ao sacramento da Ordem do presbiterado, um homem casado assumir o sacramento do diaconato soa algo de estranho. Por que para no meio do caminho?

Ainda permanece trancada a reincorporação no exercício do ministério dos presbíteros que foram reduzidos ao estado laical ou estão sem cidadania eclesiástica. E mais longe ainda se situa a participação da mulher na Igreja, em geral, e no ministério ordenado, em particular. A Igreja conheceu nos inícios as diaconisas. As Igrejas da reforma, anglicana e outras, admitem sacerdotisas. Será que todas elas estão equivocadas ao interpretarem a vontade de Jesus, e só nós, católicos e ortodoxos, o fazemos corretamente? Perguntas que soam provocantes.

Paulo VI abriu, na *Evangelii nuntiandi*, a porta para a criação de novos ministérios para leigos. Mesmo sem nenhuma mudança profunda canônica, ele reatou a antiga experiência da Igreja a ser completada pela atenção às necessidades atuais da humanidade e da Igreja. Cita,

---

[6] Ver as sugestões de QUINN, J. R., *Reforma do papado: indispensável para a unidade cristã*. Santuário: Aparecida, 2002.

como exemplo, catequistas, animadores da oração e do canto, serviço da Palavra de Deus, assistência aos irmãos necessitados, chefes de pequenas comunidades, responsáveis por movimentos apostólicos.[7] No caso do Brasil, acrescentaríamos os ministros da Eucaristia, das exéquias, da acolhida, da escuta, animadores de círculo bíblico etc.[8] Há muito ainda a fazer nesse campo.

Na mesma linha da revisão do ministério ordenado, João Paulo II mostrou o desejo de que o ajudassem na revisão do exercício do ministério petrino, ao reconhecer "que constitui uma dificuldade para a maior parte dos outros cristãos, cuja memória está marcada por certas recordações dolorosas".[9] Aí está um dos maiores empecilhos do ecumenismo. Tarefa que o Papa Francisco herdou e dá sinais de abertura.

Há esforços teológicos na linha da substituição da trilogia hierarquia, religioso e leigo pelo binômio carisma e ministério, partindo da base comum do Batismo e da participação, embora diversificada, da Eucaristia.[10]

4. Protagonismo do leigo

A revisão dos ministérios se alimenta da concepção de Igreja Povo de Deus e do protagonismo do leigo. Nas

---

[7] PAULO VI. A evangelização no mundo contemporâneo: *Evangelii Nuntiandi*. São Paulo: Loyola, 1976, n. 73, p. 59.

[8] Exemplar na Igreja do Brasil mostrou-se a diocese de Crateús, que desenvolve enorme gama de ministérios leigos. FRAGOSO, A. B. et alii. *Igreja de Crateús (1964-1998): uma experiência popular e libertadora*. São Paulo: Loyola, 2005, pp. 52s, 150s.

[9] JOÃO PAULO II. Carta encíclica *Ut Unum Sint*, sobre o empenho ecumênico. São Paulo: Paulinas, 1995, n. 88; ver também os números seguintes sobre "O ministério de unidade": n. 88-96.

[10] FORTE, B. *A missão dos leigos*. São Paulo: Paulinas, 1987, pp. 38ss.

pegadas do Concílio, Santo Domingo afirmou com ênfase tal protagonismo. No entanto, resta tarefa pendente por força do clericalismo ainda resistente.

A modernidade trouxe contribuição significativa para a mudança de consciência das pessoas, ao valorizar-lhes a liberdade, a capacidade de iniciativa, a autonomia, a participação e a colaboração na sociedade. Ora, elas, ao pertencerem à Igreja, frustram-se se nela se sentem podadas. O fenômeno, que atingiu primeiro as classes letradas, se popularizou no Brasil por obra da pedagogia conscientizadora de Paulo Freire. Torna-se tarefa premente responder às demandas dos fiéis de maior participação na vida da Igreja.

Põem-se em cheque o clericalismo, a mentalidade canônica e o triunfalismo institucional. O protagonismo do leigo inclui gama de mudanças de mentalidade e prática no interior da Igreja na linha do diálogo, da partilha, da consciência da unidade básica de todos os cristãos.

5. O primado da Palavra

A Igreja Povo de Deus vive sobretudo do primado da Palavra. Ela, em vez de fixar-se em doutrinas veiculadas por catecismos, prefere os círculos bíblicos, onde ela busca o sentido do *texto* da Palavra de Deus no *contexto da fé* e no *pré-texto social*, segundo o triângulo hermenêutico de Carlos Mesters.[11] Ela vivencia a perspectiva escatológica da caminhada no presente da história com os olhos no anúncio do Reino a ser realizado aqui como antecipação da forma definitiva. Sente-se como povo peregrino, menos

---

[11] MESTERS, C. *Flor sem defesa: uma explicação da Bíblia a partir do povo.* Petrópolis: Vozes, 1983, pp. 117-202.

preocupado com as doutrinas e mais voltado para interpretar os sinais dos tempos presentes.

A Palavra de Deus provoca a Igreja Povo de Deus a ocupar-se menos consigo e voltar-se para o mundo, para as realidades terrestres em espírito de solidariedade, de serviço aos pobres, inserida na luta pela justiça nas pegadas do Jesus da história. Preza antes o carisma animador que o peso institucional paralisador. Assume o pluralismo de opções em contraposição à insistência na unidade uniforme.

6. Animação "carismática" das estruturas internas da Igreja: papel das CEBs

Aqui reside tarefa extremamente difícil na Igreja Católica. Implica outra concepção e prática do Direito Canônico. Mais exigente ainda se faz traduzir em estruturas eclesiais essa compreensão de Igreja.

Não existem disposições jurídicas que operacionalizem as intuições eclesiológicas do Vaticano II. O Direito Canônico, promulgado em 1983, não conseguiu reconfigurar a estrutura eclesiástica na perspectiva do Povo de Deus. Tal tarefa ingente continua aberta, se não como transformação global, ao menos como experiências locais a serem acumuladas para mudanças maiores no futuro.

As comunidades eclesiais de base servem como ensaio de modelo participativo da base na Igreja.[12] Elas floresceram nas últimas décadas. Mesmo sem o apoio anterior, continuam vivas. Os Encontros Intereclesiais o

---

[12] Tratei rapidamente dessa questão em: *Cenários da Igreja: num mundo plural e fragmentado*. 5. ed. São Paulo: Loyola, 2012, pp. 116-121.

demonstram. Sobre livro recente,[13] Pedro A. Ribeiro de Oliveira comenta que

> embora tenham sido dadas como espécie em extinção, as Comunidades Eclesiais de Base – CEBs – continuam ativas e sua existência provoca não raro debates. Inspiraram-se nos documentos do Vaticano II e encontraram a primeira formulação no Plano de Pastoral de Conjunto da CNBB (1965). Aparecem ainda como tarefa pendente, sobretudo no momento atual em que a Igreja Católica "ao se reclericalizar relegou seus leigos e leigas a posições subalternas".[14]

O mesmo autor, em outro texto iluminador, apontava o modelo de Igreja "de" CEBs em distinção de Igreja simplesmente "com" CEBs. Estas já existem praticamente em todas as dioceses do Brasil e muitas na América Latina. Continua, porém, tarefa pendente caminhar de uma Igreja com CEBs para uma Igreja de CEBs, quer dizer, em que toda ela se organize em CEBs e cujo poder central da matriz, consubstanciado no pároco, cederá lugar para coordenações dos animadores das CEBs, escolhidos para determinado tempo pelos membros das comunidades.[15]

O passo seguinte visa a construir a Igreja de CEBs em "rede de comunidades",[16] em que elas, continuando

---

[13] OROFINO, F.; COUTINHO, S.; RODRIGUES, S. (org.). *CEBs e os desafios do mundo contemporâneo*. São Paulo: Paulus, 2012.

[14] OLIVEIRA, P. A. R. de. Comunidades Eclesiais de Base: novos tempos. In: *Adital*, 14 jun. 2013, Brasil. Disponível em: < http://www.adital.com.br/site/noticia.asp?lang = PT&cod = 75742 > .

[15] OLIVEIRA, P. A. R. de. CEB: unidade estruturante de Igreja. In: BOFF, Cl.; LESBAUPIN, I. et alii. *As comunidades de base em questão*. São Paulo: Paulinas, 1997, pp. 165s.

[16] MENEZES, D. H. *CEBs e redes de comunidades*. (Dissertação de Mestrado.) Belo Horizonte: FAJE, 2010; CASTELLS, M. *A sociedade em rede*. 2. ed. São Paulo: Paz e Terra, 1999; RIECHMANN, J.; BUEY, F. F. *Redes que dan*

autogovernadas, se interligarão por meio de instâncias facilitadoras, mas não intermediárias (isto é, sem poder decisório)".[17] Far-se-á uma "articulação horizontal fundada no consenso e na livre adesão", sendo de diversos modos conforme o contexto rural ou urbano.[18]

A tarefa pendente já se estende a criar nova figura institucional da Igreja local que tem organizado "Assembleias do Povo de Deus", como órgão orientador principal da Igreja local. Nelas, reúnem-se todas as forças vivas da Igreja em ambiente de liberdade, de respeito à diferença, de busca de consensos que inspirem a caminhada da Igreja, e, conforme o bispo, assumem caráter até deliberativo. Modelo de Igreja que se aproxima das democracias modernas, em que os fiéis participam de verdadeira comunidade de liberdade, diálogo, acolhida, igualdade. Em muitos casos, já se adota o princípio de subsidiariedade no governo da Igreja.

7. Prosseguir o *aggiornamento* teológico

O *aggiornamento* lançado por João XXIII, como inspirador do Concílio, atingiu de cheio a teologia. Ao deslocar a concepção doutrinal e dogmática de teologia para a de hermenêutica e sistemática, o Concílio transformou-a em processo interminável de mudança. Modificou a pergunta fundamental: Como pode uma pessoa na modernidade crer honestamente?[19] Em vez de: Como ela crê no interior

---

libertad: introducción a los movimientos sociales. Buenos Aires: Paidos Ibérica, 1994.

[17] OLIVEIRA, P. A. R. de. CEB..., cit., pp. 157s.

[18] Ibid.

[19] K. Rahner acentua a *Redlichkeit* – honestidade – do crer na modernidade. Ver: RAHNER, K. *Intellektuelle Redlichkeit und christlicher Glaube.* Wien: Herder, 1966.

da fé respeitando a "analogia *fidei*"?[20] Ele fez a passagem da teologia dogmatista para a hermenêutica.[21] Em lugar da teologia que busca a essência da verdade de fé, definitiva, fixa e imutável, elabora-se aquela pergunta pelo significado das verdades para o novo sujeito social moderno. Portanto, permanece tarefa pendente para os teólogos que se sucedem ao Concílio continuar interpretá-la para os diferentes contextos culturais.

A mudança que o Concílio tanto na preparação como na sua realização proporcionou, veio do clima novo que se criou e do processo de abertura para novas experiências, valorizando assim os anseios do sujeito moderno. Este preparara pelos movimentos sua entrada na Igreja e começara a produzir as transformações, não sem conflito com o antigo sujeito social ainda presente e influente.

Mais. O Concílio provocou os teólogos a mudarem o interlocutor. Em vez de serem os próprios teólogos ou estudantes de teologia, voltaram-se para os fiéis. Tal mudança já se iniciara com o movimento da teologia querigmática do entreguerras.[22]

O Concílio pensa a teologia na perspectiva pastoral. K. Rahner mais tarde formulará o axioma que toda boa teologia é pastoral, toda pastoral é teológica. Tal perspectiva continua tarefa pendente, porque a pastoral não se esgota em formas que se cristalizem.

---

[20] "Por 'analogia da fé' entendemos a coesão das verdades da fé entre si e no projeto total da Revelação". *Catecismo da Igreja Católica*. 9. ed. São Paulo: Loyola, n. 114, 1998.

[21] GEFFRÉ, Cl. *Crer e interpretar: a virada hermenêutica da teologia*. Petrópolis: Vozes, 2004, p. 27.

[22] A teologia querigmática se pensou como distinta da acadêmica por sua natureza e destinatário. Referi-me a ela em: *Introdução à teologia: perfil, enfoques, tarefas*. 8. ed. revista e ampliada. São Paulo: Loyola, 2011, pp. 138s.

Na América Latina, a teologia da libertação, em contínuo processo de elaboração, põe-se como tarefa pendente responder às situações de pobreza, de opressão, cujo leque infelizmente segue abrindo-se nos diferentes campos econômico, político, cultural e religioso.

A. Torres Queiruga se propôs, como tarefa inspirada no Vaticano II, no coração da teologia europeia, a purificar a linguagem teológica dos entulhos pré-modernos, escolásticos, essencialistas, fixistas, usando na teologia e na pregação linguagem acessível aos fiéis de hoje.[23] Na América Latina, J. L. Segundo já propusera tarefa semelhante desde a perspectiva da libertação.[24] Prossegue ainda pendente depurar os conceitos teológicos, mesmo da teologia moderna, da carga ideológica dominante na perspectiva da libertação.[25]

A tarefa teológica hermenêutica enfrenta no momento a pós-modernidade, continuando assim o espírito do Concílio de diálogo com o mundo contemporâneo, marcado pelo presentismo, pelo extremo individualismo, pelo vazio de sentido. Acrescentem-se a crise da racionalidade moderna triunfante, conquistadora e analítica, o fim da grande narrativa, o pensamento fraco, a tirania do prazer, a crise da consciência histórica e da ética, a morte das utopias, novo tipo de medo, o pensar ecológico, a cosmologia moderna, o respeito ao gênero e às etnias, a ideologia pacifista, a ética do cuidado. Desafia a Igreja Católica, que

---

[23] TORRES QUEIRUGA, A. *Fim do Cristianismo pré-moderno: desafios para um novo horizonte*. São Paulo: Paulus, 2003, pp. 69-104.

[24] SEGUNDO, J. L. *Libertação da teologia*. São Paulo: Loyola, 1978.

[25] Só para dar um exemplo. A ideia de comunhão na perspectiva do centro, como constitutiva da Igreja, implica antes obediência às instâncias romanas do que verdadeira participação de todos. Enquanto para a teologia da libertação se refere à experiência das comunidades de base.

supervaloriza a instituição, o traço pós-moderno que lhe mostra descrédito.

Ficou pendente elaborar uma pneumatologia para hoje. V. Codina e J. Comblin constatam tal carência. Codina aponta o caminho crítico da teologia do *Filioque*, ao ampliar o papel do Espírito Santo na geração do Verbo e da presença dele na vida de Jesus histórico e das pessoas. Sobre o aspecto pastoral, em vez de acentuar o lado doutrinal da hierarquia, cabe atender à ação do Espírito nos fiéis até mesmo como instância crítica de respeito à hierarquia.[26]

A teologia do Espírito, em face do fenômeno religioso, carismático e das espiritualidades fáceis, exóticas e esotéricas, cumpre papel crítico no espírito do Concílio e de Medellín, ao purificá-lo dos restolhos míticos, mágicos, fundamentalistas, puramente emocionais, acentuando a liberdade e não o enquadramento em ritos espirituais.[27]

Enfrenta-se como questão pendente o complexo problema da inculturação da fé nas culturas atuais, especialmente da midiática, a fim de exprimir nela as verdades da fé cristã e manter a disciplina do *arcanum* na liturgia. Esta sofre dos dois extremos: rigidez rubricista e diluição superficial na mídia.

E que dizer da inculturação nas culturas de nosso continente? Está aí tarefa pendente de enorme relevância, como já aparecia em Santo Domingo, na oração final do

---

[26] CODINA, V. Elementos para una antropología pneumática. *Revista Latinoamericana de Teología 84* (2011), pp. 299-320; em forma sintética, ver: Id. Antropología pneumática. *Selecciones de Teología 52* (2013), n. 206, pp. 89-100.

[27] Carece de trabalho semelhante elaborar posição crítica em face do abuso semântico do termo "mística". Ver: VAZ, H. C. de Lima. *Experiência mística e filosofia na tradição ocidental*. 2. ed. São Paulo: Loyola, 2009, p. 9.

texto em que se pedia a graça de "trabalhar por uma evangelização inculturada que penetre os ambientes de nossas cidades, que se encarne nas culturas indígenas e afro-americanas" em vista de criar novas expressões da fé cristã, da liturgia e da prática pastoral.

As Igrejas da América Latina têm muito que caminhar para viabilizar a própria originalidade e pluralidade. Até agora se conseguiu unicamente certa aculturação e acomodação do Evangelho pelas culturas indígenas e africanas na América Latina, com certo sincretismo limitado pela vigilância ortodoxa romana e europeia. Permanece tarefa a ser realizada a originalidade livre da inculturação.[28]

8. O ecumenismo e o diálogo inter-religioso

O ecumenismo e o diálogo inter-religioso avultam entre as tarefas pendentes. O Concílio Vaticano II se propôs objetivos bem altos. O ecumenismo já avançou bastante em nível de diálogo entre teólogos. Falta que os avanços no campo teológico se traduzam na vida dos cristãos e que eles superem as dificuldades históricas que carregam.

Ficam ainda alguns problemas muito importantes a serem trabalhados: o problema do ministério, em concreto o da ordenação de mulheres, a intercomunhão eucarística, o ministério petrino, como já vimos anteriormente. Desafio gigantesco vem da relação com as Igrejas evangélicas

---

[28] AZEVEDO, M. de C. *Comunidades Eclesiais de Base e inculturação da fé: a realidade das CEB's e sua tematização teórica, na perspectiva de uma evangelização inculturada.* São Paulo: Loyola, 1986, p. 264. Ver também: AZEVEDO, M. de C. *Modernidade e Cristianismo: o desafio à inculturacão: um enfoque antropológico-cultural.* São Paulo: Loyola, 1981; BOFF, L. *Nova evangelização. Perspectiva dos oprimidos.* Petrópolis, Vozes, 1990, p. 24.

pentecostais e neopentecostais, devido à rivalidade que elas criaram em relação à Igreja Católica.

No campo do diálogo inter-religioso, permanece vultosa distância. Um primeiro passo consiste em obviar os diferentes obstáculos. De natureza epistemológica, temos o problema da verdade e a confusão de níveis de verdade religiosa e a práxis correspondente. Em nível psicológico, custa-nos aceitar a diferença. Intrometem-se o fanatismo, dogmatismo, rigorismo, fundamentalismo. Não faltam dificuldades culturais, por parte da cultura individualista atual, da carência de consciência crítica e histórica, da consideração abstrata da religião sem olhar as pessoas que a praticam, do etnocentrismo. Do lado religioso e teológico, a concepção de Deus, a não aceitação da liberdade religiosa, as diferentes teologias da graça, da salvação, da Igreja e da natureza institucional de cada religião.

Em poucas palavras, falta que se crie entre as religiões clima de diálogo, de oração, de purificação da memória, de conversão individual e coletiva, de superação das divergências históricas nas relações. Há estudos de ponta que avançaram nesse diálogo, prolongando e ampliando a teologia conciliar.[29]

---

[29] TEIXEIRA, F. *Teologia das religiões. Uma visão panorâmica*. São Paulo: Paulinas, 1995, pp. 117-133; Id. O Concílio Vaticano II e o diálogo inter-religioso. In: LOPES GONÇALVES, P. S.; BOMBONATTO, V. I. (org.). *Concílio Vaticano II. Análise e prospectivas*. São Paulo: Paulinas, 2004, pp. 273-291. Posições bem avançadas se leem em: TOMITA, L. E.; BARROS, M.; VIGIL, J. M. (org.). *Teologia pluralista libertadora intercontinental*. São Paulo: Paulinas, 2008; id. *Teologia latino-americana pluralista da libertação*. São Paulo: Paulinas, 2006; VIGIL, J. M. (org.) *Por uma teologia planetária*. São Paulo: Paulinas, 2011; VIGIL, J. M. et al (org.). *Por los muchos caminos de Dios, V: hacia una teología planetária*. Quito: Abya Yala, 2010; VIGIL, J. M. *Teologia do pluralismo religioso: para uma releitura pluralista do Cristianismo*. São Paulo: Paulus, 2006.

9. Continuar a tarefa da *Gaudium et spes*

Leão XIII iniciou com a Encíclica *Rerum novarum* a Doutrina Social da Igreja, na forma moderna. Em geral, restringiu-se o termo aos ensinamentos do Magistério pontifício, embora bispos e episcopados regionais tenham produzido textos substanciosos sobre a temática social. O Concílio trouxe ruptura na compreensão dessa doutrina. A Constituição pastoral *Gaudium et spes* não se enquadrou na estrutura da Doutrina Social da Igreja até então elaborada. Ela sistematizava ensinamentos que diziam respeito a princípios, critérios e diretrizes gerais sobre a organização econômica, política, social das sociedades para orientar o agir da Igreja, como instituição, e o dos cristãos. O Concílio colocou-se, em primeiro lugar, em sintonia com "as alegrias e as esperanças, as tristezas e as angústias dos homens de hoje, sobretudo dos pobres e de todos os que sofrem".[30] A partir de tal perspectiva, bem existencial e não doutrinal, ele dirigiu-se não somente aos filhos da Igreja, mas a todos os homens para expor como ele concebe a presença e a atividade da Igreja no mundo.

Tornou-se central para o Concílio o diálogo com o mundo contemporâneo. Não partiu de uma doutrina sobre o mundo, mas indutivamente lhe analisou as características. Quis passar de posição negativa em face do mundo, manifestada na expressão *fuga mundi*, lugar do pecado e inimigo de Deus, para dialogar com ele no sentido da realidade onde vivemos a história e onde Deus se nos autocomunicou. Pertence à própria natureza teológica da

---

[30] Constituição Pastoral *Gaudium et spes*, sobre a Igreja no mundo de hoje. In: *Documentos do Vaticano II*. Petrópolis: Vozes, 1966, n. 1.

Igreja ser-no-mundo.[31] Mais: o Concílio dialogou com ele na atual forma da modernidade.[32] Vale a pena recordar a definição de mundo proposta pelo Concílio.

> É o dos homens, e toda a família humana com a totalidade das coisas entre as quais vive; esse mundo, teatro da história do gênero humano e marcado por sua atividade, derrotas e vitórias; esse mundo criado e conservado pelo amor do Criador, segundo a fé dos cristãos; esse mundo na verdade foi reduzido à servidão do pecado, mas o Cristo crucificado e ressuscitado quebrou o poder do Maligno e o libertou, para se transformar de acordo com o plano de Deus e chegar à consumação.[33]

A Doutrina Social Igreja (DSI) recebe outra imposição, deixando de ser doutrina no sentido de arsenal de conhecimento para tornar-se contínuo defrontar-se à luz da Revelação com a problemática que a realidade social e cultural levanta. Dialoga com o não crente na perspectiva do sentido humanista. Prolonga a intuição rahneriana do cristão anônimo[34] que o cristão explícito reconhece em comunhão consigo.

Como tarefa pendente, impõe-se o confronto com os novos problemas que o sistema capitalista avançado,

---

[31] BARREIRO, A. Superação do dualismo entre fé cristã e compromisso terrestre: atualidade de um tema central da *Gaudium et spes. Perspectiva Teológica*, v. 27 (1995), n. 73, p. 356.

[32] A. Barreiro trabalhou na tese doutoral o conceito de mundo da *Gaudium et spes*, no qual distingue no nível descritivo quatro sentidos: antropológico, cosmológico, histórico e dramático. Ver: Id. *La Iglesia en el mundo: estudio teológico de la relación Iglesia – mundo en la constitución pastoral "Gaudium et Spes" del Concilio Ecuménico Vaticano II y en la literatura conciliar y postconciliar suscitada por ella (1962-1972)*. Rio de Janeiro [s.n.], 1973, p. 40.

[33] GS, n. 2.

[34] RAHNER, K. Los cristianos anónimos. In: Id. *Escritos de Teología VI*. Madrid: Taurus, 1969, pp. 535-544.

neoliberal, está a criar, especialmente a respeito da sustentabilidade da terra.

A questão ecológica entra como questão nova no pós-Concílio de extrema urgência. A Carta da Terra assinala, de maneira sintética, os pontos centrais do programa ecológico. Ela oferece à DSI preciosos elementos a serem incorporados. Acentua-se o destino comum de toda humanidade, de tal modo que a destruição que os países desenvolvidos produzem acarretará em morte para todos, inclusive para eles mesmos. O objetivo consiste "em gerar uma sociedade sustentável global no respeito pela natureza, nos direitos humanos universais, na justiça econômica e numa cultura da paz". Todos os povos e indivíduos se fazem responsáveis para alcançar tal objetivo.[35]

Cabe à DSI iluminar tais princípios com a longa tradição da fé cristã, quer corrigindo as falsas interpretações que ela sofreu e que gerou posições antiecológicas, quer mostrando a consonância deles com a perspectiva cristã.

10. A Igreja dos pobres

Avança-se além da simples opção pelos pobres, consagrada em Medellín e por Puebla. Desadjetiva-a de conotações que a enfraqueceram para reafirmá-la sem mais.[36]

---

[35] Ver: <http://www.cartadaterrabrasil.org/prt/text.html>. BOFF, L. *Cuidar da Terra, proteger a vida: como evitar o fim do mundo*. Rio de Janeiro: Record, 2010.

[36] O próprio texto de Puebla, por influência de forças conservadoras, enfraqueceu a opção pelos pobres, adicionando adjetivos tais como preferencial, evangélica, solidária, autêntica, especial, não exclusiva, privilegiada e, depois, se acrescentaram outros como não ideológica etc., que só servem para esvaziá-la em verdadeira guerra semântica. No entanto, há alguns adjetivos que a reforçam como "clara e profética" (n. 1134).

O neoliberalismo avançado e a presença de governos populares na América Latina modificaram paradoxalmente a situação e concepção de pobre. Por um lado, milhões de pobres ascenderam ao nível de classe média popular e entraram de cheio na sociedade consumista para bem e para mal. Por outro, para outros milhões, a exclusão tornou-se pior. A Igreja enfrenta a evangelização da cultura, não numa perspectiva culturalista, mas a partir dos pobres. Cabe-lhe configurar o imaginário religioso com traços evangélicos da libertação.

Importa avançar na compreensão de pobre. Na perspectiva da teologia da libertação, pobre, desde o início, se entendia não como simples objeto da caridade assistencialista da Igreja, mas como explorado, oprimido, empobrecido pelo sistema capitalista dominante.[37]

G. Gutiérrez, ultimamente, tem preferido chamar a pobreza de "morte injusta, morte prematura dos pobres, morte física" e também "morte cultural" atual.[38] Novos aspectos fundamentais da opção pelos pobres levam a avançar a reflexão. Existe verdadeira irrupção do pobre na Igreja e na sociedade.[39] Ele vive próximo da morte, como vimos anteriormente. Mas não esqueçamos que ele assinala valores humanos, religiosos, culturais.[40]

---

[37] LOIS, J. Opción por los pobres. Síntesis doctrinal. In: VIGIL, J. M. (ed.). *La opción por los pobres*. Sal Terrae: Santander 1991, pp. 10s.

[38] GUTIÉRREZ, G. Renovar la opción por los pobres. *Sal Terrae 983* (octubre, 1995), pp. 679s. Apud LOIS, J. Gustavo Gutiérrez: en busca de los pobres de Jesucristo. *Sal Terra 85/6* (1997), n. 1002, p. 506.

[39] GUTIÉRREZ, G. *A força histórica dos pobres*. 2. ed. Petrópolis: Vozes, 1984.

[40] LOIS, J. Gustavo Gutiérrez..., cit., pp. 505-509; GUTIERREZ, G. *Onde dormirão os pobres?* 2. ed. São Paulo: Paulus, 1998.

A tarefa pendente conduz-nos a ir além da opção pelos pobres para construir a Igreja dos pobres.[41] Trata-se de pensar uma Igreja simples, pobre, em que a nova situação do pobre e excluído seja criativamente encarada. Aproxima-se da Igreja que está a nascer nas e das CEBs. No momento atual, tal perspectiva está antes como tarefa que como realidade. Pensa-se em Igreja, animada pelo Espírito, comunidade de comunidades, pequenas, em forma de rede de comunidades. Nela se cultiva, de modo especial, a leitura popular e militante da Bíblia.

Caracteriza a Igreja dos pobres o duplo papel que eles nela desempenham. Em primeiro lugar, ela os considera os destinatários principais da pregação, da celebração, da prática pastoral. Mais: tornam-se nela sujeitos privilegiados e ativos nos diversos setores, na coordenação das comunidades e nos serviços e ministérios. Desde o início, essa Igreja se viu comprometida com as lutas sociais, com os movimentos sociais na perspectiva da libertação. Alguns nasceram no seu próprio seio. Existe aí campo para outras iniciativas, agora aproveitando inclusive o recurso das redes sociais Descortina-se, em pleno sistema dominante neoliberal, implementar a economia popular solidária com espírito comunitário, coletivo, dentro do limite de suas possibilidades materiais.

A Igreja dos pobres manifesta claramente a condição de Povo de Deus e o mediatiza historicamente com novo tipo de governo participativo, superando aspectos institucionais rígidos, autoritários, conservadores.

---

[41] RICHARD, P. *A força espiritual da Igreja dos pobres*. Petrópolis: Vozes, 1989.

Assaltam-na, no momento presente, ameaças vindas dos movimentos espiritualistas com propostas religiosas fáceis, emocionais, míticas, fundamentalistas, esfriando--lhe o vigor libertador. Por parte do sistema, pende-lhe o perigo da cooptação fácil com programas assistencialistas e politicagem barata.

Conclusão

As tarefas pendentes se multiplicam. Salientamos algumas que julgamos importantes. Mencionemos outras que carecem ser trabalhadas. A bioética, a sociedade globalizada do conhecimento, o impacto das ciências e da alta tecnologia, especialmente no campo das ciências da vida e da informação, com os consequentes graves problemas éticos que desafiam a fé cristã. A pluralidade de modelos de família em íntima conexão com a concepção de sexualidade questiona a moral católica. Agiganta-se cada dia a realidade dos migrantes que está a pedir-nos pastoral esclarecida. Mesmo que em Puebla a opção pelos jovens tenha tido certa ambiguidade de distrair o olhar da unicidade da opção pelos pobres, a problemática da juventude persiste de extrema gravidade para a Igreja. O Vaticano II não lhe dedicou a atenção que hoje está a requerer, olhando para o futuro da Igreja.

A reabertura do processo de beatificação de Monsenhor Romero aponta para a importante tarefa da teologia da América Latina de atender o papel dos mártires de hoje.

No mar de tarefas pendentes, cabem duas reflexões finais. Faz-se importante as comunidades e os cristãos discernirem a ordem das prioridades. E, em seguida, escolher as possíveis dentro do horizonte do "inédito viável", na expressão de Paulo Freire.[42]

---

[42] O "inédito-viável" é na realidade uma coisa inédita, ainda não claramente conhecida e vivida, mas sonhada, e quando se torna um "percebido destacado" pelos que pensam utopicamente, esses sabem, então, que o problema não é mais um sonho, que ele pode se tornar realidade. Ver: Reinventando Paulo Freire: o inédito viável. Disponível em: <http://www.projetomemoria.art.br/PauloFreire/paulo_freire_hoje/04_pf_hoje_reinventando_pf.html>.

Impresso na gráfica da
Pia Sociedade Filhas de São Paulo
Via Raposo Tavares, km 19,145
05577-300 - São Paulo, SP - Brasil - 2015